Running Wisdom and Magic
from Above the Clouds
in Ethiopia by Michael Crawley

OUT OF THIN AIR

文化人類学者がエチオピアで走りながら考えたこと

ランニング王国を生きる

マイケル・クローリー
児島修 訳

青土社

さまざまなクラブに所属するランナーたちが、セバタで開催された極めて競争が熾烈なレースを走る

ウォーターボトルを渡すためにチームバスの脇でチームメイトを待つテクレマリアム

ベコジの森で、トレーニング終了後に選手たちに言葉をかけるコーチのセンタイエウ

センダファの砂利道《コロコンチ》を駆け抜けるランナーたち

マルコムとハイリエ。
セバタにて

イェカの森の端で、早朝に何
度も坂を駆け上がるファシル

1960年のローマオリンピックのマラソン競技で、トーチで照らされた通りをトップで走るアベベ・ビキラ

アディスアベバ・スタジアムのトラックで練習するワミ・ビラツとアベベ・ビキラ

2017年のロンドン世界陸上の男子1万メートルを走るジェマール・イマー。
26分56秒で5位に入賞した

オリンピック男子１万メートルの２度目の金メダル獲得を、チームメイトのシレシ・シヒネ、ハイレ・ゲブレセラシェと祝うケネニサ・ベケレ

アディスアベバの南にあるアカキでトレーニングを始めようとしているビハヌ

2018年のフランクフルトマラソンで、
2時間20分切りを目指して走る著者

エチオピアに2つしかないタータントラックのうちの一つである、アディスアベバ・スタジアムで、300メートルのインターバルトレーニングをするジェマール・イマー

イェカの森を走る著者。ランナーたちが自由に走り回るために、無数の道ができているのがわかる

著者と、パートナーのロズリン・マルコム。エントトの森を走った後で

セバタのアスファルトでトレーニングをするモヨ・スポーツのランナーたち。
ハイペースでの２キロ走を繰り返す

練習後にチームバスで
休憩するゼレケ

センダファでの練習を
終え、チームバスの運
転手であるビハヌと冗
談を言い合うハイリエ

標高 3100 メートルに位置するゴンダールにある草地のトラックで、コーチのメセレットが選手のタイムを計測する

エチオピア電力のスカーフをまとい、チームバスの中から選手のトレーニングの様子を見守るメセレット

センダファでのトレーニングの折り返し地点で、ウォーターボトルを準備し選手を待つチームバスの雑用係のタデッセ

2019年のセビリアマラソンで勝利を祝うツェダ。2時間6分36秒で自己ベストを大幅に更新した

ランニング王国を生きる　目次

登場人物

私（マイケル・クローリー）　エチオピアに長期滞在し、ランナーたちと生活を共にする文化人類学者
ロズリン　人類学者。マイケルのパートナー
ハイリエ　アシスタントコーチ兼サブエージェント。マイケルの通訳も務める
メセレット　コーチ。スポーツ科学の修士号を持つ
ビハヌ　チームバスの運転手
タデッセ　チームバスの雑用係
マルコム・アンダーソン　アスリート代理人
ハーリド　ヨモ・スポーツのトルコの代理人
テクレマリアム　生え際が後退しているのは頭がいいからだと思われている
ツェダ　小柄だが類い希な能力を持つ
フーネンナウ　実力者だが怪我で長期離脱し、復帰を目指している
ティラフン　マイケルがエチオピアに来て初めて知り合ったランナー
アベレ　ビハヌ・アディシーの紹介でヨモ・スポーツに入ってきた
セラミフン　「平和」を意味する名前を持つ、穏やかで才能あるランナー
ファシル　ランニングを始めたばかりだが、肉体労働で鍛えた強靭な肉体を持つ
アセファ　逞しい体つきをしていて、「鉄人」と呼ばれている
マクアネト　国内レースで勝ったことを何よりの誇りにしている地方出身のランナー

アセファ・テフェラ	ジャン・メダのレースの後にハイリエがスカウトした小柄なランナー
ゼレケ	GPSウォッチをスローペースのジョギングに活用している
ボガレ	森の中で先導したトレーニングでは、自分のペースを貫いた
ビハヌ・アディシー	ゴンダールの小さなクラブからヨモ・スポーツに移籍してきたランナー
ジュマール	特別な才能に恵まれた若きランナー
ルーテ	ペコジのホテルで働くランナー
アレム	警察官として働きながらコテベでトレーニングをしていたランナー
センタイエウ	ペコジの名ランニングコーチ
ハイレ・ゲブレセラシェ	エチオピアを代表するトップランナー
ケネニサ・ベケレ	同じくエチオピアが誇る偉大なランナー
メルシャ	ケネニサのコーチ
アベベ・ビキラ	ローマオリンピックの男子マラソンで金メダルを獲得したエチオピアの英雄
ワミ・ビラツ	アベベと同時代の偉大なランナー。病気のためにローマオリンピックを欠場した
ドゥベ・ジロ	エチオピア陸上競技連盟（ＥＡＦ）の会長
デサリン	アムハラ州給水施設建設公社陸上競技クラブのコーチ
ゲブレ	同クラブの選手
ウェイナイ	マイケルがアディスで知り合ったエリトリア人ランナー
テウォルデ	エリトリアからイギリスに亡命したランナー

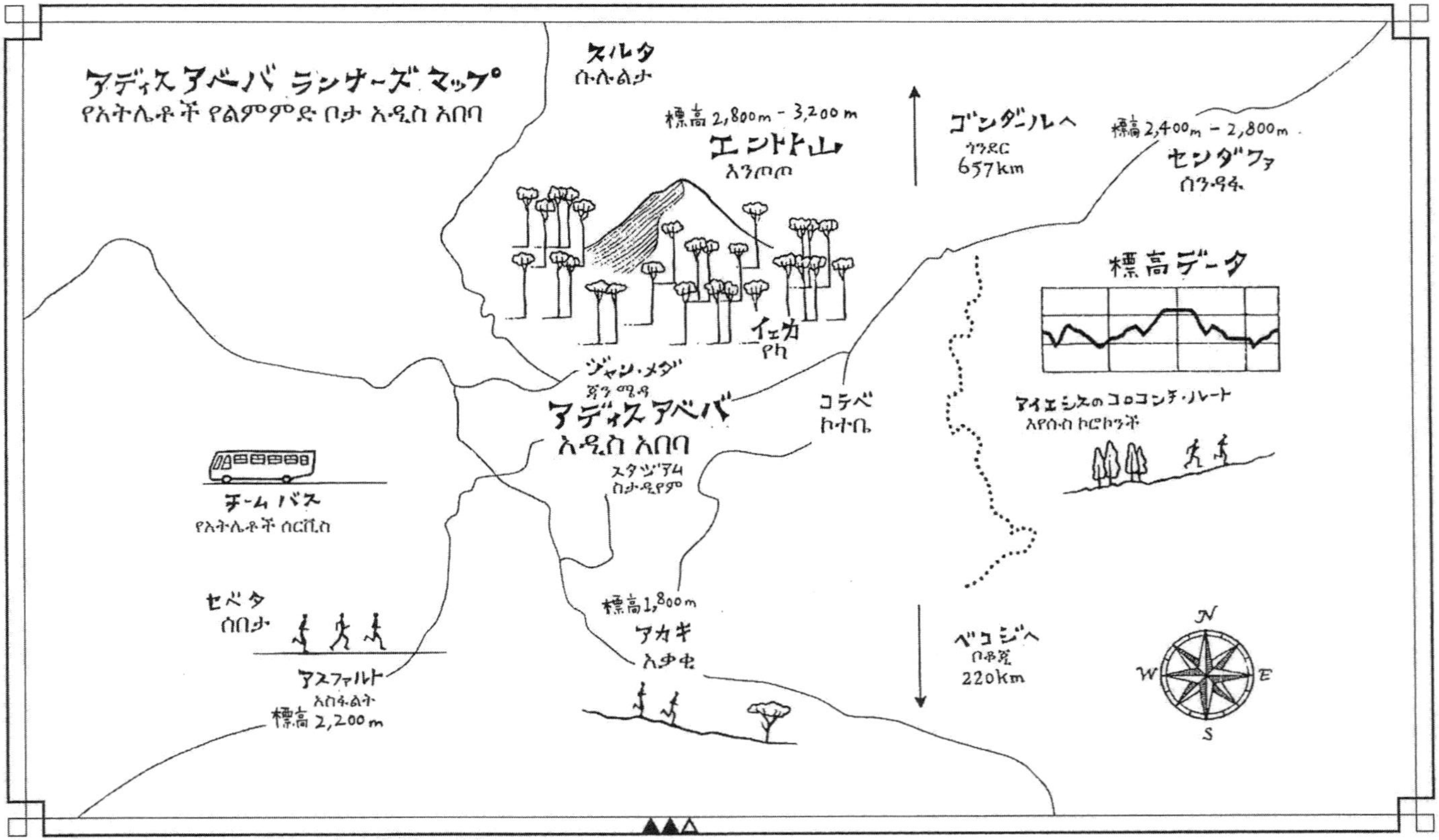

アディスアベバ ランナーズマップ
የአትሌቶች የልምምድ ቦታ አዲስ አበባ
スルタ
ሱሉልታ
標高 2,800m - 3,200m
エントト山
እንጦጦ
ゴンダールへ
ጎንደር
657km
標高 2,400m - 2,800m
センダファ
ሰንዳፋ
標高データ
イェカ
የካ
ジャン・メダ
ጃን ሜዳ
アディスアベバ
አዲስ አበባ
スタジアム
ስታዲየም
コテベ
ኮተቤ
アイェシスのコロコンチ・ルート
チームバス
የአትሌቶች ሰርቪስ
セベタ
ሰበታ
アスファルト
አስፋልት
標高 2,200m
標高 1,800m
アカキ
አቃቂ
ベコジへ
በቆጂ
220km
N
W
E
S

ランニング王国を生きる——文化人類学者がエチオピアで走りながら考えたこと

はじめに

ランニングシューズの進化とフルマラソンのタイムが持つ、当時と現在の意味合いの違いについての断り書き

本書〔二〇二〇年発売〕に登場する練習やレースのほとんどは、二〇一五年から二〇一六年にかけて行われたものである。これは一般的な観点からすればそれほど昔のことではない。しかし、それ以降にランニングシューズの性能が著しく進化したため、マラソンの世界の観点からすれば隔世の感すらあるほど状況に違いが生じている。

近年、陸上競技に関する報道では選手よりもシューズに注目が集まるようになった。「人類は以前より格段に速く走れるようになった」という認識も定着した。この感覚はエチオピアにもあり、現地でもランニングシューズのテクノロジーへの可能性に対する興奮（と不安）が広がっていた。とはいえ世界ランキングを見てみると、マラソンのトップレベルでのスピードの差はそれほど大きくない。二〇一五年の男子マラソンのランキング五〇位のタイムは二時間七分五七秒だったのに対し、二〇一九年は二時間六分二二秒と一分半程度の差だった。女子の場合は二〇一五年の五〇位が二時間二五分四二秒だったのに対し、二〇一九年は二時間二三分三〇秒と二分前後の差だった。このようにタイムが一分半から二分程度短縮されたことは、最新のシューズによって、数年前と現在とでは同じ実力を持つトップランナーのパフォーマンスにある程度のタイム差が生じていることを示唆している。

だがそれは一部のコメンテーターが誇張しているような天文学的な差ではない。

この五〇位のタイム（男子は二時間八分切り、女子は二時間二五分切り）は、私がエチオピアで知り合ったアスリートたちが、「マラソンで人生を変える」と語っていたときに目指していた数字だ。二〇一五年の時点では、ナイキやアディダスと契約できる可能性の高いタイムだった。これは男性なら五キロの「パークラン」を一五分一〇秒、女性なら一七分一五秒で、八回以上連続して走ることを意味する。これらの事実を頭に入れた上で、本書を読み進めていただきたい。

第一章　特別な空気《スペシャル・エア》——なぜ私はエチオピアに来たのか

午前四時四〇分に目覚ましが鳴った。その数分前から、すでに目は覚めていた。教会のスピーカーからはいつものように聖歌が大音量で流されていたし、番犬は一晩中ハイエナに向かって吠えていた。こんなに早く起きなければならないと思うと、緊張でいつも眠れなくなってしまう。すでにランニングパンツを穿いていた私は、前夜から準備しておいた残りのランニングウェアを素早く身につけた。五分後、ハイリエとファシルが部屋のドアをノックした。私たちはフードをかぶって寒さをしのぎながら、チームバスに向かう。「疲れてる?」とアムハラ語で尋ねると、ファシルはニヤリとしながら「疲れてなんかないさ!」と大きな声で答える。彼は疲れているのをめったに認めない。まだ真っ暗な道には、意外にも人が大勢いる。アムハラ語では夜明けのことを「ゴー」と言うが、人々は、この言葉を耳元で叫ばれて飛び起きてきたみたいに一日を始める。男たちは土埃が舞う道を真っ直ぐ前を向いて歩き、町の中心部に向かうミニバスの停留所では、大勢の人たちが列をつくって待っている。ミニバスが動き出すのは午前四時頃で、目的地を表す「ピアッツァ、アラット・キロ!」というおなじみの掛け声がすでに聞こえている。そのうちの一台のドアから、プロサッカーチームのアーセナルの色あせたシャツを着た子供が身を乗り出し、英語で「どこに行くの?」と尋ねてくる。「エントト」

と答える。少年を乗せたバスは、すぐに暗闇の中に消えていった。

モヨ・スポーツチームのバスに乗り込む。車内はうとうとしているアスリートでいっぱいだ。フード付きの練習用トップスを着ている者と、伝統的な綿の「シャマズ」を羽織っている者がいて、僧侶とボクサーが入り交じったような不思議な光景に見える。皆、練習の前に少しでも眠っておこうとしているのだ。走り出したバスの中で、アシスタントコーチ兼サブエージェントのハイリエが、携帯電話の画面を睨みながら次に選手を迎えに行く場所を運転手に伝えている。通勤バスを待つ労働者たちと一緒に暗い道端に立ち、これから始まるランニングという労働に静かに備えている選手たちが、一人またひとりとバスに乗り込んでくる。

窓越から、夜明け前のかすかな光の中を、時折ランナーが通り過ぎていくのが見える。道路が混雑しない未明に練習をしているのだ。排気ガスの靄に包まれた彼らの姿が、ヘッドライトに照らされて一瞬、幽霊のように浮かび上がり、すぐに闇に消えていく。暗闇の中、バスは集落を抜けて坂道を上っていく。次第に夜が明け始めると、ダッシュボードに乱雑に貼られた、イエス・キリストの肖像画が描かれた何枚もの絵葉書が目に入ってくる。フロントガラスに貼られた二枚のステッカーには、左の一枚には白い鳩、右の一枚には大きく膨らんだナイキのロゴが描かれている。道路は舗装路から石畳に変わり、最後には土の道に変わった。バスは練習のスタート地点に向かってつづら折りの道を上り、これ以上前に進めないほど道幅が狭くなったところでようやく止まった。最前列にいるコーチのメセレットが、ストップウォッチ三個をリセットし、数字が乱雑に書き込まれた用紙に最後のメモをする。まだ誰も身動き一つしない。メセレットが、選手たちにバスから降りるように指示する。

もう六時だ。バスの外に出る。吐く息が白くなり、山に向かって昇っていく。遠くの暗がりの先に、これから走ろうとしている道が見える。落ち着かない気持ちで足踏みしながら、空気の薄さを確かめるように呼吸する。バスは一時間以上かけてここまで来た。私が滞在しているアディスアベバは標高二五〇〇メートルだが、ここはそれよりも優に数百メートルは高い。エチオピアに長期滞在することを計画していた数週間前、ハイリエからメールをもらった。そこには、「エントトにはぜひ行くべきだ。あの山にはハイレ・ゲブレセラシェがベルリンマラソンで素晴らしいパフォーマンスを見せて優勝した秘密が隠されている」と書かれていた。とはいえアディスを実際に訪れてみると、エントトが練習に最適な場所であることは半ば公然の秘密だった。ここ数週間、ここで一緒に練習をしてきたランナーの多くが、この山には神秘的な力があると口をそろえて語っていた。「ここは標高三八〇〇メートルある。インターネットで調べてみればいい」とメセレットが言う。うそだろう、と私は答える。エベレストのほぼ中間ほどの高さから、さらに上り坂を走ろうとしているという事実を信じたくはなかった。

　とはいえ実際には、この国のランナーにとって正確な高度はそれほど重要ではない。重要なのは、その高度を信じていることだ。ここで走ることには、肺活量が鍛えられる以上に、若きランナーたちの夢を膨らませる効果があるのかもしれない。ここの空気は〝特別〟なのさ、とバス旅を終えて背中を伸ばしているアセファが言う。彼のニックネームである〝ビレトゥ〟は、逞しい体つきからついた〝鉄人〟という意味だとハイリエが教えてくれた。後退した生え際は頭がいい証拠だと周りから言われているテクレマリアムが、「ヘモグロビンにいいんだ」とつけ加える。彼のつたない英語のボキャブラリーにこの言葉が含まれているのに驚いていると、逆に「ヘモグロビンを知っているか？」と尋ねられた。「会ったことはないな」と冗談で答える。「ゆっくり走ればいいんだ」と彼は言う。「ここは空気が特別なんだから」

エントトの標高はイングランドの最高地点の三倍以上。走ればすぐに頭痛がするような高さだ。そしてすぐに、酸素が薄すぎて指の感覚もなくなってしまうほどの高さだと気づいた。ここは一九世紀末に皇帝メネリク二世が首都アディスアベバの建設地に選んだ場所でもある。しかし寒さが厳しかったため、メネリクの妻の強い希望で、この国の首都はもっと暖かく温泉もある谷間に建設されることになった。この山にはオーストラリアから持ち込まれたユーカリの木が植えられていて、「アディスアベバの肺」と呼ばれている。だが、その名称とは裏腹に酸素は薄く感じる。「ここで走れば呼吸器系に負荷をかけられるぞ」と言うコーチのメセレットは、スカイブルーの膝丈のアディダス製のベンチコートを着て、寒さを凌ぐために被ったフードの紐を顎の下でしっかりと締めている。「息を吸って──吐く」メセレットがつま先立ちで大きく息を吸い込み、肺から力強く空気を吐き出した。「吸って──吐く。吸って──吐く」。そう言いながら、私の肩を親しげに叩いた。

到着したときのバスの車内には重苦しい雰囲気が漂っていた。選手たちが狭い座席から立ち上がるのに何分もかかった。ランニングの練習が始まる前に見られるようないつもの陽気さはなく、代わりに静かな不安が広がっていくのがわかる。エチオピアの選手たちも、私と同じようにこの山を怖がっているのだ。コーチによれば、メイングループは今日、一キロ三分五〇秒のペースで七〇分間走り、その後で上りでの二〇〇メートルのダッシュを一二本行う。「でも君は、今日は上りのダッシュは不要だ」とコーチに言われ、たしかにそのほうがいいだろうね、と答える。コーチは、「楽に九〇分走ればいい。つまり、楽だけどハードに走るんだ」とつけ加えて立ち去った。高地にまだ少ししか順応していない状態で山の中腹にいて、これから真っ暗な道を走ろうとしているときに、こんな意味深な言葉は聞かされたくはない。テクレマリアムがメイングループではなく私と一緒に走ると言ってくれたので、少しだけほっとする。

この地球上でトップクラスの優れた心肺機能を持つ六〇人が吐く濃い息で窓を曇らせたバスが、森に囲まれた空き地の端に停車している。テクレマリアムは私についてくるようにと言うと、他の選手たちの後ろに続いて森の方向にゆっくりと歩き始めた。しばらくして走り出すと、体が目覚めていく慣れ親しんだ感覚があり、少し安心した。周りの空気が上がるよりも少し速いスピードで、筋肉が温まっていく。これほど高い場所で走るのはおそらく初めてだったが、いつもの朝のランニングと同じ感覚があることで、異質な環境の中にいながらもほっとできた。ゆっくりと手足をほぐしながら、テクレマリアムのスローなテンポに合わせて足を動かす。しかしすぐに頭がぼうっとし、ゆったりしたペースにもかかわらず肺が激しく動いているのを感じた。メセレットの言うとおり、呼吸器系に負荷がかかっているらしい。空気を吸い、吐くために必要な筋肉を急に強く意識する。普段は無意識のうちにしている呼吸をこれほど意識しなければならなくなることに驚いてしまう。きっと酸素不足を感知した体が、肺を酸素で満たすように必死に指令を出しているのだ。

沿道のユーカリの木々の隙間から陽光がちらつき始め、シューズがトレイルを踏むリズミカルな音だけが聞こえてくる。バスの車内での沈黙が、次第にエチオピアの朝のランニング特有の楽しげなおしゃべりに変わっていく。すぐ前のメイングループがまだ雑談をしている限り、まだ誰も本気を出していないことがわかる。次第にうっすらとした山道は上りが続いて険しくなり、一〇分ごとに急な丘を二つほど駆け上がらなければならなかった。周りの木々にも異質さが感じられる。やけに誇らしげに、定規のようにまっすぐに屹立しているのだ。木々の幹は次第に細くなり、月面の地表のような荒涼とした光景が現れた。

意識がもうろうとし始めた。空気が薄く、理路整然とした思考ができない。この山道は、私が生まれ育ったイングランド北東部の都市ダラムの近郊にあるハムスターリーの森の光景を思い起こさせた。目の前の森全体が巨大なガラスの鐘に閉じ込められ、酸素不足に陥っているという妄想が頭をよぎる。初めは山の起伏に合わせて素直に上下しているように見えた道が、ずいぶんと気まぐれなルートで斜面を上っているように感じられてくる。高地では、疲れ始めた足にもいつものようには酸素を届けられない。

先行するランナーが二人、三人と小さなグループをつくって次々と集団を離れていく。ペースを上げようという暗黙の了解が生まれ、みんなの頭が下がり、差がみるみる広がっていく。この変化は気づけないほど小さく始まるが、すぐに驚くほど早く進展していく。突然、これまで体験したことがないような苦しさに襲われた。高地に来てまだ一週間しか経っていない。肺はこの状況に対応できず、脚は突然の燃料切れにどう対応していいのかわからない。足を上げ、次の丘のてっぺんにたどり着くことだけに集中する。最後には、とにかく走るのを止めないことだけを考えていた。景色を眺める余裕などなく、足元の地面だけを見つめながら足を動かす。体の感覚にしか意識を向けられない。それは言葉では表現できないような感覚だ。

私は、オリンピックのマラソンで四位に入賞した名ランナーで、スポーツイラストレイテッド誌のジャーナリストでもあるケニー・ムーアがランニングの苦しみについて書くときに、「痛み《ペイン》」という言葉を使いたがらなかったことを思い出していた。「それはコンロの火で焼かれたような痛みではない」とムーアは書いた。「それは体が弱っていくような感覚だ。耐えられないほどの重荷を背負い、思い通りに体を動かせなくてパニックになるような苦しみなのだ」。私に言わせれば、それは「立ち止まる以外どうしようもない」というほどの苦しみだ。思考は完全に支離滅裂になり、脳内で漠然とした言葉の連想が始まる。急な丘を上りながら、なぜか「キャンパー、クランパー、ケッパー、スカルパー、スカンパー」と脈絡のない言葉が浮かんでくる。呼吸が荒くなり、肺の中にパニックが入り込んでくるにつれて、初めてランニングをしたときの記憶が蘇ってきた。九歳の私は膝に手を置いて、足手まといになったことを父に謝りながら必死に大きく息を吸い込もうとしている。父は私の肩に手を添えて、大丈夫だよ、一緒に走れて嬉しいよと言ってくれた。しばらくして振り返ったとき、走ることはたしかに苦しいが、他のスポーツでは味わえない、自分の中にある深いものを掘り起こしてくれるような感覚があることに気づいた。

見かねたテクレマリアムが戻ってきて、「あと二〇〇メートルだ」と言った。それまでも数百メートルごとに「あとどれくらい走ればいい？」と私が尋ねると、そのたびに彼は「言っただろう？二〇〇メートルさ」と答えていた。テクレマリアムはこのジョークは口にする度に面白くなると思っているようだったが、私にすれば ちっとも面白くなんかなかった。私は目をチカチカさせ、塩分をたっぷり含んだ汗を流しながら、彼に言い返せるくらい呼吸が整っていればいいのにと思いつつ、這うようなスピードで走った。よろめくように角を曲がると、そこにはチームバスが止まっていた。ようやく立ち止まることができた。ゴールして二分もたたないうちに、テクレマリアムはいつものように明るく振る舞っていた。偉大なるハイレ・ゲブレセラシェのように、彼の微笑みは人に伝染する。まだ午前七時三〇分にもなっていないのに、私はすでに一三マイル〔約二一キロメートル〕も走っていた。アディスの街の上に太陽が昇り、私たちはメイングループがヒルクライムで急な坂を上り降りするのを見るのに間に合った。私はなぜ自分が走ることが好きなのかを思い出していた。

標高三五〇〇メートルの丘の上で、メセレットと一緒になだらかな農地を見下ろした。丘の中腹には、トゥクルと呼ばれる土壁の農場と、丸く積まれた金色の藁が点在している。坂を駆け上がってくる集団に向かって、メセレットが「ナ！　ナ！」（来い！　来い！）と叫ぶ。坂を上る度に選手たちは競争をしていて、たいていはツェダが制している。身長一メートル五〇センチ強と小柄で、小さな足を胴体の下で力強く回転させている。七本ダッシュを終えたところで、怪我から復帰したばかりのフーネンナウが屈み込んで嘔吐し、「きつくて死にそうだ」と泣き言を口にした。メセレットは「さあ、早くジョグで丘を降りるんだ！」と容赦がない。だが練習が終わり、芝生の上で皆がくつろいでいると、フーネンナウの肩に手を置いて、調子は戻ってきているぞと言って安心させた。うん、わかってる、とフーネンナウは弱々しく笑いながら答える。数年前のハーフマラソンでは五九分三九秒を記録し、世界クロスカントリー選手権では八位入賞を果たした。彼は、数カ月間練習を積めば、再び世界のトップ選手と渡り合えるようになれると信じている。しかし、この国では過去の実績はたいした意味をなさない。彼に挑戦する立場にある選手たちは、今朝の私たちのグループの二〇人を含めて何百人もいる。

芝生に座り、森から出てきた見知らぬランナーたちが野原を蛇行しながら走り、再び森に戻っていくのを眺める。二人一組で走る者もいれば、一五人以上の集団で一列になって走る者もいる。一人で走る者はいない。「たくさんのランナーがいるね」とつぶやくと、メセレットがうなずいて言った。「アディスアベバには少なくとも五〇〇〇人のランナーがいる。鳥の大群ほどの数の選手がランニングに挑戦するが、その群は最後にはほとんど消える。成功するのはごくわずかさ。今朝君が見ている数百人のランナーのうち、成功するのは両手で数えられるくらいしかいない」。メセレットは完璧に足並みを揃えながら野原を走る集団の選手たちを眺めている。「誰が成功するかは、どうやって見分ける?」と尋ねると、「成功するのは、足を動かす前に、目で見て、頭で考えるランナーだ。感情だけで走る者は成功しない」という思いがけない答えが返ってきて、ふいを突かれた。「努力」とか「一一〇%の力で走る」とかいう、よくあるランニングの決まり文句が返ってくると思っていたからだ。私はこの言葉を、エチオピア滞在中に一二冊書き溜めることになるノートの最初の一冊に書き留めた。

選手たちが太陽の下で冗談を言い合っている中、フーネンナウともう一人が近くの農場までアルコール度数の低い地ビール〝テラ〟を買いに行った。驚いたことに、コーチのメセレットはこれを炭水化物の優れた保給源として容認していた。手提げ鞄を持った男が不器用に斜面を走っていくのを見て、ランナーの一人がアムハラ語で何かを言っている。私が聞き取れた唯一の単語は、ハイエナを意味する「ジブ」だけだった。みんなが大笑いしているので、ハイリエに何と言ったのか尋ねると、「一種のことわざだよ」と教えてくれた。「一番足の速いハイエナは、獲物のアンテナに噛みつく」とハイリエは指を頭の上に立てて言った。「角《ホーン》のこと？」と私は言う。「そう、角だ。後に続くハイエナのほうが美味しい部分にありつける。つまり、急ぎすぎてはいけないということさ」。速く走り、エージェントと契約をすることで生活が成り立っているはずのプロのランナーたちが、このことわざの教えを認めているのは不思議な気がする。とはいえ、たしかに練習を終えた選手たちは、誰も急いで家に帰ろうとはしていない。バスの運転手も、日差しを浴びながら芝生の上で眠っている。

練習前の不安と練習後の陽気さの対比が、これ以上ないほど際立っていた。私はこの二時間だけで、実にさまざまな感情を味わった。私は人類学者として、そしてランナーとして、これからエチオピアで一年三カ月を過ごそうとしていた。ランニングでも人類学でも、とるべきアプローチは同じだ。異なる世界に、どっぷり身を浸すこと。私は人類学者としてアディスアベバの生活のリズムと複雑さに深く入り込むつもりだった。ランナーとしても、エチオピアのランニングの世界に飛び込もうとしていた。走るたびに生まれるさまざまな感情や、本格的な長距離走の練習につきものの独特の難しさを体験しようとしていた。レースに向けた準備は、旅や冒険に似ている。

今から四〇年ほど前、社会学者のマックス・ウェーバーは、「脱魔術化は、近代に特有の瑕疵《かし》である。西洋人はこの世に計算できない不思議な力などなく、原則としてすべては計算によって極められると信じている」と書いている。この言葉は、当時よりもさらに真実味を帯びている。私たちは、心拍数モニターやＧＰＳウォッチを使って綿密に計画されたペースで走り、データをストラバなどのアプリにアップロードする。アップロードに失敗し、データの登録や過去の記録との比較ができなければ、「今回のランはカウントに入らない」と冗談めかして言ったりする。スポーツ科学者は、トップアスリートをテスト走行させ、生理学的な数値を測定する。私たちはこうしたデータをものさしにすることで、自分の限界を知っていると思い込んでいる。私がエチオピアに惹かれたのは、この国のランナーたちが、成功には「計り知れない神秘的な力」が大きく関わっていると信じているからだ。そうでなければ、週に三日、何時間もかけてバスに揺られてまでエントトのような場所で練習をするだろうか？　朝四時に起き、神聖で〝特別な空気〟のある土地で走ろうとする彼らにとって、ランニングはレクリエーションというよりは巡礼に近い。

エチオピアは、天使や悪魔がエネルギーを支配していると言われている場所だ。ここは魔術師が、他のランナーが持つようなパワーを得るための手助けをしてくれる。森の中で出会ったとあるランナーが、一万メートルを世界記録よりも一分近くも速い「二五分三二秒で走る夢を見た」と真顔で言う。私も「君もエントトの空気を吸えば、二時間八分台でマラソンを走れる」と言われたことがある。つまりここは、魔術的な思考や狂気に満ちた場所であり、夢がまだ生きている場所なのだ。

エチオピアやケニアの優れた選手たちのパフォーマンスは並外れている。だが長距離走は、コメンテーターが彼らをまとめて「東アフリカ人」や「アフリカ人」と呼ぶことが許されているようなスポーツでもある。私は以前、二〇一六年のグレート・スコティッシュ・ランのBBCによるテレビ中継を見ていたときに、スコットランド人ランナーのカルム・ホーキンスと併走していたウガンダ人ランナーのモーゼス・キプシロが、コメンテーターから終始「ケニア人」と呼ばれていたのを覚えている。そのことは、このレースの開催場所が、キプシロが最近コモンウェルス・ゲームズで五〇〇〇メートルと一万メートルの二冠を達成したばかりのグラスゴーだっただけに、余計に印象に残った。考えてみてほしい。もし他のスポーツでこのようなことがあれば、きっと猛烈な批判が浴びせられるはずだ。テレビやラジオでの中継で、サッカー選手のディディエ・ドログバ〔コートジボワール出身〕が「西アフリカ人」と呼ばれたり、テニス選手のノバク・ジョコビッチ（セルビア人）が「クロアチア人」と呼ばれたりしたらどうなるだろう？

また、エチオピア人の名前のつけ方に特徴があることにも触れておきたい。この国の人々の名前には、「姓」というものがない。子供が生まれると名が与えられる。その名と父親の名（さらにはそれに加えて祖父の名）を組み合わせることで、名前が成り立っているのだ。そのため、エチオピアの偉大なランナーであるケネニサ・ベケレが「ベケレ」と呼ばれるとき、それは実際には彼の父親の名を指していることになる。これはレースを観戦しているエチオピア人にとっては違和感を覚える呼び方だ。そのため、この本では選手を表すときにできるだけその名（一般的な意味でのファーストネーム）を用いることにする。

この本の原タイトル（OUT OF THIN AIR）には、長距離走という競技が持つ神秘さが込められている。世間一般が抱く、「長距離ランナーは孤独である」というイメージを体現するかのように、エントトの森を走る寡黙で内向的なランナーは、どこからともなく現れ、跳ぶようなスピードと超人的な持久力で走り、また森の中に消えていく。『アウト・オブ・シン・エアー』というこの本のタイトルには、二つの意味がある。一つは、世界トップクラスの能力を持つエチオピアのアスリートたちの生活や信念がほとんど知られておらず、その偉業がどこからともなく現れる《アウト・オブ・シン・エアー》のように思えること。クロスカントリーの世界ジュニアチャンピオンで、現時点のハーフマラソンの世界記録保持者であるにもかかわらず、ジェフリー・カムウォルをテーマにした映画に相応しいタイトルとしてつけられたのが『未知なるランナー（The Unknown Runner）』であるのと同じ理由だ。

　二つ目の意味は、長距離走者の成功は、アスリートの能力とは直接的に関係のない外的な要因、とりわけ高地練習の結果として説明されることが多いという事実を表している。エチオピアやケニア、ウガンダのエリートランナーの驚異的なパフォーマンスは、「薄い空気《アウト・オブ・シン・エアー》」のなせる技だと見なされることが多い。同じく、それは遺伝的に説明できると考える人もいる。たとえば、運動遺伝学とゲノミクスを研究する科学者の国際的なコンソーシアムである「アスロムプロジェクト（The Athlome Project）」は、「トップアスリートの運動能力に関連する遺伝的変異体」を発見しようとしている。このプロジェクトの責任者であるヤニス・ピツラディスは、トップアスリートの運動能力には何らかの遺伝的要素があるという前提で多くの論文を書いているものの、未だに何の証拠も見つかっていないことを認めている。

　遺伝や標高がランナーに何らかの優位性を与えるという仮定は、速さの秘訣は「生得的なもの」に起因するという考えを支持するものだ。エチオピアやケニアのランナーは「生まれつき才能がある」と見なされる。これは貧困と結びつけて語られることもある。たとえば、アフリカの貧しい地方で育ったランナーは、幼い頃から〝自然な〟生活習慣を送っており、それが速さに貢献している、というものだ。小さい頃から野良仕事を手伝ったり、学校までの長い道のりを裸足で走って通ったりといったイメージがメディアで強調され、それがチャンピオンランナーを生み出す土壌になっていると考えられている。世間の人たちは、アフリカ人にとってランニングはたやすいことだと思っている。私は人類学者であり、科学者ではない。だから、この通説が間違っていることを科学的な手法で証明するつもりはない。それでも、アフリカ人選手の長距離走の優れたパフォーマンスをこのように先天的な理由で片付けてしまうことがもたらす悪影響を指摘しておくのは重要だと思う。アフリカのランナーを「努力せずに勝てる」とか「走るために生まれてきた」といった言葉で表現する傾向は、彼らが長い年月をかけてさまざまなことを犠牲にしながら練習に打ち込んでいるという事実を覆い隠し、幻想を生みだしてしまう。さらには、エチオピアやケニア、ウガンダにはそれぞれ固有のランニングの特徴や文化があることも、エチオピアのランナーにイギリスよりもはるかに優れた組織的なサポートが提供されているという事実も、見逃すことになってしまう。私は、エチオピアのランナーの成功には、この国特有のさまざまな文化的影響があるはずだと思っていた。そして、アディスアベバへの滞在中にこれらの要因を詳しく調べたいと思った。

「東アフリカの長距離ランナー」という呼称は、まったく異なる文化を背景にする多様なランナーを一括りにしてしまうものだ。彼らは民族も違えば、話す言語も違う。さまざまな信仰の違いも、ランニングへの取り組み方に影響を与えている。この地域のランニングに関する本のほとんどは、英語が通じやすく、ジャーナリストや欧米のランナーにとって快適なホテルも多いケニアについて書かれたものだ。つまり、「東アフリカ」のランニングといえば、主にケニアのランニングのことなのである。私がエチオピアに惹かれたのには、ケニア以外の視点でこの地域のランニングについて調べてみたかったという理由もある。それに、エチオピアの独自性にも魅力を感じていた。エチオピアは、アフリカで初めてキリスト教を受け入れた国であり、アフリカで唯一、独自の文字を持つ国である。同じく、アフリカで唯一、帝国主義時代にヨーロッパの植民地支配を免れた国でもある。

一九六〇年のローマオリンピックでアベベ・ビキラが裸足で優勝して世界を驚かせて以来、エチオピアの男子選手はオリンピックのマラソンでケニアの二倍の金メダルを獲得し、歴代の男子マラソンベスト十〇のうち六つ〔本書の執筆時点〕を占めている。一九八〇年以降のオリンピックの一万メートル走でも、ケニアの一冠に対し、エチオピアは二度のボイコットにもかかわらず五冠を達成している。エチオピアのランナーは、五〇〇〇メートルと一万メートルの男女の世界記録をすべて保持している〔本書の執筆時点〕。我が国イギリスのトップランナーであるモハメド・ファラー（モー・ファラー）はトラック競技で世界タイトルを獲得するようになってから、五〇〇〇メートルと一万メートルの主要大会で二回しか負けていないが、その相手はどちらもエチオピア人ランナーだ。

メセレットと一緒にエントトの野原を見渡すと、さまざまなレベルのエチオピアのランナーの姿が見えた。野原の一角には、トップランナーがこぞって乗っているトヨタのハイラックスが六台、まるで屋外のショールームみたいに整然と駐車されている。木々の間を縫うように走る選手たちのレベルは、身につけているウェアで区別できる。アディダスやナイキの新作のウェアを着ている選手、エチオピア代表チームの鮮やかな黄色のジャケットを着た選手、ぼろぼろの短パンにプラスチック製のサンダルを履いた選手、とその格好はさまざまだ。だが、どの選手も誰かと一緒に走っている点では同じだ。私は、野原を左右にジグザグに走る集団に注目した。走るルートは、先頭のランナーが決めているようだ。メセレットによれば、二時間五分台で走るランナーらしい。後で話をしたときも、彼は自分のタイムは「カ・アミスト」（五分）だと言っていた。エチオピアではマラソンのタイムを、時間単位を省いて分単位だけで表現する。タイムが三時間を超えるケースは皆無に等しく、二時間台であることは自明なので、分単位の数字だけを言えば事足りるからだ。このグループの後方では、近くの農家に住んでいて、まだ経験が浅いと思われる少年が、必死に前のランナーに食らいつこうとしていた。約一分ごとに一八〇度近くも向きを変える先頭ランナーの後ろに、他のランナーが魚の群れみたいについていく。「なぜあんなにジグザグに走るんだ？」と尋ねると、メセレットは「知らないよ。誰も指示なんてしていない。彼ら自身で判断して走ってるのさ」と言った。私はこれにも驚いた。コーチが指示を出さず、選手の判断で自由に走らせている？　私は彼らがあのような走り方をするのは、色鮮やかなジャケットに興味を持ったあの農家の少年のような遅いランナーが、グループに追いつきやすくし、他のランナーから学べるようにするためなのかもしれないと思った。

野原では別のグループが、ドリルを延々と続けていた。腕を高く振って一定の距離を走り、向きを変えると私たちのいる方向にジョグで戻ってくる。みんな、円を描くような形に両手を動かしている。「あのドリルの目的は？」と尋ねると、ハイリエは「リラックスするためさ」と答えた。「作物の種を蒔く動作をしているんだ」。もちろん、そんな練習方法は見たことがなかった。その後、選手たちはピアニストが鍵盤の端から端までの音階を弾いていくように、ランニングの個々の動作を一つずつ強調するような一連の動作を行うと、最後に握手をして芝の上に腰を下ろした。それは一般的なランニングのウォーミングアップでする動きというよりも、地元のバーやレストランで見かけたエチオピアのミュージックビデオに出てくる踊りに近かった。ランナーたちは、肩を激しく震わせ、力強く息を吐き出すエスケッァ（肩の踊り）と呼ばれる独特のダンスを彷彿とさせるリズムに合わせて、肩を揺らし、地面を踏みならす。

この野原だけで、少なくとも二〇〇人のランナーがいる。私はこれから一年三カ月にわたって、エチオピアの長距離走の文化について人類学的なフィールドワークを行おうとしていた。この野原を走る、私の目の前にいるまだ〝成功〟していないランナーのうちの一部は、私がフィールドワークを終える前に、成績の伸び悩みや怪我が原因で意気消沈し、走ることを諦めてしまうことになる。その一方で、人生を変えるほどの結果を出す者もいた。この本は、大成功をつかみ取ろうとしているエリートの長距離ランナーたちの運命と、彼らを追いかけ、ジグザグ走やダンス風のウォーミングアップといったこの国のランナーの文化を理解しようとする私の試みを描いたものだ。

あと一歩の改善をひたすらに追求する欧米的な〝マージナルゲイン〟の考え方や、実験室でスポーツ選手の成功を説明しようとするスポーツ科学者とは異なり、エチオピアでの生活とランニングの経験は、私にランニングに対するはるかに直感的で、創造的かつ冒険的なアプローチの可能性があることを示してくれた。ケニアのエリウド・キプチョゲがウィーンで一時間五九分四〇秒を記録したのをはじめ、フルマラソンで二時間を切るためのさまざまな挑戦がメディアで報道される中で、欧米の科学者が東アフリカのランニングの〝専門家〟として脚光を浴び、炭素繊維でコーティングされたシューズや空気力学に基づいたランニングフォームなどの革新的な技術に注目が集まるようになっている。けれども、あるエチオピア人の若手ランナーに言わせれば、「科学者はタイムを知らず、医者は走らない」。世の中の人たちは、世界のトップレベルのスポーツ選手のパフォーマンスは、スポーツ科学や実験室でのテストに左右されると考えている。しかし、どんな実験室でのテストよりも、シンプルなランニングレースのほうが選手の身体的特徴を測定しやすいと認めるスポーツ科学者もいる。エチオピアのランナーにとっても、A地点からB地点までの単純なレース以上に客観的なテストはなく、たくさん走ること以上に優れたランニングを学ぶための方法もない。

私はエチオピアでの経験を通じて、良いパフォーマンスとランニングの楽しさは相反するものではないと実感した。自分の体や他人、環境との調和を図り、直感に従えば、走ることに惹かれたそもそもの理由を犠牲にすることなく、成果を上げられると知った。世界のスポーツを牛耳り、一般人にまで浸透している、技術や科学を優先させた魂を奪うような練習方法に代わるものがあると知った。

私はエチオピアで、スポーツ心理学を知らず、ランニングの奥深く神秘的な秘密は実験室で解明することなどできないと考える人たちから、スポーツ心理学についてのまったく新しい考え方を学んだ。本書の読者にも、スポーツ科学への健全な懐疑心と、経験によって培われた知恵に誇りを持つエチオピアの人々から学べる、ランニングについての新たな知見を見つけ出してほしいと願っている。

エチオピアのランナーはなぜ午前三時に起きて都市部の坂道を上り下りするのか？　ハイエナを探しに行くことで、なぜランナーとしての能力が高まるのか？　創造的で〝危険〟なアプローチを取り入れることで、なぜランニングが退屈でなくなり、冒険的なものになるのか？

その答えを知るために、さっそく一緒に森の中に入っていこう。

第二章　民族楽器の演奏家になっていたかもしれない——エチオピアの若者がランナーの道を選ぶ理由

私は二〇一五年九月一四日の午前二時にエチオピアに到着した。空港の手荷受取所で荷物が来るのを待っているとき、エチオピア国内でもっとも有名なランナーで、おそらくエチオピア国外でももっとも有名なエチオピア人でもあるハイレ・ゲブレセラシェの写真を用いた広告が目に飛び込んできた。しかも、二つもだ。一つはトタルの潤滑油の広告で、もう一つはジョニーウォーカーのウイスキー（これもある意味で潤滑油みたいなものだ）の広告だ。広告のコピーは、「あなたのエンジンを路上のアスリートのように」と「前に進もう、歩き続けよう」。長距離走と、進歩や前進、発展といった概念との関連性を研究するためにこの国に来た私にとって、ぴったりの言葉かもしれない。アライバルビザのデスクにいた担当者の女性は半分眠りかけていたが、私が覚えたばかりの片言のアムハラ語を使ってランナーであることを告げると、はっと目を覚ました。

ノートやランニングシューズなどを雑多に詰め込んだバッグを受け取ると、友人のブノワ・ゴーディン博士から送られてきた、彼の家への行き方が書かれたメールの文面を取り出した。アディスアベバ大学に勤務しているブノワとは、数カ月前に彼が主催した「東アフリカのランニング——社会科学の視点から」と題されたカンファレンスで知り合った。ブノワは今回のフィールドワークの最初の数週間、私がこの国での生活に慣れるまでのあいだ、自宅に住まわせてくれると快く申し出てくれたのだった。出発までの数日間は、エディンバラのアパートを引き払うために慌ただしく過ごした。同居していた同じ人類学者で私のパートナーであるロズリンも、今年はイングランド南西部のサマセットで自閉症児向けの馬術療法を研究することになっていた。彼女も私も、それぞれ現地でフィールドワークを行う生活に入ることになる。そんなわけで、空港から夜の街に出てタクシーを探しながら、ようやくブノワからのメールにじっくりと目を通すことができた。すぐに、出発前にしっかりと読んでおけばよかったと後悔した。

メールの内容は次のようなものだった。「まず、タクシーの運転手にドイツ大使館まで行くように伝えること。大使館に着いたら、そこを右に曲がって坂を上る。舗装路がなくなったら、左に曲がって石畳の道に入る。運転手が渋るかもしれないので、引き下がらないように気をつけて。それから右に曲がり、左に曲がり、右に曲がり、黄色いゲートの前で止まる。警備員がゲートを開けるまで車から降りないように。この辺りには夜になるとハイエナがいるから」。この時間帯のアディスアベバの街は交通量が少なく、タクシーは鮮やかな色で塗装されたトタンづくりの店や、ネオンライトに照らされたバーの前を素早く通り過ぎていく。驚いたことに、二、三人のグループで一列になって走っているランナーの集団ともすれ違った。ヘッドライトの光に照らされて一瞬浮かび上がり、幽霊のように消えていく。一体なぜこんな時間に練習をしているのだろう?

二〇分ほどすると、運転手が「ドイツ大使館の前だよ」と告げたので、私は丘の上を指差した。私はかろうじてアムハラ語の「左（ワダグラ）」と「右（ワダケン）」という言葉は覚えていたので、これ以上細かい指示を求められないことを願いながら行き先を伝えた。運転手は石畳の道を走るのがあまり好きではないようだった（ほどなくして私は、ランナーたちもそうであることを知ることになる）。ともかく、タクシーは暗闇の中でブノワの家の門の色を見分けられるように、ゆっくりと坂を上っていった。しばらくすると大きな黄色い扉の前まで来たので、運転手に停車するよう伝えた。運転手がクラクションを鳴らすと、夜の静けさに似つかわしくないほど大きな音が鳴り響いた。三〇秒後、松明を持った警備員が門を開け、番犬の注意を巧みにそらしながら、私が寝泊まりする部屋まで案内してくれた。母屋の外にある小屋で、かつて別の警備員が住んでいたということだった。

ブノワがテラスから歓迎してくれ、また寝室に戻っていった。私は小さな部屋で寝袋に入って眠りについた。すでに、高地にいるという感覚があった。数分ごとに体がそれを察知し、その度に大きく深呼吸する。空気の薄さと、夜の町に忍び寄るハイエナのにおいを嗅ぎ分けた近所の犬が突然吠える声に邪魔されて、眠りは浅く、途切れ途切れだった。部屋には小さな窓しかなく、屋内は真っ暗だ。夜中に何度か目が覚める度に、一瞬、自分がどこにいるのかがわからなくなった。

人類学者であることは、他者の物語の良い語り手になろうとすることである。そのためには、自分が語りたいと思っている土地や人々に長い時間をかけて密着しなければならない。私の場合、それはできる限り、自分が理解したいと思っているランナーたちの近くで生活し、一緒に食事をし、走った後に一緒に寛ぎ、何よりも一緒に練習に励むことだった。「エスノグラフィー（民族誌）」とは、人類学で用いられる調査・記述の方法である。この言葉はラテン語の〝文化〟と〝書くこと〟を語源とし、

〝人々について書くこと〟という意味を表している。エスノグラフィーを実践するには、「参与観察」（人類学者のジェームス・クリフォードは、これを「深い付き合い」と見事に表現している）と呼ばれる方法が必要になる。これは簡単に言うと、対象となる人々と多くの時間を過ごしながら、観察し、会話し、信頼関係を築くことである。

長年にわたりシカゴのゲットー地区でのボクシングを研究していたフランスの社会学者ロイック・ヴァカンは、スポーツに対してこの種の研究をうまく行うには、「参加者の観察」よりも「観察者の参加」という観点が必要になると指摘している。つまり、傍観者ではなく観察者自らがリングに立ち、実際にボクシングをしながら学ぶべきだということだ。しかし私は、これを実践するのは簡単ではないことに気づいていた。人類学者のマイケル・ジャクソンが述べているように、観察と参加を同時に行うということは、川の中に立ちながら、同時にそれを川岸から眺めるのに等しい。私の場合なら、それはグループで一緒に走りながら、その光景をチームバスから観察しようとするようなものだ。おまけに、私のランナーとしての実力は彼らの足元にも及ばない。私のハーフマラソンのベストタイムは一時間六分だが、一緒に練習するグループの選手たちはそれよりも四分から八分も速い。

しかし、フィンランド北部のサーミ族の一つであるスコルト族が獲物を追い、狩猟する習慣についての研究を行ったイギリスの人類学者ティム・インゴルドにとって、観察と参加は厳密には区別できないものである。インゴルドはこう書いている。「観察するとは、周囲で起きている出来事を見守ることであり、それらに耳を傾け、感じとることである。参加するとは、自分が興味を持った人々に近づき、その人々と同じ活動を体験しながら、同時にそこで起きている出来事を見守り、耳を傾け、感じとることである」。エチオピアで迎えた二日目の朝、私は一緒に走るエチオピア人ランナーを見つけたいと思っていた。できるだけ早く、彼らと同じ〝活動〟を体験したかった。

丘の上に森があることは何となく知っていたので、朝六時にブノワの家を出て石畳をゆっくりと歩き始めた。路上にいるほとんどの人は、教科書や手提げ鞄を片手に、ものすごい勢いで坂を下っていた。私のように坂を上っているのは少数派で、みなゆっくりと歩き、ほとんどが白いシャマズを着ている。彼らは坂の上にある、教会に向かっているのだ。それでも、私と同じようにジャージを着ている人もいる。だから私は、ランニングをするという目的のためには正しい方向に進んでいるのがわかった。

教会に近づくと、さまざまなポーズで祈りを捧げる人々の脇を、ときに躓きそうになりながら通り過ぎた。エチオピアのキリスト教正教徒の中には、食事や純潔に関するタブーを破っているために教会には入れないと考えている人が多い。そうした人たちは、教会の中庭の木の幹に額をつけたり、外周の手すりにつかまったりしながら祈っている。教会に通う人たちと同じく、ランナーたちも都会の喧騒から逃れるためにここにやってくる。私はこの森で撮影されたハイレ・ゲブレセラシェのインタビューを思い出した。ハイレはジャーナリストに語った。「ここでの練習は大変だが、下界の人々が体験している日々の暮らしの大変さに比べればたいしたことではない」。私がここに来たのは、都会での苦しい暮らしから抜け出そうとして、丘や森で別の形の厳しい労苦を選んだランナーたちがどんな日常を過ごしているかを知るためでもあった。

石畳の道は教会の前で終わり、刈り取られた草の道に変わった。やがて北側に何キロも続くユーカリの森に入った。木立の中に、見渡す限りの急な坂が続いている。一息ついてから走り出した。手首に指を当てて脈拍を測ると、ここまで歩いてきただけで一〇〇近くになっている。細いトレイルに沿って坂を真っ直ぐに上り始めたが、空気の薄さですぐに呼吸が乱れた。急停止するよりはましだと思い、きつい傾斜を避けて斜面を横切るように走った。一、二分後、丘に向かう途中で見かけたランナーが、六、七人のグループの先頭に立って走っているのに気づいた。鮮やかな紫色のタイツに赤いジャケットを着て、一列で走る集団を率いている。私の前を横切るとき、彼が私に向かって後ろの列を指差し、「来いよ《カモン》！」と叫んだ。

一緒に走る仲間を見つけるにはもう少し時間がかかると思っていたので、五分もたたないうちの急展開に驚いた。私は向きを変えて集団の最後尾に入り、着古したアディダスのジャージを身につけている若いランナーの後ろについた。大きな草の房を避けるために、彼の足の動きに合わせながら走った。幸い集団のスピードはそれほど速くはなく、うまくリズムに乗れた。集団はつづら折りに向きを変えて斜めに走りながら、徐々に斜面を上っていく。急な斜面を避けて、緩やかな一定の傾斜で走れるからだ。それでも丘の頂上に近づくにつれて私は苦戦し始め、前のランナーとの間に数メートルの差が開いてしまった。差は徐々に大きくなっていく。初めてのランでは無理せず自分のペースで走った方がいいと判断し、みんながジグザグターンをして向きを変えたとき、集団にはついていかずにそのまま直進しようとした。

しかしすぐに集団が戻ってきて、私は手首を掴まれ列の最後尾に引き戻された。近くにいたランナーが「一緒に走らなきゃダメだ」と英語で言った。私はあきらめて、紫のタイトな服を着たリーダーが率いる集団にできる限りついていこうと腹を決めた。トレイル上にある大きな石や突き出た木の根を通過するたびに、リーダーは危険を知らせるために後ろに向けて指を鳴らす。後ろのランナーもそれに倣い、真後ろにいる者に知らせるために順番に指を鳴らしていく。その連鎖は、最後尾にいる私の手前のランナーまで続く。集団は、この指を鳴らす音だけでコミュニケーションしながら無言で走っている。しばらくすると、逆方向に向かうランナーとすれ違った。そのランナーは異常なほどの前傾姿勢で走っていた。リーダーがそのランナーに何かを言うと、みんなが笑った。「何て言ったんだ?」と前のランナーに尋ねると、後でその名がティラフンであると教えてくれた彼は、「〝落とし物でもしたのか?〟って言ったのさ。彼はいつもこうやって走っているからだよ」と、大げさに前屈みになって猫背のかっこうをしながら答えた。

丘の上にたどり着いた集団は、農家の畑を横切り、ユーカリの木々の間を走っていった。景色が開けてくるに従い、ランナーたちの歩幅も大きくなり、メンバーの間隔も開いていく。私の目の前にいるランナーとの差も、次第に開いていく。集団がジグザグに走るたびに、私は一人だけ早めに向きを変えて追いつかなければならなかった。とはいえ久しぶりに集団で走るのはとても楽しかった。すれ違い様に、一列になって走る集団のメンバーから何度も声を掛けられた。みんな私に向かって「アイゾー!」と叫んで通り過ぎていく。「元気を出そう」とか「顔を上げて前を向こう」といった意味の、励ましや共感を表す、エチオピア滞在中、他のランナーについていくのに必死になっている私がもっとも頻繁に耳にすることになる言葉だ。

中距離走のようにペースが上がり、軍隊の隊列のように正確だったランナーの間隔がばらけてきたところで、突然、ランは終わった。ちょうど一時間が経過していた。私たちは再び短い間隔の列になり、教会までの坂をゆっくりとジョギングで下って戻ると、円陣を組んでストレッチをした。ティラフンから矢継ぎ早に質問された。どこから来たのか、なぜここにいるのか、一〇キロのベストタイムはどれくらいか。最後に、「なぜ一人で走ろうと思ったのか」と尋ねられた。私は、疲れていたこと、みんなの足手まといになりたくなかったこと、自分のペースで走りたかったことを説明した。

「一人で練習するのは健康のために走る人がやることさ」とティラフンは答えた。「自分を変えるには、誰かと一緒に走らなきゃダメだ。自分のペースじゃなく、相手のペースに合わせて走るんだ」。私はこの考えを、これから数カ月間、徹底的に叩き込まれることになる。エチオピアでは、一人で走ることは、一人で食事をすることや一人でぽつんと時間をすごすのと同じように、反社会的で怪しい行為だと見なされている。集団を先導していたランナーの指示に従いながらみんなでストレッチをしていると、短パンにTシャツ、ランニングシューズ姿の小太りのアメリカ人のカップルがゆっくりと坂を上っていった。「たぶん観光客だ」とティラフンは言った。「あの人たちは健康のため、良い空気を吸うために走ってる。でも、僕たちは違う。僕たちは結果のために走る。どうやってタイムを良くできるかを常に考えてるんだ」。彼は額を押さえて苦悶の表情を浮かべるふりをした。「〝どうすればいいんだ？　どうすればタイムを良く《モディファイ》できる？〟ってね。だから、ときには倒れるまで走ることもあるのさ」。ティラフンは思わず吹き出した。「健康のために走るだけなら、なにも心配ないけどね！」

ゆっくりと坂を下っていると、まだ午前八時前なのに日差しが温かく感じられてきた。明日はどこで練習するのかとティラフンに尋ねられた。「またここに来ようかな。この森はいい感じだから」と答えると、彼は眉をひそめ、首を横に振った。「いろんなところで走ったほうがいいよ。場所を変えれば、学べることは多い」。ティラフンは、自分はエントトで山の〝特別な空気〟を吸いながらゆっくり走るつもりだと言い、ランナーとして成功するには、アディスアベバのさまざまな場所で練習し、それぞれの空気の状態に適応し、多様な路面や勾配を最大限に利用すべきだ、とつけ加えた。「陸上競技は誰かと一緒に練習するものだよ」とティラフンは繰り返し、「環境も利用しなきゃいけない。起伏のある場所を走らなければならないんだ」と坂を振り返りながら言った。「君がこの国に留まり、僕たちと一緒にアディスアベバ近郊のいろんな場所で練習すれば、きっと成功する」。数日後に再会する約束をして、みんなと別れた。それまでの私にとって、一時間のランニングはただの一時間のランニングに過ぎなかった。どこで走っても大きな違いはないと考えていたし、朝五時に起きて練習場所まで長い距離を歩くなんて考えられなかった。でも帰り道、私はティラフンが言っていた「環境の大切さや、集団で練習すること」について考え続けていた。このテーマは、エチオピアでの生活が続くにつれて、次第に重要度を増していくことになる。

＊＊＊

エチオピアでの最初の数週間は、朝六時に森に入り、ティラフンやそこで知り合った他のランナーと一緒に走ることで一日を始めるのが日課になった。ただし彼らと待ち合わせの時刻について話をするときは戸惑った。エチオピアでは午前六時は「〇時」、午前七時は「一時」というふうに呼ばれているからだ。一日を午前六時から数え始めるのは聖書の時代の慣習であり、エチオピア人の多くが現在でもこの方法に従っている。夜明けとともに時間を数え始めるのは、赤道直下に位置するこの国では理にかなっている。ランナーにとっても、この方法は直感的に理解しやすい。夜が明けて朝の光の中で走り始められる時間を一日のスタートとして数えられるからだ。この国での時間の数え方が特殊なのはこれだけではない。エチオピアの一年には一三番目の月である「パグメ」があり、暦は一月ではなく九月に始まる。また、エチオピアの暦は世界の国々で一般的に用いられている西暦よりも七年、八年遅れている。これはキリスト教正教徒が、イエス・キリストの誕生年について異なる考えを持っているためである。つまりこの国では、時間と特殊な関係を持っているのはランナーだけではないのだ。

　私は練習を終えて部屋に戻ると、午前中は部屋で書き物をしたり、本を読んだりして過ごした。膝の上ではたいてい、ブノワの飼い猫のクレオフェがまどろんでいた。パリの家猫としての暮らしと引き換えに、地球上でもっとも多様な鳥類が生息する国の、広大な敷地のある屋敷での暮らしを手に入れた幸運な猫だ。走ることと書くことは、私にとって黄金比のように相性の良い組み合わせだった。作家のノーマン・メイラーは、モハメド・アリとジョギングしようとしたときに、この二つは相容れないものだと考え、「頭脳の輝きを足先から放出してしまうことなど、誰が望むのだろう？」と書いている。しかし私の場合、走った後の心地よい疲労感が、他のことに気を取られずに落ち着いて執筆に集中するのに役立つ。午後になると、カフェでミミ・デミシーからアムハラ語のレッスンを受けるために、乗り合いタクシー（二〇人ほどが詰め込まれた一二人乗りのトヨタのミニバス）を何台か乗り継いで、市の反対側にあるアラート・キロに赴いた。

このレッスンは、すぐに忍耐力のテストのようなものになった。ミミを語学教師として推薦してくれたのは、私の親友で、エチオピアで現地の正統派キリスト教を二年間研究した人類学者のディエゴ・マララだ。私がレッスンの途中で休憩したいと言うと、ミミに「ディエゴはいつも二時間休まずレッスンして、その後はタバコを五本吸って、また二時間続けたわよ。あなたももっと頑張らないと」と叱られた。乗り合いタクシーでブノワの家に戻るまでのカフェでの三時間、私は店内を巡回しているウェイトレスが伝統的なジャベンナポットから注いでくれるコーヒーのおかわりを延々と飲み続けながら、懸命に集中しようとした。アムハラ語は美しい響きを持つ言語で、七つの母音と三十三の子音を持つゲエズ文字から成るアルファベットを持つ。また、文法的にも複雑で、一単語に文のように非常に多くの意味を詰め込める。接頭辞と接尾辞に加え、接中辞と呼ばれる付加的な意味を持つ語を加えることで、英語では複数の単語で構成される句を一単語で表現できるのだ。たとえばエチオピアでのもっとも一般的な挨拶は、「私の代わりに神があなたに健康を授けますように（May he [God] give you health on my behalf.）」という意味の「Tena yistiligne（テナ　イスティリグネ）」だ。「Tena」は健康を意味する語で、「Yistiligne」は英語だと七単語が必要なこのシンプルな挨拶を一語で表している。レッスンを終えるときには、私はよく頭が痛くなった。

ブノワの家に戻るといつも、彼の妻ヴァレリーと子供のソラルとフローレが、私が錆びついたフランス語（しかも、私の頭はカフェで飲み過ぎたコーヒーのカフェインのせいでぼうっとしている）を使わなくても済むように、英語を話す気分になっていることを願った。どうやら私の頭の中には一つの外国語しか入らないらしく、アムハラ語がフランス語の中に入り込んでくる。ただし、ブノワはこのフランハラ語での会話を楽しんでくれていたようだった。ブノワと私は、アディスでもこれ以上ないと思われるほどの眺めのよいテラスで、「ジョルジス」ことセント・ジョージズ・ビールを飲みながら、ランニングや社会科学について延々と語り合った。

エチオピアやケニアのランナーは、高原を裸足で歩いて学校に通う子供たちの姿や、「走ることによって貧困から抜け出す」といったロマンチックなイメージで語られがちだ。だがブノワは、この地域でランナーになるのは最貧困層ではないと断言した。

「ランニングに打ち込むには家族の支援が要るし、練習のための時間と栄養も必要だ」。私はこのことを、ティラフンと一緒に森から戻る道すがらの会話でも実感した。そのときたまたま一緒に傍を歩いていた手提げ鞄を持った通勤途中の太った男性が、(私にとっては好都合なことに)ティラフンにランナーになるための条件を尋ねた。ティラフンは指を折って数えながらランナーが成功するために必要なことを挙げていった。まず、「ガイズ(時間)」が必要だ。走るための時間はもちろん、「イレフト」と呼ばれる、次の練習までにしっかりと休養をとるための時間も必要になる。二つ目に、練習を続けるためには十分な量の良質な食事が必要だ。三つ目は、「ヤ・スポート・マサリヤ」。これは「スポーツ用具」や「施設」という意味だ。ランニングシューズやランニングウェアだけでなく、望ましい練習場所に行くためのバス代も必要になる。ここに来て初めての朝のランニングの時にティラフンが話していたように、練習環境は重要だ。こうした費用を捻出できないために、ランニングに本格的に取り組めない人もいる。

これはメディアが描く「シューズすら買えなかったからこそ、苦難に見舞われたからこそ、東アフリカのアスリートは成功をつかみとる」というイメージとはかけ離れている。実際には、こうした経済的な条件が大きな参入障壁となっているのが現実だ。またランナーになれば教育や雇用の機会が得にくくなり、さらには結婚すら難しくなることもある。私はエチオピアでのフィールドワークの初期の段階では、このことを十分に理解していなかった。「ティラフンみたいな選手は、仮にランナーとしてうまくいかなかったとしても、人生が台無しになるわけじゃないと思う。だって、彼はいつでも農家に戻れるんだから」と私が言うと、ブノワはかぶりを振った。「ちがうね。二五歳の負け犬が、どうやって妻を見つけるんだ？　ランナーは自分の中に何かがあると信じている。だから失敗すれば、失うものはとてつもなく大きい」

「自分の中に何かがある」という考え、つまりランナーに必要なのは自らの内なる可能性を解き放つことだけだという考えは、私が一緒に生活し、練習をすることになるランナーの民族グループ、アムハラ族に関する過去の有名な研究書であるドナルド・レヴィンの『蝋と黄金』を読んだときにもかすかに感じていたことだった。エチオピアのトップランナーの多くはアムハラやオロミア地方の出身で、他は北部のティグレ地方の出身者がわずかにいるくらいだ。練習グループは人間関係のつながりから形成されるため、私が練習していたグループはほとんどがアムハラ族の出身者だった。レヴィンはこの『蝋と金』の中で、アムハラ族の「イディル」という概念について書いている。イディルとは、大まかに訳すと「偶然」という意味である。アムハラ族のキリスト正教徒はイディルを、神のみが特権的に知り得ている人間の潜在能力のようなものだと考えている。言い換えると、誰でも一生懸命に徳を積み、努力をすれば、神が卓越したパフォーマンスを与えてくれると信じているのだ。それはエチオピアのランナーが野心をあまり表に出さないこととも結びついている。たとえ内心では自分の可能性に強い自信を持っていても、それを表現することは、神に報われるために必要な徳のある生き方にはならないと考えている。だから個人的に何かを成し遂げたときも、誇りを言葉にすることに躊躇する。レース後のインタビューでマイクを向けられ「勝利後の気分は？」と尋ねられたとき、経験豊富で名の知られたエチオピアのランナーですら、口ごもってしまうことが多いのもそのためだ。

エチオピアを訪れてすぐに、アスリートが恥ずかしがって自分のことをあまり話したがらないことに気づいた。それは、特に女性ランナーに顕著だった。私にはこの国には、女性アスリートにインタビューすることは文化的に不適切であると考えられているような空気があるとも感じられた。人々に不快感を与えたくなかったので、男性ランナーに焦点を当てて調査を行うことに決め、それに基づいてこの本を書いた。レヴィンの本のタイトルそのものが、自らの気持ちを直接表現することの問題を暗示している。『蝋と黄金』というこの本のタイトルは、一行ごとに二重の意味を持つ文でつくられるアムハラの詩の一形態を表している。「蝋」とは表面的な意味のことで、金を鋳造するときに使う型から名づけられている。「黄金」とは隠された意味のことであり、型の中にあり、熟練の技で取り出さなければならない黄金から名づけられている。私はエディンバラにいるときにこの本を読み、エチオピアで現地の人にインタビューし、その内容を理解するのは一筋縄ではいかないだろうな、と思った。ランナーと話をして、野心について尋ねるのも難しくなるだろう。

イディルへの信念、つまり、然るべき規範に従って正しく行動すれば誰もが偉大な存在になれるという信念は、エチオピアには生まれついての運動能力や遺伝的能力という概念がほとんどないことも意味している。ティラフンは、自分のタイムを上げることを、〝修正《モディファイ》〟すると話していた。両脚を撫でながら、「私には、他の人と同じように二本の足がある」と自らに言い聞かせるように言っていたこともあった。「エチオピアに一年間滞在して正しく練習に励めば、君も二時間八分台でマラソンを走れる」と言われたこともある。思わず笑ってしまったが、ティラフンは冗談を言ってはいなかった。

私はエチオピアに滞在していた間、〝才能〟や〝生まれつきの能力〟という言葉を一度も聞かなかった。ここのランナーたちはランニングの練習を「レメメド」という言葉で表現する。これは〝適応〟や〝何かに慣れる〟という意味である。ランナーが能力を高められるかどうかは、この適応のプロセスをうまく管理できるか否かの問題だと考えられている。優秀なランナーは「ゴベズ」と呼ばれる。〝賢さ〟や〝狡猾さ〟といった意味の言葉で、練習をうまく計画し、管理する能力があることを示している。コーチのメセレットはよく、「お前は変われる」と指導するランナーに言う。その背景には、「適切な練習をすれば必ずパフォーマンスは引き出せるのであり、どのランナーの肉体にもそれに応えられるだけの可能性が秘められている」という信念がある。私はよく、この適応のプロセスの管理が下手だと言われた。日中に執筆をしたり、調査のインタビューをするために歩き回ったりして、練習の負荷に体を〝適応〟させるために休養することを拒んでいる、というのだ。適応できないのは個人の問題であり、ある種のモラルの欠如であり、あるいは単に十分に努力していない結果であると捉えられることが多かった。私（やスポーツ科学者の大半）は、自分がマラソンを二時間八分台で走れないのは〝生まれつきの能力〟がないからだと考えている。だがエチオピアの人たちは、決してそのような考え方はしなかった。

ティラフンが走り始めたきっかけは、二〇〇九年の世界陸上ベルリン大会でケネニサ・ベケレが優勝したときのラジオ中継を偶然耳にしたことだった。「ケネニサが私の村の近くの出身だということがわかった。同じ土地で生まれた彼にできるのなら、私にもできるはずだと思ったんだ」。エチオピア人がランニングに本格的に取り組み始める理由はさまざまだ。学校で走るのが得意だったからランニングを始める人もいれば、ラジオでランニングの話を聞いたり、テレビで大きなレースを見たりしたことがきっかけでランニングを始める人もいる。フォレスト・ガンプの言葉を借りれば、ただ「走りたいから」という理由で始める人もいる。

＊＊＊

翌日の午後、モヨ・スポーツマネジメントのサブエージェントであるハイリエに会いに行った。モヨ・スポーツマネジメントは、私がエチオピア滞在中に一緒に練習することになっているプロのアスリート集団だ。このグループはマルコム・アンダーソンという「アスリート代理人」（エチオピアでは「マネージャー」と呼ばれることが多い）が代表を務めている。マルコムはエディンバラに拠点を置いているが、普段は大会のために世界中を飛び回っているのでほとんど不在にしている。だからマルコムにエディンバラで会えたのは私にとってかなり幸運なことだった。マルコムはオックスフォード大学でアフリカ研究の修士号を取得し、ケニアの陸上競技の歴史についての論文を書いている。同国のハイランド地域の学校で体育と英語を教えた後、陸上競技の世界で働き始めた。アスリート代理人の役割は、アスリートのレーススケジュールの計画を支援したり、海外レースへの出場やスポンサー契約での条件面を交渉したりすることなどで、手数料は選手の収入の一五%が標準的である。

森で出会ったランナーの多くは口々に、早くマネージャーが付いてくれるレベルになりたいと話していた。私がその役割を担えるのではないかと期待されることもあった。「マネジメントシステム」と呼ばれるこの方式は、活発で資金力のあるクラブ組織を基盤にして成り立っている。ランナーの多くはクラブから安定した収入を得ながら、入賞すればそれよりもはるかに大きな収入が得られる海外レースの手配については人脈のあるマネージャーの手腕に頼っている。マルコムは、約三〇人のランナーを週三回練習に連れて行くためのバス代と、ハイリエとメセレットの給料を払っている。ハイリエの主な仕事は、クラブの練習に付き添い、マルコムに各ランナーの状況を報告し、海外のレースに参加するランナーのビザ申請を手伝うことである。クラブにとってこうしたロジスティックに関わる部分がおそらくもっとも難しい仕事になる。

アディスの中心部から五キロほど離れた郊外の町コテベにあるヒルト・カフェで、ハイリエと会った。二階のバルコニー席に座ると、市内から東に向かう幹線道路が見渡せた。車や、赤や黄色の大型バス、トラックが狭い道路をせめぎ合うように進み、歩道では商品を車道すれすれに並べている行商人を跨ぐようにして人々が歩いている。車のクラクションが鳴り響き、排気ガスが私たちの座席のところまで漂っている。ハイリエは後ろの丘を指差し、「ここはアスリートヴィレッジだ。たくさんのアスリートがいる。数千人はいる」と言った。私は驚いた。ここはランナーの市《まち》として知られるケニアのイテンとも、東アフリカのランニングから一般的に連想する〝純朴な〟田舎というイメージとも大きく異なっていたからだ。眼下には雑踏が広がっている。ここはまだエチオピアの広大な首都の中心部なのだ。

実際、エチオピアのトップランナーのほとんどがコテベに住んでいるが、ハイリエはここが練習に理想的な場所だとは思っていない。「練習には農村部の方が適している。でも、ここにはチャンスがある」。海外でレースをしたいランナーにとっては、モヨ・スポーツのような組織で練習することが不可欠であり、そのためにはアディスに住まなければならない。コテベはイェカ・サブシティ・フォレストと呼ばれる森の端にあり、ランナーにとっては恵まれた環境だとは言えるが、その森は勾配がきつくて起伏も多く、ルートには石や木の根が散らばっていて、決して練習場所として理想的ではない。それでもコテベに住むランナーたちは、ある種の妥協の産物としてこの土地に住むことを選んでいる。ここにいれば、少なくとも世界のランニング業界の周縁とつながっていられるからだ。

ハイリエは素晴らしい人物だ。夜警の仕事をしながら独学で英語を学んだ。給料の大部分をレッスン代に費やし、夜は眠気を覚ますために鏡を見ながら会話のフレーズを練習した。アディスから一〇〇キロほど離れたデブレ・ビルハンにある単科大学に通った後、アディスアベバ大学で社会学と社会人類学の学位を取得。マルコムがエチオピア人アスリートの代理人の仕事を始めたときに通訳を担当するようになった。独学にもかかわらず陸上競技について百科事典のような知識を持っているのは、こうしたミーティングの豊富な経験の賜だ。マネージャーとアスリートとの契約期間は、世界の統括団体によって一年と定められている。そのためアスリートが頻繁にマネージャーを替えるという、気まぐれと駆け引きに満ちた世界になっている。だからハイリエは、アスリートからの信頼を得るための努力を怠らない。

ハイリエが、ルームメイトのファシルを紹介してくれた。一年前にコテベで走り始めたばかりだという。モヨ・スポーツで練習をしているが、まだマルコムと契約したり、海外のレースに出場するためのパスポートを申請したりするレベルには達していない。毎日一二時間も重たい石を運ぶような肉体労働をしてきた経験があり、強靭な体つきをしていて、腕の筋肉には血管が浮き出ている。ファシルはランニングを始めたきっかけについてを、ティベス・ファーファーと呼ばれる料理を一緒に食べながら話してくれた。残りもののインジェラ（テフという穀物が原料の、酸味のあるパンケーキのようなエチオピアのパン）にスパイシーな赤身の肉を混ぜたもので、最高においしい。ハイリエはインジェラの残りものを使う伝統的なこの料理を、〝農民の食い物〟と呼んだ。私は残り物のパンとチョリソーを使った料理「ミガス」を思い出した。アンダルシア地方の料理で、私の大好物だ。長時間の畑仕事をしている人がつくる料理は、ランナーの胃袋にぴったりなのかもしれない。私たちはティベス・ファーファーを手づかみで食べながら、ファシルの話を聞いた。

「一九歳のときにランニングを始めたんだ」ファシルは語り始めた。「生まれ育ったのは、ここからバスで一昼夜の距離にあるゴンダールという町さ。そこでは誰も、ランニングがお金を稼ぐ手段になるなんて思ってもいない。アディスでは生活費がかかる。ここに移り住む前、地元の人間からは〝アディスで暮らせば顔もポケットも綺麗になるぞ〟と言われた。都会で暮らせば身なりは小綺麗になるが、その分、金も消えていくという意味だ。実際にアディスに来てみると、とにかく一生懸命働かなければならなかった。昼間は肉体労働をして、夜はガードマンとして街のパトロールをした。ハイリエと出会ったのは、彼が建てていた家の基礎を掘る仕事をしていたときだ。ハイリエたちが森に行っているのを見て、何をしているのと尋ねてみた。それをきっかけに、走ることに興味を持ったんだ。そのときすでに、自分の年齢だと今からランニングを始めるのはもう遅すぎるんじゃないか、みんなに追いつけないいんじゃないかと思った。でも一年間、昼夜を問わず働き続ける中で、他の方法で生計を立てられないかと考えるようになっていた。たとえばゴンダールでメシンコの弾き方を習って、大道芸人になって街中で歌をうたい、金を稼げるかもしれない、とかね」

メシンコとはエチオピアの伝統的な音楽であるアズマリの歌い手が使う一弦のリュートのことだ。アズマリの歌い手は、即興で下世話な歌詞の歌をうたうことで知られている。後に私も、瓢箪に入った蜂蜜酒を飲みながらこの音楽を体験することになる。アズマリ歌いをあまり良い職業だとは思っていなかったハイリエは、ファシルにランニングに挑戦してみないかと誘った。「ある日、メルカートに行った」ファシルは話を続けた。メルカートとは、アフリカ最大の青空市場のことだ。「メシンコを買うつもりだったんだ。市場の路地を歩いていたら、ランニングシューズを売っている店を見つけた。〝どんな履き心地なんだろう?〟と思って、試しに履いてみた。その場で飛び跳ねると、とても良く弾んで、いつまでも走っていられそうな気がした。そこで、あり金をはたいてそのシューズを買った。バス代がなくなったから、コテべまで走って帰ったよ」

最後の部分を通訳した後、ハイリエは英語でつけ加えた。「彼にはちょっと変わったところがあるだろう? だから君に会わせようと思ったんだ」。だが、ファシルはすでに次の話を始めていた。「次の日、新しいシューズを履いて森に行った。そして、最初に見かけたランナーのグループについていくことにした」。身に覚えのある話だな、と私は思った。「前の人についていくことだけに集中していたら、いつの間にか高原にいて、周りには農地が広がっていた。自分がどこにいるのかまったくわからなかった」。ハイリエが笑いながら補足した。「北部のスルルタまで走ったんだよ。かなり離れた場所だ。たぶん片道二〇キロ、往復四〇キロ程度のコースを走るプロのグループと一緒になったんだろうね」

「とにかく、そのときはかなり疲れていた」ファシルは淡々と続けた。「でも幸運なことに、そこである女の子と出会って、彼女の実家の農場でミルクとハチミツをもてなしてもらったんだ」ファシルは笑いながら、眉をひそめているハイリエのほうをちらっと見た。「彼女は、アディスに戻るためのバス代まで出してくれた。次の日、森に戻って前の日と同じことをした。でも、今度はさすがに集団がどこに行くのか気をつけながら走ったね」

私は彼の生い立ちが、ランナーとして良いスタートを切る上で有利に働いたかどうかを尋ねてみた。「田舎で育てば、逞しくなると思う」とファシルは語り始めた。「都会育ちのランナーは成功しない。僕は四歳のときに両親が亡くなり、叔父の家で育てられた。叔父の子供たちが学校に通っている間、僕は牛の世話をした。一日に一六時間も牛の群れと一緒にいることもあった。ゴンダールは寒いから大変だったよ。一六歳のときに田舎を出てからは、いろんな仕事をした。スーダンの市場に牛を運ぶ仕事をしたこともある。牛強盗から牛を守りながら、何日もかけて歩くんだ。これは危険な仕事だった」。ファシルは強盗に牛を奪われ、二日間木に縛られていたときにできた手首の傷を見せてくれた。
「アディスでは生活費がかかるので、昼間は肉体労働、夜は警備員として働いた。だからハイリエがランニングを勧めてくれたのは本当に嬉しかった。走るのは大変だけど、それまでの暮らしに比べれば楽なものさ。以前の僕のような働き方をしていたら、ひどく腰を痛めてしまうだろう。それでも、その仕事でいくら働いても人生は変わらない。でも走ることには、人生を変えるチャンスがある」。私はこの言葉を、一緒に練習をしているランナーに「なぜ走るのか」と尋ねたときに何度も聞くことになる。みんな、「人生を変えるために走っている」と言っていた。ランナーになると決意した者は、成功して大金をつかむためにランニング中心の生活を送っている。だからエチオピアのランナーはよく、都会で生きる目的を失っている若者と同じ道を選ばないために、走ることを選んだのだと言う。

　このことを強く印象づけられる出来事が、数週間後のある日曜日に起こった。その頃には、モヨ・スポーツグループとのルーチンにもかなり慣れていた。練習は週に六日。チームバスで遠方の練習場所まで移動する本格的な練習の日が三日、「軽い日《イージー・デー》」が三日、それぞれ一日ずつ交互にあり、日曜は休息日だった。その日ファシルと私は、森の近くにあるチームメイトのアベレの家に招かれ、アボカドやレタス、トマト、唐辛子を塩と酢で味付けした大量のサラダを振る舞われた。アベレとファシルはともにエチオピア北部のゴンダール近郊の出身だ。アベレは練習を始めたとき、バジャージと呼ばれる電動機付き人力車の運転手をしていた。金がなかったので、最初のマネージャーがモロッコでの海外レースを手配したときには、サンダルを履いて走った。それでも、ハーフマラソンを六一分台で走った。二度目のレースの開催地であるフランスには、アディダスのレーシングシューズを持っていたが、結局慣れ親しんだサンダルで走ることにした。サンダルで走るハーフマラソンの公式な世界記録があるかどうかは知らないが、もしあるとすれば、まず間違いなくアベレは記録を更新するだろう。

それから数時間、私たちはアベレの自宅で、トロフィーに囲まれた小さなテレビに映るエチオピアのポップミュージックの映像を見ながらくつろいだ。映像はゴンダール地方で撮影されたもので、正統派キリスト教の伝統衣装を身にまとった農民がテフの穂が揺れる畑で踊っている場面と、都会の若者が中央分離帯のある道路のそばでポーズをとっている場面が交互に映し出されていた。

数時間後、私たちは家を出た。アベレが見送りでついてきてくれた。サッカーをしている若者たちの間を通り抜けたとき、彼らの一人がアベレに向かって何かを言った。アベレは怒って言い返した。私たち三人ははっきりとランナーだとわかる格好をしていた。三人ともランニングシューズを履いていたし、ファシルは紫のナイキのフード付きトップスを、アベレは前年にアディダスと契約したランナーに支給された同社製の黄色のジャージを着ている。私たちはあっという間に若者たちに取り囲まれた。アベレがそのうちの一人を押しのけて前に進もうとすると、色あせたアーセナルのシャツを着て、袖を切りタトゥーの入った上腕二頭筋を顕わにした若い男が、コンクリートの塊をアベレに投げつけた。コンクリートはアベレの頭部をわずかにかすめた。私はあっという間に険悪で暴力的な雰囲気になったことにびっくりした。今でも時々夜警の仕事をしているファシルが、若者の一人をすぐさま地面に叩きつけた。だが相手は総勢七人もいる。そのとき、シャンマを着た老人が二つの集団の間に割って入り、なんとか事態を収めてくれた。

「彼らは希望を失った人間だ」若者たちが去った後、老人が私たちに言った。「なぜ彼らと言い争っていた?」。私とファシルは森の中を歩いて戻った。ファシルは、エチオピアのランナーが走ることを選ぶのは、あの手の若者たちとは別の生き方をするためでもあると説明してくれた。「あいつらには生きる目的がないんだ。俺たちを傷つけて刑務所に入れられても、そこで支給されるインジェラが食べられると考えている。目標も希望もない。でも、アベレには目標がある。走って賞金を稼ぎ、地元にホテルを建てれば、みんながその恩恵を得られる」。「つまり、ランナーはハードワーカーということ?」と私は尋ねた。「アスリートは良い人間だ。懸命に働き、国のことを考えている。でも、今日会ったような連中は違う。喧嘩をすることしか考えていない」

アディスアベバではこうした若者のグループを至るところで見かける。ブノワの家の近くの通りの交差点にも、合計二〇人はいる若者グループの男たちが常に五、六人ほどたむろしていた。日陰を移動しながら時間帯によって座る場所を変え、チャットと呼ばれる覚醒作用をもたらす成分のある草を噛み、タバコを吸い、たまにボールを蹴ったり腕立て伏せをしたりしている。全員がある程度の教育は受けているが、私は彼らから何度も「仕事がない」と聞かされた。しかしハイリエはそうは思っていない。家に戻った私とファシルに、「彼らも探せば仕事はある」と言った。「でも、ファシルがしているようなきつい仕事をするには、自分たちは優秀すぎると思っているのさ」。ハイリエは、こうした若者たちの道端でぶらぶらと時間をつぶすような怠惰な生活を強く非難していて、エチオピア政府は「彼らのような人間をかき集め、石を割るといった肉体労働をさせるべきだ」と何度も口にしていた。

ランナーが成功するには、こうしたその日暮らしの若者たちとは正反対の生き方をしなければならない。忍耐力と、喜びを先送りする力が必要だ。それは、「ガルベット・セラ」と呼ばれる肉体労働とは対比的なものと見なされている。ファシルが言うように、この種の仕事は腰を痛めることはあっても人生を変えてはくれない。食べるためだけに一日一二時間も働かなければならず、働いて、食べて、働いて、食べるというサイクルに陥ってしまう。ランニングの道を選んだ者は、刺激の少ない退屈なライフスタイルを受け入れなければならないし、我慢しなければならないことも多くなる。それでも、いつか成功をつかめば人生を変えるほどの大金を稼げるという希望がある。希望を持って毎日を生きられるのだ。たとえば、モヨ・ランニンググループのメンバーであるアセファは、レースに出場する前に、賞金の使い道をあれこれと想像するのを楽しみにしている。恋人のテジェとの結婚費用に三〇〇〇ドル、アセラの近くの土地の購入費に七〇〇〇ドル、といった具合だ。

私は、自分がファシルや他の無数のランナーと同じように、森に行き、他のランナーの〝足を追う〟という方法でエチオピアでのランニングの旅を始めていたことに気づいた。そしてこれから数週間、できる限りファシルや他のモヨ・スポーツのランナーと一緒に走ろうと決心した。それでも、私自身のランナーとしての経験がいかに彼らと異なっているかということもはっきりと自覚した。そのことはエチオピアにいる間、ランニングに対する自分の片寄った考えで彼らを理解しようとしてはいけないという戒めにもなった。エチオピアのランニングをテーマにした研究をするという目標は、私の二つの大きな関心事である旅とランニングを結びつけてくれるものだった。準備期間も含めれば、四年間にもわたって、走り、旅をしながら、エチオピアについて読み、書き、実際にこの国で時間を過ごせることになる。旅とランニングは、どちらも足がムズムズするような衝動から生まれてくるものだと思う。ランニングは、家から出発する旅みたいなものだ。

とはいえ、私のイギリスでの長年の陸上コーチであるマックス・コールビーから一五年間にわたって指摘されてきたように、この二つにはどちらか一方を優先させればもう一方がおろそかになるという側面もある。真剣にランニングに打ち込んでいるのならなおさらだ。私は二〇〇六年にベッドフォードで開催されたイギリス選手権の少年男子の部で五〇〇〇メートルに出場し、八周目で最下位だったにもかかわらず最終的に六位でフィニッシュし、国内ランキングで七位につけた。私がランニングにのめり込んだのは、家の数軒隣りにマックスとジュリーのコールビー夫妻が住んでいたという偶然が大きく影響している。マックスは八〇年代後半に二時間一四分でフルマラソンを走っていた。当時としてはかなりの好タイムで、その大会で一二位、所属する陸上クラブ「ゲーツヘッドハリアーズ」のロードリレーチームのメンバーの中でもトップの成績だった。ジュリーも自己ベスト二時間三五分のマラソンランナーで、ロンドン・マラソンで七位になったこともある。二人はランニング書の膨大なコレクションの中から私に何冊も貸してくれた。マックスは、ブレンダン・フォスターやチャーリー・スペディングといったイギリスの名マラソンランナーとダラムで一緒に練習をしたときの話も聞かせてくれた。私は、エチオピア高地のランニング文化を研究する前から、イングランド北東部のランニング文化に夢中になっていたのだ。

私は一八歳のときに五〇〇〇メートルを一五分二秒で走った。そのレースは、私のこの競技での将来的な可能性の限界をはっきりと示していた。ほどなくして私はトラックを離れ、旅に出た。ヨーロッパ大陸を自由に移動できるインターレイルパスを使った、長い列車の旅だ。陸上競技への興味は薄れていった。その後の三年間は、一年目に少し走ったことを除けばほとんど練習らしきこともせず、勉強したり、酒を飲んだり、夏にはインドや南米、中国を旅したりして過ごした。

たまに再び走り始めようと思っても、腰痛の問題で断念したこともあった。とはいえ、長い間、ランニングが特別に恋しくなったりすることはなかった。ところが私は、思いもよらない状況でランニングを再開することになる。二〇一〇年の末、大学の短期交換留学制度であるエラスムス・プログラムを利用して、ソルボンヌ大学でフランス語と英文学の学位を取得するためにしばらくパリに滞在することになった。呑気な私は、学期が始まる三日前に、住む場所も決めずにパリに到着した。この都市で賃貸物件を借りるためには、複雑なお役所的手続きが必要だということを何も知らなかった。いざ部屋を借りようとしたら、以前の住居の居住証明書や人物証明書など、山のような書類を準備しなければならないことがわかった。そこでエディンバラ時代の友人マークとパリのホステルで待ち合わせをして、堅苦しい手続きをしなくても滞在できる宿泊施設をネットで検索した。しばらく探すうちに、まさにその通りの物件が見つかった。

それは掲示板サイトのクレイグスリストに広告が掲載されていた、パリ南部のモンパルナス地区の近くにある「テリトリー」と呼ばれる現金払いのできる格安の施設だった。私たちは好奇心からこの施設に宿泊希望のメールを送った。ネット上でそこがどんな場所なのかについて触れていたのは、ニューヨークタイムズ紙の「地下室の手記」と題されたシリーズの記事くらいだった。記事を書いた記者によれば、その場所は「ユースホステル、アートスタジオ、夢の世界、貧民街」などと表現されていて、さらには「火事になったら簡単に全焼しそうな建物」「連続殺人犯の隠れ家」「チャーリーのチョコレート工場」といった第一印象が浮かぶようなところらしい。「テリトリー」の運営者はロシア人アーティストのセルジオ・オストロベリ。当時、私やマークのように安宿を探している人から、一日に一五〇通ものメールが届いていたらしい。「誰を泊めるかを選ぶのは私ではない。選ぶのはテリトリーだ」と、セルジオは迷路のような建物内の一室にある半壊したソファに腰掛けながら私たちに言った。それは彼がニューヨークタイムズの記者に語ったのと一言一句同じ言葉だった。オファーされた部屋もひどいものだった。特に私にあてがわれた部屋は天井が配電盤でできているのかと思うほど配線だらけだったし、窓枠にはガラスの代わりにダクトテープで留められた緑色のプラスチックシートが張られていた。それでも私たちは好奇心と半ばやぶれかぶれな心境から、そこで暮らすことに決めた。

入居者の中にはセルジオのアシスタントもいて、絵の具を調合したり、ときにはセルジオを新作の製作に集中させるために本当に彼を鎖でつないだりしていた。残りはライターの仕事をしている者や私たちのような学生がほとんどだったが、音楽学校に通っているダンサーや、身体的表現の多い演劇形態であるフィジカルシアターの訓練を受けている俳優もいた。パリの寒い冬が始まると、一五人で一つの屋外シャワーを共有するような生活の厳しい現実が見えてきた。それでも、それ以上にそこで仲良くなった者同士の暮らしは楽しかった。共同生活の細かな規則は次々に増えていったが、それでもみんなこの施設に留まり続けた。法律上、セルジオはこの施設に人を寝泊まりさせてはいけないことになっていた。だから私たちは表向きはその建物を訪れたアーティストのふりをしなければならず、出入りする際は常にＡ３のポートフォリオを持ち歩いた。同じ理由で鍵を持つことも許されていなかったので、茂みの中に隠したトランシーバーを使って建物内にいる誰かに連絡し、中に入れてもらわなければならなかった。キッチンに置いてある古い白黒テレビは監視カメラに接続されていて、表に誰がいるのかを確認できるようになっていた。それはまさに自由奔放な夢と、ジョージ・オーウェルの小説『一九八四』で描かれた管理社会が一つになったような暮らしだった。

ある夜、少し前に入居してきたルイスというイギリス人と話をしていて、ふとしたはずみでランニングの話題になった。彼は学生時代、クロスカントリーの学生全英選手権で九〇番台に入るほどのランナーだったという。一七世紀から一九世紀に流行した、イギリスの裕福な貴族の子息による「グランドツアー」と呼ばれた国外旅行の現代版として、フランス語を学ぶためにパリに滞在していて、「ここではできるだけ気取って暮らしたい」ということだった。今ではもうほとんど走ることはないらしい。調べてみると、まったくの偶然にも、ルイスと私は二〇〇五年にノリッチで開催されたシニアボーイズのレースに出場していて、しかも順位も九二位、九九位と近く、わずか四秒差でゴールしていた。意気投合した私たちは、一緒に走ろうという話になった。だが、それはテリトリーで暮らしている以上、かなり難しいことだと気づいた。

最初は、服やポートフォリオをコインランドリーに置いてスタートし、洗濯が終わる前にエッフェル塔まで走り、戻ってくるという作戦を実行した。でもこれは想像していたよりもロマンチックではなかった。何度も道路を横断しなければならなかったし、観光客をかわしながら走らなければならなかったりしたからだ。結局、パリ郊外に向かい、環状道路のペリフェリックの外側につながっている静かな自転車道を見つけて、そこを走ることにした。最初は週に一度だったランニングが、次第に週に二回になった。腰の痛みも感じなかった。私は三年ぶりに、たまらなく走りたいと思うようになった。セルジオに気づかれないようにこっそりテリトリーを抜け出すと、家の近くのフェンスの隙間にポートフォリオを隠したり、〝アーティストのように見える〟という理由で長ズボンを穿いたまま走ったりした。やがてそれも面倒になり、ショートパンツで走るようになった。あるとき、ランニングから戻ってきてインターホンを使って中の誰かに連絡しようとするとセルジオが出て、ノイズ混じりのインターホン越しに鼻にかかった声でこう言った。

「君を入れるわけにはいかない」

「僕はここに住んでいるんだよ」

「ダメだ。アーティストは走ったりしない」

「走るアーティストがここにいる。早く入れてよ」私は憤慨して答えた。

「マークにズボンを持って行かせる」とセルジオは言って電話を切った。

走り始める前、私はこのハウスルールが、イギリスに帰ったときのいい笑い話になるような、ちょっとした不便さを感じる程度のものだと思っていた。だが今は違った。とにかく、このランニングをするには最低の環境下でどうにか本格的な練習を再開したいという思いに駆られていた。早朝から自転車道を走ったり、郊外《バンリュー》にあるモロッコやアルジェリアの逞しい移民二世が多く所属する陸上クラブに参加したりした。ジュニア時代に競技としてランニングをしていたときのような規律ある生活を取り戻し、シンプルなことを毎日しっかりと行う喜びを再発見した。パリでの生活を終えてエディンバラに戻ると、コーストフィンACという陸上クラブに所属し、以前のレベルに戻すことを目指して練習に取り組むようになった。

　とはいえ私は今でも、なぜ走ることをこれほど愛するようになったのかをはっきりと説明できない。作家の村上春樹が、ランニングと書くことについての考察をまとめた自著のタイトルを、レイモンド・カーヴァーの『愛について語るときに我々が語ること』をもじって『走ることについて語るときに私の語ること』としたのはもっともだと思う。愛と同じように、書くことにもとらえどころのないものがある。走ることもそうだ。何十年もランニングを続けている人でも、その理由を聞かれると、困ったような顔をして肩をすくめることがある。まるでそれを知っているのは初心者のうちだけであり、長年続けていると、走る理由なんてわからなくなるのは当然だと言うように。それでも強いて言うとするならば、それは〝快適さへの抵抗〟になるのではないだろうか。欧米でアイアンマン・トライアスロンやウルトラマラソンといった過酷なレースに多くの人が出場しているのも同じ理由だ。『白鯨』で知られるアメリカ人作家のハーマン・メルヴィルは、「〝自分は完全に快適に暮らしている〟と思っていて、長い間そのような状態を続けているのなら、その人の生活はもう快適だとは言えない」と書いている。ランニングには、作家のロジャー・ディーキンが自然の中で泳ぐことをテーマにした著書『イギリスを泳ぎまくる』（青木玲訳、亜紀書房）の中で述べているような魅力がある。つまり走ることで、人は野性的な太古の感覚を取り戻せる。日常から離れ、堅苦しい常識にとらわれずに自由に動き回れるのだ。

　それから五年後にエチオピアを訪れたとき、私は一〇マイル〔約一万六〇〇〇メートル〕を五〇分以内で走れるようになっていた。スコットランドのロードレースやクロスカントリーレースに出場するなど、それなりのレベルも取り戻していた。エチオピアでの一年三カ月間のランニングが自分の走りにどう影響するのかには興味があったが、劇的に改善するという幻想は抱いていなかった。私は何より研究者やライターとしてここで生活を始めたのであり、ランナーであることはあくまでも二の次だった。つまり、私のランナーとしての経験は、〝人生を変える〟ことを主な動機としている練習仲間のそれとは明らかに異なっていた。私がエチオピアのランニングについて深く学ぼうとするならば、イギリスで一五年間かけて身につけたランナーとしての思い込みを捨て、虚心坦懐に彼らと同じ行動をして、「前を走る者の足を追いかける」必要があった。

私は、「エチオピアのトップランナーはみな畑での重労働を経験してきた農家の出身だ」というファシルの意見に興味をそそられ、この国に到着してから数カ月後、オロモの田園地帯の中心部にあるベコジと呼ばれる小さな町を訪れることにした。人口わずか一万七〇〇〇人の小さな町が、アフリカ人女性初のオリンピック金メダリスト（デラルツ・ツル）やアフリカ人女性初のオリンピックマラソン優勝者（ファツマ・ロバ）、女子五〇〇〇メートルの元世界記録保持者（ティルネシュ・ディババ）、男子五〇〇〇メートル・一万メートルの元世界記録保持者（ケネニサ・ベケレ）といった傑出した世界的ランナーを次々と生みだしている秘密は何なのか？

第三章　互いの足を追いかける——世界的ランナーを生み出した、高地の小さな町ベコジを尋ねる

バスのフロントガラスには、いろんなサッカークラブのステッカーが何枚も分厚く重ねて貼られている。歴代のドライバーがそれぞれ贔屓のクラブのステッカーを一番上に貼りつけてきたのかもしれないし、かなり気まぐれな一人のドライバーがずっとこのバスを運転しているのかもしれない。いずれにしても、現在このバスは、マンチェスター・ユナイテッドと聖母マリアをひいきにしているようだ。運転手の目線の高さには、それぞれのステッカーが一枚ずつ貼られている。バスの外では私が普段エチオピアで一緒に過ごしているランナー仲間と同じ年齢、体格の若者たちが、開いた窓からバスの乗客に向けて必死にビスケットを売ろうとバスの周りを動き回ったり、どのバスに乗ろうかと迷っている乗客を乱暴な手つきでつかまえて運転手に引き渡し、一ビル（エチオピアの通貨単位）の手数料を稼ごうとしたりしている。私がこのおんぼろの古いバスでベコジに向かうことになったのものそのためだ。周りからは、できるだけ新しいバスに乗れと言われていたのだが（そのほうが多少なりとも安全ということらしい）、若者につかまってこのバスに強引に乗せられた。いったん座席に腰を下ろした後は、運転手に厳重にガードされて外には出られない。バス業界にとって、乗客の確保は競争の

激しいビジネスなのだ。

必要な数の乗客がバスに乗り込むまで一時間一五分も待たされた。人間だけではなく、ニワトリやセメント袋、自家製ビールのタンクなども乗せられていく。エチオピアのランナーはいつも忍耐力の重要性をしきりに説いているが、私はここで忍耐力を鍛える機会を十分に与えられた。アディス郊外のバスターミナル「カリティ」からバスが出発すると、最初は意外にも曲がりくねったなだらかな下り坂が続き、高度が下がるにつれて気温が上昇していった。これは私にとって持久力を鍛えるチャンスになった。エチオピア人は、温度に関係なく風にあたるのは病気のもとだと考えている。だから気温が三二度になっても窓を開けようとしない。木の煙や汗、鶏、自家製ウォッカの臭いが混ざったような空気の中で我慢の時間帯が続いた。「風にあたるのは病気のもと」というこの国の迷信めいた健康信仰が生まれたのは、過去に結核が流行し、空気感染や飛沫感染が恐れられるようになったためだということを指摘するほど私のアムハラ語は堪能ではなかった。二時間ほど滝のような汗を流したあと、ついにバスは標高三〇〇〇メートルのベコジに向かって山を上り始めた。

やがてバスはオロモ族が所有する農地に入り、標識の文字もアムハラ文字からアファン・オロモ語に変わった。この文字はローマ字を用いているが、母音を自由に加えた独自の綴りになっている。たとえば「Hotel My Family」は「Hoteelaa Maay Faamiilee」になる。バスは「Farniicher」（家具）という文字と、その下に立派な椅子の絵が描かれた看板の前を通過し、「Noble and Trustworthy House PLC」（高貴で信頼の厚い家）という看板が掲げられているが、窓が落書きだらけの建物の前を通り過ぎていく。交通量が減ってくると、バスの運転手は路上を歩く牛や羊に注意しなければならなくなった。無謀な運転をしていると見なした車には石を投げつけてくる荒っぽい羊飼いの少年にも警戒が必要だ。農地は鮮やかな緑色で、トゥクルと呼ばれる土壁と茅葺き屋根の農家が点在している。車内には伝統的な音楽が流れ、窓からは、鷹が空を舞い、虹色の青い鳥が何羽も飛び交うのが見えた。さらに乗客が増え、車内はぎゅう詰めになった。他の客の膝上に腰掛けたり、通路にかがんだりしている者もいる。みんな、地元の噂話に夢中になっている。

発車から四時間後、ようやくバスを降り、ベコジの〝特別な空気〟を初めて味わった。その薄さが喉の奥に伝わり、頭が少しぼうっとする。予約済みのワビー・ホテルにチェックインし、目的はランニングだと説明した。受付でルーテという名前（「前進」という意味だ）の担当者がチェックインの手続きをしてくれた。このホテルは彼の姉がドバイマラソンで優勝した後、その賞金で建てたホテルなのだという。兄もランナーだが、四年前にイギリスのレースに行ったきり帰ってこず、今はどの街に住んでいるのかわからないそうだ。「じゃあ、君もランナーなの？」と尋ねると、ルーテは訝しげな顔をして、「もちろんさ」と言った。愚問だった。早朝にランニングをしているのなら一緒に走らせてほしいと頼んでみたら、「いいよ。朝六時には出発する」という答えが返ってきた。この町に来てたったの五分で、練習の段取りが完了してしまった。思ったより順調に事が運んでいる。

＊＊＊

翌朝の五時五五分、部屋のドアをノックする音がした。エチオピア人は、ランニングに関する時間はきちんと守る。ルーテの友人のアレムも門の前で合流した。アディスのオロミア警察クラブに所属していて、ベコジには休暇で訪れているのだという。道を歩きながら政情不安のことを聞いてみた。アディスアベバの新しい都市基本計画の中で、都市を拡大させるためにオロミア州の農地を接収するという提案があり、それがきっかけでオロモ族の若者がデモを繰り広げていた。だが、その怒りはもっと根深いものだ。二〇一六年のリオ・オリンピックのマラソンで二位になったフェイサ・リレサは、ゴールの瞬間に両腕を頭上で交差させて政府への抗議を示した。デモ隊が使ったのと同じ、不当な逮捕への抵抗を表すジェスチャーだった。イギリスのジャーナリストがレース後のインタビューで頭の上に両手で「M」のサインをつくり、「私たちはこれをモボット・ポーズ［イギリス代表モハメド・ファラーのゴールパフォーマンス］と呼んでいる。君のサインは何と呼ばれている？」と尋ねると、リレサは「エチオピアの人々を殺すの止めてくれ、という意味だよ」と答えた。抗議は、政府による民間人の殺害、大量収監、反対派への政治的迫害に対しても行われている。

「僕は抗議者たちの側にいる」とアレムは言った。フェイサ・リレサはヒーローだ。両腕を頭の上で交差させ、平和的な自己防衛のサインをして、政府による抗議者への不適切で一方的な武力行使に注意を喚起した。「でも、君は警察官でもある」と私は指摘した。ランニングクラブの多くは練習や競技を行う選手に給料を払っている。警察官のランニングクラブに所属するアレムもランナーとしての給料を得ているが、その出所は政府の資金だ。だがその政府は、抗議者を銃撃してきた側の立場にある。アレムは気分を害したようだった。「僕はランナーだ」と彼は言った。警察官として武力行使に関わる必要があるのは、デモ隊の抗議が〝最悪〟の事態に陥った場合だけだという。アレムはデモ隊の主張に賛同していると言った。ベコジは、エチオピアの穀倉地帯であるオロミア州の農業地域の中心地にある。この地域は、面積、人口ともにエチオピアで最大だが、住民はエチオピア政府から冷遇されていると感じている。政府が接収した農地に建設された外国の工場など、その冷遇の象徴となる場所は、ここ数週間でデモ隊の攻撃の標的になり、火をつけられたりしていた。またオロミア州の一部では、エチオピアの大半の政治家の出身地であるティグレ州向けの食糧の配送を拒むという動きも出始めていた。こんなふうに政治的には緊迫した状況が続いていたが、午前六時のベコジはこれ以上ないほど平和だった。

私たちは途中でバジャージと呼ばれる電動機つきの人力車のような乗り物に乗せてもらい道を進んだ。ドライバーは気弱そうな馬が引いている馬車とは十分に距離をとるように気をつけていた。森に到着し、お礼に金を払おうとしたが、ドライバーはジェスチャーでそれを拒んだ。見渡す限り、緑の農地が広がっている。私たちは広々とした木々の間を、木の根を軽々と飛び越えるようにしながら抑えたペースで走り出した。アレムが先頭に立ち、地面に落ちている石や棒の存在を後ろを走る者に知らせるために時折指を鳴らしながら、小さな歩幅で慎重なステップを刻んでいく。標高の高さは、すぐに軽い頭痛と重たい脚となって現れた。

数キロ走った後、徐々にペースを上げた。木立や茂みの地面は柔らかく湿った草地になっていて、アレムはさらに慎重に足の置き場を選んでいる。残りのルートは急な坂が続くようだったので、私は尻やすねの外側の筋肉の動きをいつもより意識しながら走った。傾斜が急になると、アレムはクロスカントリースキーの選手が鋭角なターンをするみたいに素早く踊るような短いステップを繰り返しながら上っていく。標高の高さに苦しんでいた私にとって――アレムによればここの標高は三五〇〇メートルあるそうだ――この急な斜面を上るためのあと一押しの努力はキツかった。だが後でアレムに聞いてみると、この方法で斜面を走ったのは、私がアディスから来たばかりで慣れてないということもあったし、そもそも練習の「軽い日《イージー・デー》」だったからなのだという。エチオピアでの「軽い日」は、たいていペースはゆっくりだが、走る距離は長い。早朝の練習では、ほぼ毎回に一時間一〇分は走る。アレムは、「今日は曲がりくねった道を走ったが、明日はまっすぐ走ろう」と不吉なほど大げさに指を立てて言った。

恐る恐る急な坂を下っていくと、ユーカリの木が約一メートルの間隔で生えているスタート地点の乾いた森に戻ってきた。アレムが先ず一キロ四分弱、次に三分台前半とペースを上げていき、木々の間を縫うように線を描いて走ると、ゴールを祝うサッカー選手みたいに腕を横に突き出して私たちにターンを指示し、素早く足を動かして木の根の間に器用に着地しながら再び加速した。私はこの高度ではそれほど速く走れないので、彼がターンするたびにショートカットして追いつこうとした。だがそうするとアレムは険しい表情をして手招きするような動作をし、指を鳴らし、自分のかかとを指差して、私に自分の真後ろを走るようにと促した。

ようやく足を止めた私たちは、道路の脇で数分間ジョグをし、何本か流しを走った後、走って町に戻った。私が目の前を走り過ぎるのを、子供たち（大人も）が口を開けてぽかんとした表情で見ていた。「ヤ　スポーテンナ　ファレンジ！」（外国人がスポーツしてるぞ！）という声が聞こえてくる。ランニングを終えた私たちは、最後にストレッチをした。その中には、片足で立ち、もう片方の足を地面につけずに一連の動作をするというものもあった。ストレッチというよりも、バランスを鍛える運動だ。この地形で走るためにはバランスがとても重要になる。歩幅を崩さずにコーナーを曲がるこの国の選手たちを見れば、そのことがよくわかる。みな重心を低く保ち、木の幹の間を縫うようにして走っている。

世界クロスカントリー選手権を走るケネニサ・ベケレの古い動画も、それを物語っている。ケネニサはこの大会で一〇連覇を達成したが、レース後半になると物理学の法則を無視するかのようにコーナーで加速していた。全盛期には、史上どのランナーよりも無敵の存在に近かった彼の五〇〇〇メートルの世界記録（一二分三七秒）や一万メートルの世界記録（二六分一七秒）が破られることはないと思う〔残念ながら二〇二〇年八月十四日にウガンダのジョシュア・チェプンゲイに破られた〕。私は二〇〇八年にエディンバラの大会で彼を見たときのことをよく覚えている。レース開始から六分後にシューズが脱げてしまったが、ケネニサは足を止めて落ち着いて履き直すと、その後わずか三分でトップに追いついた。まるで他の選手とは別の時空にいるかのようだった。ストレッチを終えたアレムは、「科学的にはここで一〇分間座って休むべきだ」と近くにある丸太の山を示した。それが本当に科学的に正しいのかどうかはわからなかったが、とにかく座っていられるのがありがたかった。急かしたように練習をするのは、ここでは冒涜的なことだと考えられている。忍耐強く、正しい方法で練習に取り組むことが大切なのだ。

歩いてホテルに戻り、レストランに入った。私のシューズは水浸しで泥だらけだったが、アレムのシューズはまるでトレッドミルを走っていたかのようにきれいだった。なぜか彼は濡れた地面を避けることができ、私は（彼の後ろをついて走っていたにもかかわらず）避けられなかったということだ。ウェイターはパリッとした白いシャツにスマートなズボン、そしてランニングシューズを履いていた。どのくらい走ってきたのかと尋ねられたので、一時間だと答えると、ウェイターは呆れたように「短いね《ティニシュ》」と言って背を向けた。コーヒーを頼もうとしても、空きっ腹に飲むのは良くないと言って断わられた。エチオピアでは誰もが、上着のジッパーを上げろとか、これは食べていいとか悪いとか、自分が何でも物事を一番よく知っているかのような口ぶりでおせっかいを焼いてくる。反発を覚えたりもするが、私はこと走ることに関しては、自分より明らかに優れた彼らの専門知識に素直に従うことにしていた。

＊＊＊

翌朝、アレムとルーテは前日よりも早い時間に私の部屋のドアの前にやってきた。前の晩はほとんど眠れなかった。高度が上がったせいで、体がうっすらと異変を感じているのだ。ノックの音がする前から、ルーテの携帯電話から宗教的な音楽が流れているのが聞こえた。私は朝っぱらから大きな音をかけて音楽を聴いているルーテに驚き、「まだみんな寝てるんじゃないのか？」と言いかけたが、ここがエチオピアだということを思い出した。朝の六時といえば午前半ばと言えるくらい、この国の人たちは早起きして活動を始める。私たちは、朝の空気の中で吐いた息が白くなるのを感じながら、ゲストハウスを出て道を歩いた。

なぜかわからないが、この日の二人は元気いっぱいだった。アレムが警察官らしく早足で行進していくので、ついていくのが大変だった。私たちは道路の端のぬかるんだ傾斜部分を走り始め、車の轍のある未舗装路に入った。そのまま土の道を、馬車の轍の跡を辿り、石や水たまりを避けながら走り続けた。昨日、二人から「明日はきれいな野原を走る」と聞かされたとき、平らで乾いた場所を想像した。しかしその場所は濃い緑の草が生い茂っていた。とはいえ今日も、軽い日だと言われている。草むらの中にトキがいて、私たちが近寄ると足を止めてこちらを一瞥した。私たちは露を含んだ草に足を取られながら、傾斜がきつく水に濡れた野原をジグザグに走った。「これは…楽じゃ…ないよ」私は荒い呼吸の合間に叫んだ。まるで、エネルギーを吸い取る巨大なスポンジの上を走っているような感覚だ。何度か雄牛の群に出会ったが、アレムが大きな鳥のように腕を羽ばたかせて牛たちを追い散らし、ルーテと私は道を空ける牛の角にぶつからないように気をつけながら前に進んだ。羊飼いの子供たちが、悪戦苦闘しながら走る外国人を口をあんぐりと開けて眺めていた。

　エチオピア人が天気を〝重い《ヘビィ》〟と表現するとき、それは息をするのにも苦労する空気と、足元からエネルギーを奪う地面の両方を指している。そして〝重い〟という言葉は、この日の私の体調を表現するのにぴったりの言葉だった。空気は薄いというよりむしろ濃く感じられ、無理に肺に押し込むことができない。いつもこのような高地で走るときはすぐに息が上がることを予期してしまうが、実際にはその前に脳が介入してくるような感覚があった。まるで脳が高地でハードに走ることの危険性を察知して、体にキロ五分という速度制限をかけているかのようだ。

　またしても、短い草の上を軽やかに舞うアレムの足裁きをうらやましく思う。私の足の置き方が下手なので、状況が雪だるま式に悪化してしまう。水たまりに足を突っ込んでシューズの中に水が入ってしまうと、足の重さが二倍に増えたように感じる。その結果、疲れて次のミスをしやすくなる。そのうち、足はびしょ濡れになってすっかり鈍重になり、乾いた地面を探そうとする気すら起きなくなる。一方、アレムのシューズはまだトレッドミルの上を走っているようにきれいだった。

最後の一〇分間は未舗装の農道を走ることになった。アレムに「なんで最初からここを走らなかったんだ?」と尋ねたい衝動に駆られたが、浅はかな質問をしたりせず、ここでは彼らの流儀に従うべきだという心の声がして踏みとどまった。〈この重い地面は、史上最高の長距離ランナー、ケネニサ・ベケレが練習に励んだ場所なんだ〉と自分に言い聞かせた。ケネニサが初めて低地に行き、重いシューズをスパイクに履き替え、固い地面を走ったとき、羽が生えたように体が軽く感じたに違いない。

私たちは来た道を戻り、アレムが「センタイエウの森」と呼ぶ場所に行った。突然、色鮮やかなジャージを着た一〇〇人ほどのランナーが姿を現した。私がここに来た理由は、コーチのセンタイエウに会うためだった。センタイエウは、ベコジから五〇〇キロ以上離れた場所にある独自の文化を持つ城壁都市ハラールで育ち、若い頃はサッカー選手として活躍していた。小学校の教師としてベコジに来たが、走るのが得意な生徒がいることに気づいてランニングの指導を始めた。直感に従ってコーチングの技を磨き、自身も毎日ランニングの練習を行うようになった。初期の教え子であるデラルツ・ツルは、一九九二年のバルセロナオリンピックの一万メートルで優勝し、アフリカ人の女子選手として初めてオリンピック金メダリストになった。彼女はその後、エチオピア陸上競技連盟(EA

F）の会長に就任している。センタイエウはその後も、男子五〇〇〇メートルと一万メートルの元世界記録保持者であるケネニサ・ベケレや、「童顔の破壊者《デストロイヤー》」の異名を持ち、トラック競技で八つの世界タイトルを獲得している女子ランナーのティルネシュ・ディババなどを手塩にかけて育てた。ケネニサとティルネシュは、国際レースへのデビューから二〇年経った今も競技を続けており、二〇一九年のベルリンマラソンでは、ケネニサが世界記録に二秒差と迫る二時間一分四一秒で走っている。

もしコーチの能力を、育てたアスリートが獲得した世界的なタイトルの数で測るなら、センタイエウの右に出る人物が一人だけいる。ケニアのイテンにあるセントパトリック・ハイスクールでコーチをしている、ブラザー・コルム・オコーネルだ。二人ともほぼ一人で小さな町に長距離走の文化を築いた実績があり、地元に大勢の熱烈な信奉者がいる。センタイエウが指導する選手たちは、長い列をつくって一糸乱れずに同期したフォームで走る。アレムによると、今はこの地域のランナーにとって「休養期」と呼ばれるシーズン終了後の短い休みなのだそうだが、それでも大勢の選手たちが走っている。私たちはそのうちの五人と一緒に走ることにした。一列になり、木々の間をスムーズに通り抜け、コーナーを曲がったところで加速していく。いつものごとく徐々にスピードが上がり、私は彼らについていくのに必死だった。

一時間七分後、アレムが急に立ち止まった。「一時間一〇分走ると思ってたのに」と私は驚いた。アディスのランナーは、計画した時間通りに、分単位の正確さで走ることにこだわる。彼は時計を見てうなずき、おなじみの「俺の真後ろについて風をよけながら走れ」というジェスチャーでかかとを指差しながら走り出した。〈望み通り、あと三分走らせてやる〉とでも言うかのように、子供たちやロバをかわしながら、泥壁の家々が立ち並ぶ集落の周りを弧を描くように走りながら加速していく。腕時計を見ると、キロ三分一〇秒という恐ろしく速いペースだ。余計なことを言わなければよかったと思ったが、後の祭りだった。最後の数百メートルは、できるだけアレムの真後ろについて、その足を追うようにした。数メートルほど後ろに下がってしまうと、彼はそれを察知して振り返り、顔をしかめて指を鳴らし、自らのかかとを指差す。凄まじく長く感じた三分間が終わり、全員が足を止めた。私はくたくたになり、大きな石の上に座った。

センタイエウの選手たちが好奇の目でこっちを見ている。私が座っていると、小さなストレッチの輪で号令をかけているリーダーとおぼしき選手が首を振り、立ち上がれと手招きしている。「座っていたらダメだ。ストレッチをするんだ」。もちろん、彼の言うとおりだ。この国のランナーたちは、練習を〝正しく〟行うことに関しては、私が苛立たしさを感じてしまうほどにいつも妥協せず、正義感に溢れている。私もストレッチに参加した。あるポーズをとって一〇秒が経過すると、リーダーが手を強く叩いて体の位置を変えるように指示する。彼が手を叩くと、ランナーたちは数え切れないほど繰り返してきたと思われる無駄のない動作をしながら、難なく次のポーズに移っていく。私もリーダーをよく見てみんなと同じ動きをしようとしたが、どうしてもワンテンポ遅れてしまった。

＊＊＊

午後、アレムが戻ってきて、一緒にセンタイエウのところへ行こうと誘ってくれた。一緒に歩きながら、アレムは自身のランニングとの関わりについて簡単に話してくれた。生まれたのはベコジから五〇キロ離れた町で、二〇〇九年にランニングをするためにここに引っ越してきた。ケネニサがオリンピックの一万メートルで優勝したことをラジオで聞き、走るのに適した場所だと知ったので、「深く考えもせずに」ベコジに移り住むことにしたのだという。ベコジ出身の選手がこれほどまでに成功している理由を尋ねると、それは食生活にあるという。「ここのランナーは大麦と蜂蜜を食べ、牛乳を飲んでいるからね」。子供の頃に遠方の学校まで走って通ったことが強いランナーをつくるという俗説には信憑性がないとも言った。実際、ケネニサも学校にほど近い町の中央広場付近に住んでいたのだという。ただしアレムは、子供たちの多くが幼い頃から農場のきつい仕事をするのに慣れているとも言った。「だから、みんな走り始める前から体が強いんだ」

私たちはセンタイエウに、森の端にある彼の自宅の前で会った。この家を建てたときには、ケネニサ・ベケレとティルネシュ・ディババからの支援もあったのだという。センタイエウは私たちを家の中には入れず、「もうひとつの家を見せてあげよう」と笑いながら傾斜した森の方を指差した。五〇代でがっしりとした体格。袖が緑のナショナルチームの黄色のジャケットを着て、色あせた赤いアディダスのキャップをかぶっている。ただの散歩なのに、森の中でもいつコーチングの機会が訪れるかわからないとでもいうように首から笛を下げ、手を後ろに組んでゆったりと牛のようなペースで歩き出した。「君はモー・ファラーの同胞なんだね？」。私が「そうです」と答えると、アレムが「モー・ファラーは気難しい人間だ」と口を挟んだ。センタイエウはうなずき、「モー・ファラーはシステムで走っている」と言った。ファラーのトレードマークである、最後の二、三周で集団の先頭に出て、後は最後まで内側のレーンを譲らないという戦術を指しているのだ。「我々の選手はエネルギーだけで走っている」。センタイエウは、ケネニサやハイレ・ゲブレセラシェの全盛期の頃のエチオピアの選手はチームとして走っていたと教えてくれた。「どの選手にもチャンスがあるようなレース展開が続いていても、突然先頭に洪水のように緑色のユニフォームのエチオピアの選手が押し寄せ、その後は誰も前に出られなくなったものだった」と彼は微笑みながら言った。当時、エチオピアのチームは誰が一番強いかを事前に決め、他の二人のランナーはリーダーをサポートするために走っていたのだという。だが今は個人主義の時代だ。誰もチームで走ろうとしない。

「あなたが指導する選手はどうなのですか？」私は尋ねた。

「彼らにはお互いの走りを読むことを教えている。それぞれのペースや長所、短所を知り尽くすということさ。数年間一緒に走れば、ここにいるランナー全員の歩幅まで熟知できるようになる」

「それはチームワークのためですか？」

「その通りだ。私は才能というものをあまり信じていない。エチオピアでは、才能ある選手を見つけるのは簡単だ。難しいのは、チームの団結力を築くことだ」

ナショナルチームは「団結」のために、大きな大会の前には「少なくとも」四カ月間は一緒に生活しながら練習すべきだ、とセンタイエウは言い、森を指差した。木々が大きく広がった長い斜面の先には飛び渡れるほどの幅の小川があり、その向こう側には切り株で覆われた草原が広がっている。「ここを走る選手をよく見てみれば、列になって走る彼らがこの土地を知り尽くしていて、先頭の選手がいつ曲がるのかもすっかりわかっていることに気づくはずだ。選手たちは実にスムーズに走る」。

それは私が、この国でグループで走っているときによく感じていたことだった。今朝のランの最後にも、群の中で一匹だけ違った動きをしている魚になったような、あるいはケイリーと呼ばれるスコットランドやアイルランドの伝統的なパーティーに紛れ込んだ唯一のイングランド人になったような気分になった。「置いていかれることに慣れてはいけない。それも、一種の練習への適応になってしまうからだ」とセンタイエウは続けた。だから、前にいるランナーの「足を追いかける」ことを学ばなければならない。二メートルの差をつけられることに慣れてしまうと、レースでも同じことをしてしまうようになる。それはよくない。

エチオピアのランナーは、リズムとタイミングの感覚を身につけることに多くの時間を費やしている。私が毎朝目にしている延々と繰り返されるドリルが、それを物語っている。目を閉じて耳を澄ませば、足が大地をしっかりと踏みしめ、軽く擦れ、また次の足が地面をとらえる音が、オンビートとオフビートのリズムのように聞こえてくる。あたかも、走っているのは一人だけのように聞こえる。だが目を開けると、実際には一二人ものランナーが列をつくり、完璧に同じタイミング、同じフォームで走っているのだ。「誰かの足を追いかける」とは、単に前のランナーについていくことではなく、文字通り相手の歩幅を真似ることを意味している。前を走る者が右足を着地させたら自分も同じ瞬間に右足を着地させ、前を走る者が左足を着地させたら自分も同じ瞬間に左足を着地させる。自分のストライドを、完全に相手のリズムに合わせていくのだ。私は一〇年以上の練習で身についたゆっくりとしたランニングフォームをしている。身長も一メートル八〇センチ以上あり、当然この背丈や体格に合った走り方をしている。他のランナーとまったく同じテンポで走るなどということは、イングランドやスコットランド、フランスのランニングクラブで教わったこともなければ聞いたこともない。自分の歩幅を変えて走るなんて、できっこないと思った。「前のランナーに足を合わせて」と言われると、足元がもつれてつんのめりそうになりそうだった。しかしエチオピアのランナーたちの練習を見てみると、みんなたいてい同じようにリズムと動作を完璧にシンクロさせながら、長年の練習で培った効率的で切れの良いストライドで走っている。

指導している選手の一週間の平均的な練習内容を教えてほしいと尋ねると、センタイエウは詳しく答えてくれた。まず、毎回の練習では必ず三〇分から四〇分かけてゆっくりとウォームアップを行う。月曜日にはその後、丘で長い距離を走る。彼は森の下の方を指差して、急斜面から始まり、森の端を回るようにして緩やかな勾配を上っていくルートを示した。よく見れば、そのルートがランナーたちの足で踏み固められ、地面に刻まれているのがわかる。「丘の長さはちょうど四〇〇メートルある」。私は、ティルネシュ・ディババがアディスでも噂になっていたロングヒルの練習をしていた場所はこんなのだと思った。センタイエウは、若い選手には四〇分程度の継続的な練習が適しているという原則に基づいてメニューを組んでいる。「選手たちは四〇分かけて起伏のある丘を走る。それで練習は終わりだ」。その後はストレッチをする。「ストレッチをしないと何も変えることはできない」

火曜日はファルトレクを行う。これは私が大好きな練習方法だ。これはここで用いられている唯一のスウェーデン語(「スピードプレイ」という意味だ)のランニング用語でもある。ファルトレクでは、スピードに変化をつけながら、速いペースと遅いペースをさまざまに組み合わせて走る。一九六〇年代にアベベ・ビキラのコーチだったスウェーデン人、オンニ・ニスカネンによって伝えられ、今でもエチオピアで人気がある練習方法だ。「このセッションでは、スピードを重視しているんだ」。ここでも、まず長いウォームアップをした後で、四〇分間走る。ただしこの二つのセッションの間には休息を入れない。違いは、運動強度だけである。「真剣に走れば、四〇分で十分だ」とセンタイエウは目を輝かせて言う。

水曜日には、以前はしていなかったアスファルトを走る練習を始めた。これが可能になったのはごく最近のことだ。理由は、「中国が、ここアセラを結ぶ道路を建設してくれたから」。それでも、アスファルトでの練習は二週間に一度くらいしか行わない。「石の上を走っているようなものだからね」。この日も、四〇分間、真剣に走る。彼はバイクで選手たちの後を追い、道端に設置されたキロ単位の標識に合わせて進捗を確認する。「標識の近くに立ち、やってきた選手たちに向かって、〝遅いぞ！もっと速く走れるはずだ！〟と叫ぶんだ」センタイエウは茶目っ気たっぷりに言った。これも近年のイノベーションのなせる技である。道路やバイクが使えるようになったのは、わずか一年前のことにすぎない。

木曜日は、再び柔らかい地面の上での練習だ。広い野原で、いつものように四〇分間走る。「斜めに走ったり、周回したり、ファルトレクをしたりする。選手を飽きさせないように工夫しているんだ」。

金曜日はイージーペースでいつもより長く、一時間二〇分走る。「アップダウンは多いが、ヒルトレーニングではない」とセンタイエウはいささか謎めいた言い方をした。また、このランではリーダーとして集団を率い、適切なルートを選択する各選手の能力を試す機会でもあるという。

リードする能力を身につけることが重要なのは、「仲間とエネルギーを分かち合いながら走る」という考えがあるからだ。「誰かの足についていく」のは、前を走るそのランナーのリズムを共有し、そのランナーからエネルギーをもらいながら走ることでもである。そのためアディスのランナーにとって、集団をリードしたり、ペースメーカーを努めたりするのは、「誰かの重荷を背負う行為」だと表現される。ランナーはエネルギーを分かち合い、共に向上していくことを学ぶべきだと考えられているのだ。アムハラ語には、このようなチームワークの重要性を表す「たくさんの糸が集まれば、ライオンを縛ることもできる」ということわざもある。練習は、個人主義的な適者生存の争いではなく、共同体としての努力が必要である。これが、センタイエウが最近のエチオピア人選手のパフォーマンスに失望している理由である。最近の主要な大会では、チームワークの象徴である「緑の軍団」が形成されることはめったにない。それはアディスアベバを拠点にしている選手たちのあいだで、レースで勝つためだけにひたすらしのぎを削り、多額の賞金を得ようとする個人主義が助長されているからだという。「緑の軍団を復活させなければならない」センタイエウは笑いながら言った。「そして、モー・ファラーやケニア人選手の脇を通りすぎるときに、〝チャオ〟と言ってやるんだ」

センタイエウが指導するのは、競技人生のスタート地点に立ったばかりの一五歳以下の選手が多い。ランナーとして順調に成長すれば、政府が支援するトレーニングセンターや、アレムのようにアディスアベバのクラブに移ることになる。ただし選手たちはまだ若いので、ベコジでは週に五回しか練習をしない。土曜日はウォーミングアップやドリルなどを行うが、日曜日は必ず休養日にしている。「でも、スイッチを完全にオフにしてはいけない」とセンタイエウは言う。「次の週にどんな目標や課題を持って練習に取り組むべきか、常に考えなければならない」。これは彼のコーチング哲学にとって重要な部分だ。だからグループで練習をしていても、フィードバックは各選手に対して個別に行っている。コーチとして最悪なのは、練習を終えると、ごく簡単なまとめをしてすぐにチームを解散させることなのだという。「私は練習が終わっても、選手たちと二〇分はその場に座って話をする。ランニングは社会的なスポーツなんだ。すると、選手たちは個別に私のところに来て、〝今日の私の走りはどこが悪かったのですか？〟〝どうすれば改善できますか？〟といったことを尋ねてくる。私は毎回、走り終わった後に選手たちに自分で何かを考えさせるような話をすることを心がけている」。ランナーとして成長するためには、精神力と回復力の強さを身につけなければならない。繰り返しになるが、忍耐力も必要だ。ランナーは成長のスピードを速めるために週に五回以上の練習をしようとするかもしれない、だがセンタイエウは段階的で慎重なアプローチを好んでいる。

ケネニサのどこが特別だったのかを尋ねると、センタイエウは手に持っていた新聞を丸めて中から私を覗き込み、未来を見つめるケネニサの姿を真似ながら言った。「ケネニサは信じられないほどランニングに真剣に打ち込んでいた。目標をはっきりと心に描いていた。一三歳のときには、世界チャンピオンとオリンピックチャンピオンになると言っていた」。ケネニサは貧しい家庭の出身だ。家は小さな畑で作物を育て、馬の毛で牛用の鞭を手づくりしてわずかな収入を得ていた。私は一三歳の彼が自宅で馬の毛を巻いて鞭をつくりながら、長距離走の世界で頂点に立つための道筋を描いている姿を想像した。「ケネニサには、緑の軍団のサポートもあった」センタイエウが言った。同胞ランナーのシレシ・シヒネは、ケネニサが世界タイトルを獲得するのに何度も貢献し、結果として二位になった回数が多いことから「ミスター・シルバー」というニックネームをつけられている。

アレムの仲間のランナーたちに話を聞くと、「もっと良いシューズや設備さえあれば、自分もケネニサのようになれるのに」と言う。ランニングの町として世間の注目を集めるようになるにつれ、ベコジには中古のランニングシューズの寄付が殺到するようになった。その結果、ランナーたちにはできる限り質の高いランニング用具を揃えるべきだという考えが芽生えるようになった。だがセンタイエウは、それは選手たちに「いい用具がなければ良いランナーなれない」という言い訳を許すことにもつながっていると考えている。ケネニサが初めてランニングシューズを手に入れたのは、最初のトレーニングキャンプに行ってからだった。とはいえベコジが今でもランナーにとって純粋で、自然に能力を伸ばしやすい環境であることは間違いない。毎朝、センタイエウの指導のもとで練習をするために集まってくる若者たちは、ランニングを愛するがゆえにそうしているように思えるし、みんなエチオピアを代表して走りたいという意欲を持っている。

もうケネニサのような選手は出てこないと思うかと尋ねると、センタイエウは鼻にしわを寄せ、「ケネニサは特別だったよ」と繰り返した。ケネニサほど熱心にランニングに取り組んでいた選手は後にも先にもないという。センタイエウは、この国のランナーのモチベーションの変化を心配している。「仮に今ケネニサが練習を始めたとしたら、もしかしたら成功しないかもしれない」。ランニングを始めたばかりのケネニサは、競技のことしか知らなかった。走ることでどれくらいお金が稼げるかについても漠然とした考えしか持っていなかった。また、当時はテレビや携帯電話はもちろん、スマートウォッチや高価なランニングシューズなど、現代のランナーの気を散らせるような「テクノロジー」はベコジにもなかった。「ひょっとしたら、次のスターはどこか他の高地から生まれてくるかもしれない。陸上競技があまり知られていないような地域から」。奇妙な結論のようだが、ある意味では納得できる。エチオピアの長距離走の成功は、設備や公式な認定コーチが不足していたにもかかわらずもたらされた。ベコジでは、並外れたコーチの指導のもと、選手たちは自然に能力を伸ばし育っていった。センタイエウのようなコーチを見つけることは、チャンピオンランナーを見つけることよりも難しいかもしれない。帰る前に、センタイエウは私の腕をつかんで最後のアドバイスをしてくれた。「最後に大切なことを言っておく。アルコールは禁止だ。それから、彼女や彼氏も必要ない。ゼロだ!。必ずこれを君の本に書いてくれ。横線を引くんだぞ」。約束は果たしたよ、コーチ。

第四章　今のところ順調——悪路での練習

アディスでの練習の利点は、〝何をするか〟よりも〝どこでするか〟という視点で語られることが多い。私が知るランナーたちも、さまざまな練習場所のメリットを常に比較していた。エントト山の空気の重さと、センダファの広大で〝キロ数を楽に稼げる〟草原、あるいは森の冷たさとそこよりも八〇〇メートル低い場所にあるアカキの暑さなどを比べるのだ。彼らは、こうしたさまざまな環境に身を置くことで、自分の「コンディション」を最大限に高めようと努力している。

みんな何時間も飽きることなく「どこの練習場所が優れているか」という話をしているし、翌日の練習場所の近くに住んでいる友人の家に前泊することも多い。ある土曜日の朝、私が目を覚ますと、一五キロ離れたレゲタフォという町に住んでいるテクレマリアムが、私が寝泊まりしている場所の敷地内にある屋外の水道で勢いよく顔を洗っていた。まだ早朝の五時四五分だ。「ここで何をしているの？」私は眠い目を擦りながら尋ねた。今日ここでヒルトレーニングをする予定なので、昨夜ここに到着して一緒に練習することになっているハイリエの部屋に泊まったのだという。テクレマリアムは「ここの丘を走りに来たんだ」と言い、敬意を込めて「ここはティルネシュの丘だからね」とつけ加えると、そこがティルネシュ・ディババ（オリンピック女子五〇〇〇メートル、一万メートルのチャンピオン）がかつて練習していた場所であることを説明してくれた。

練習場所は、そこで有名なランナーが練習している、あるいは過去に練習していたという事実とを結びつけられて記憶されることが多い。たとえばエントトは、ハイレ・ゲブレセラシェが毎朝五時半に練習をしていたゆかりの地として知られている。その場所の空気の質が重要な意味を持つ場合もある。イェカの森の都市部に隣接する一帯は、寒さの厳しい気候条件で開催されることで有名なマラソン大会の名前をとって「ボストン」と呼ばれている。この一帯は森の他の場所よりも寒く感じられ、ボストンマラソンに向けて練習をするランナーが多いためである。エチオピアのランナーは英語の「コンディション」という言葉を心身の状態と特定の場所の〝空気の状態〟の両方の意味で使い、その場所の空気の状態がランナーの状態を高めるのにどれくらい効果があるかに注目する。

ランナーが「コンディションはどこだ（コンディション　イェト　アレ）？」と尋ねるとき、それは身体的な特性としての「コンディション」の神秘的で気まぐれな性質を探っているのと同時に、ランナーの状態を最大限に高めるための最適な練習場所を探ることも意味している。練習後のバスの車内では年中、「時期に応じてその週の練習に最適な場所や地表をどう組み合わせるか」ということをコーチや選手が、話している。レースを近く予定していないときには、センダファやエントト、スルルタなどの高地や寒い場所で週に三回走ることもある。こうした時期にはレースに向けたスピード練習を集中的に行う必要がないからだ。ときには標高二七〇〇メートル以上の場所で三回連続してハードなセッションを行うこともある。そのような週は私にとってとても疲れるものだった。

ただし通常は、一週間の練習場所はバランスよく組み合わされている。私たちは月曜はいつも標高の高い場所を走り、水曜は標高の低い場所（暑い場所）でスピード練習を行った。金曜はセベタ（標高二二〇〇メートル）とセンダファ（標高二六〇〇メートル超）を交互に走る。場所だけではなく、地表も重要な検討事項になる。「ハード」（アスファルトやラフロード）と「ソフト」（芝生や森林）の最適な組み合わせを考慮しながら、一週間の練習メニューが決められていく。レースで求められる衝撃に脚が慣れるようにしながら、固い地面を走りすぎて体力が削られないようにもしなければならない。あるとき、チームで練習場所の配分を話し合っているとき、ケガから復帰したばかりのランナーが手を挙げて、アカギ（暑いことで有名な場所）で週に二回練習したいと提案した。ハイリエは笑いながら私に向かって言った。「彼はブランクの間に太ってしまったから、アカギで走って体重を落としたいのさ。他のランナーは週に二回もあそこで走る必要はない」。こんなふうに、たとえば体重を減らすためのもっとも効率的な方法も、どこで走るかという視点と結びつけて考えられている。

　クラブに所属する選手は三〇人ほどいる。ほとんどの選手はコテベに住んでいるが、コテベとセンダファの間の道路沿いや、街の反対側に住んでいる選手もいるため、毎朝の練習に参加させるためにバスで全員を拾って目的地に行くのは簡単ではない。この大変な仕事を取り仕切っているのは、チームバスの最前列に座って運転者に次に向かう場所を指示するハイリエだ。週に三回、私たちが練習場所への移動のためにレンタルしているバスは「クィットクィット」と呼ばれている。いすゞ製のトラックのフレームに、不要なドラム缶などを材料にして地元で製造されたボディを組み合わせたという代物で、まさに「おんぼろ」という名が相応しい。しかし、少なくとも私が経験した限りでは、故障一つせず、どんなに荒れた場所や険しい山道も難なく走った。

バスを運転するのは禿げ頭で小太りのビハヌという男だった。五〇歳は軽く超えていると思えるのに、水の入ったボトルを両腕に抱えたままバスから勢いよく飛び出し、時速二〇キロの高速で走るランナーに併走してボトルを手渡していくのには驚かされた。ビハヌは英語が堪能で、「君の国とは違うだろうが、この国では…」とか、「アムハラではこんなふうに畑を耕すんだ」といった社会学的に興味深い話を延々と聞かせてくれたり、選手一人ひとりの練習中の様子をよく観察して的確なコメントを述べたりする。バスには雑用係をしているタデッセという男もいた。その主な仕事は、五キロごとにウォーターボトルを準備してランナーに手渡すことと、町に戻る一般人がバスに乗り込もうとするのを防ぐことだ。知り合って数カ月が経った頃、タデッセは身の上話をしてくれた。過去には一年ほどランニングに取り組んでいたこともあったが、金がなくなったために諦め、ビハヌの仕事を手伝い始めたのだという。「そもそも、僕は一〇キロを三〇分五秒で走るのが精一杯だったから」。私はそれを聞いて、バスに乗る他のランナーと自分の間にある力量の差をあらためて実感した。雑用係でさえ、一〇キロのベストタイムが私より二秒も速い。しかも、それは標高二四〇〇メートルの場所で出した記録だ。それだけの実力がありながら、ランナーとしての自分の将来には見込みがないと早々に判断して、あっさりと身を引いたのだ。

エチオピアでの生活が始まって数カ月が経過したが、モヨ・スポーツの選手たちにとって、私がランニングをしていることはいまだに好奇の対象だった。私がイギリス代表のランナーとして走った経験があることは知られていた。当時の代表メンバーに支給されたバッグを、私がエチオピアでの練習時に使っていたからだ（汚れたシューズや用具を隔離するのに便利な仕切りがついている）。とはいえ、エチオピアの代表チームに入るのがどれほど難しいかをよく知っているランナーたちは、私が普段の練習でみんなから相当に後れをとっていることに戸惑っているようだった。私は自分が人類学を学んでいて、博士号取得のための研究をするためにこの国に滞在しているのだとはっきりと説明していた。それでも、この競技をすることでまともなお金を稼げるわけでもないのに、なぜ毎朝五時から二時間も走るのか、誰も理解できないようだった。イギリスの雇用市場についても質問されて、お前ならどんな種類の仕事に就けるのかと尋ねられた。その気になれば銀行に就職できるかもしれないと言うと、彼らはさらに困惑していた。イギリスにいれば家族と一緒に過ごせるのに、なぜわざわざ遠い異国に来て毎朝辛い練習をし、その後は部屋に籠もって一人で書き物をしているのか。理解に苦しむ、というわけだ。

毎日練習に顔を出し続けることで、周りからある程度の敬意を持たれるようにはなっていたとは思う。それでも、変人だと見なされていることに違いはなかった。それだけに、パートナーのロズリンがエチオピアを訪れてくれたのは助かった。私は彼女と一緒に時間を過ごした。ビショフトゥや城壁都市ハラール（野生のハイエナに手渡しで餌を与えた）といった都市も訪れた。そうして他のランナーたちにもようやく、私にも町をうろついて人々に変な質問をするだけではない、人並みの人生があることを理解してもらえたようだった。ロズリンとはエントトで一緒にランニングもした。ランニングの世界にあまり馴染みのない人類学者としての彼女の視点は、私にとって貴重なものだった。何週間か経つと、選手たちも私が人類学者としてどんなことに興味を持っているかを理解し始めた。ときには、私のためになるような質問をお互いにすることもあった。たとえば、数週間前にレースの賞金を受け取ったアベレに、ファシルがこう尋ねる。「アベレ、その金を手に入れたことで、生活レベルや社会生活の面でどんな変化があった？」。ハイリエがたまらず「ファシルがインタビュアーになってる！」と言って吹き出した。

この頃になると、私はもう早朝に起き出して長い時間バスに揺られることにもなんとか慣れてきた。バスの旅で個人的に好きな目的地は「コロコンチ」だった。これはアムハラ語で「悪路」という意味で、凹凸のある砂利や泥の道を指している。コロコンチには擬音語のような語感がある。私にはランニングシューズが砂利道にぶつかり、離れるときの音と似た響きがあるように思えた。私たちのクラブにとって、コロコンチは「アイエシス」と呼ばれる道のことを指していた。私はこの道がエチオピアで一番好きなランニングコースだった。順応するための期間が数週間あるのなら、たぶん世界で一番好きなコースだ。この道の入り口に辿り着くまでの所要時間は約四〇分。コテベを出発したバスがアスファルトの道を抜け、荒れた道を車体を揺らしながら走った先にある。起点にある教会の名前（アイエシス＝イエス）にちなんで名づけられたこの土の道は起伏に富んでいて、車二台分適度の幅しかない。ただし、二台の車が行き交うことはめったにない。曲がりくねった道は、五〇キロ以上先の小さな村がある。近年、この道とは別にビショフトゥ行きのアスファルト道路が整備されたため、絶えず歌声のようなクラクションを鳴らして（一マイル以上離れた場所からも聞こえてくる）走ってくる公共バスが時折姿を見せる以外には、このトレイルを走る車は陸上クラブ関連のバスくらいしかいない。

車は少ないが、小型の馬車はよく見かける。色鮮やかな飾り房やポンポンといったオロモ様式の凝った装飾を施された馬が引き、シャンマをまとった男たちが乗っている。私は前を走るグループについていけないことが多いが、そんなときにも仲間を見つけることがある。たとえばそばに現れた馬の背に乗った男に「こんにちは」と挨拶を交わし、そのまま黙って一緒に数キロ進んだりする。対照的に、小さな子供たちが「チャイナ！」と叫びながら私の横をびっくりするくらい長い距離をついてくることもある。最初は驚いたが、ハイリエによると子供は外国人のことを全部チャイナと呼ぶらしい。見たことのある外国人が、電柱設置や道路工事に従事する中国人の建設作業員しかいないからだ。

道の両側には小麦やテフなどの畑があり、緑と黄色の色調が刻々と変化していく。アスファルトの道路と同じく、このトレイルには一キロごとの目印となる白い柱がある。コーチのメセレットは、選手の何人かが持つガーミンの腕時計よりもこの柱を信頼している。「正確に一キロ離れていないかもしれないが、柱は週ごとに場所が変わったりしない」というのがその理由だ。「前の週と比較できることが重要なんだ」。コロコンチは、エチオピアのランナーにとっての四つの重要な地表のうちの一つである。まずは森、次に陸上用トラック、そしてコロコンチ、最後にアスファルトと、ランナーはさまざまな地表を走りながら練習の負荷に〝適応〟していく。コロコンチを走るには、森の中や道路を走るときとは違う、独特の強さが求められる。

ある朝、アイエシスに向かうバスの中でハイリエが説明してくれた。「コロコンチを走るには体力が要る。一歩踏み出すたびに後ろに引っ張られるから、その分、いつもよりも前に進もうとしなければならないんだ」。脇で話を聞いていたメセレットがこう言った。「ハムストリングスに負担がかかるから、筋肉痛になるぞ」。たしかに、これまでにもそのようなことがあった。コロコンチを頑張って走った翌日は、久しぶりに雪の上を走ったときのような感覚になることが多い。「アスファルトとは別物だ」とハイリエは言う。「ここを走るのにはパワーが必要だ。だからファシルはコロコンチが得意なのさ」。「コーマ（牛）」の愛称で親しまれているファシルは、他のランナーに比べてはるかに筋肉質な体つきをしている。他のランナーの両足を合わせてもファシルの片足より細いのではないかとよく冗談のネタにされるくらいだ。「ファシルは朝食にコロコンチを食べるんだ」とハイリエがふざけて言う。私はランニングを始めたばかりのファシルがこの道で、特にハードなランでも集団と一緒に走れ、数分しか遅れないのは凄いと思っていた。今日はわりと安定したペースで走ることになっているので、私もしばらく集団に食らいついていけるかどうかを試してみたかった。

メセレットは選手たちに、今日は三五キロを平均キロ三分四八秒で走るようにと言った。ただし、序盤はゆっくりスタートし、徐々にペースを上げていけばいい。この高度では私にとってはきついスピードだが、集団はキロ四分一五秒くらいでスタートし、最後に三分一五秒近くにペースを上げることもわかっているので、しばらくは一緒に走れるだろう。このトレイルは二〜四キロの長い坂を上り、次の下りで坂を上がる前と同じ標高地点まで戻ることを繰り返す。トレイルは広々とした農地の中を通っているので、遠くに見える次の丘を視野に入れながら、曲がりくねった道を進んでいくことになる。

予想通り、最初の一キロは四分三〇秒弱の心地良いゆったりとしたペースだった。私はコロコンチを走るときは、足の運びに気をつけている。他のランナーと足の動きをシンクロさせて走ることが、まだ難しく感じるからだ。私の歩幅は長くゆったりとしているので、他のランナー、たとえばツェダのような歯切れの良いリズムのそれとは対照的だ。エチオピアのランナーが「最初に学ぶこと」が仲間と歩幅を合わせて走ることなのだとしたら、私がその習得に苦心しているのも無理はない。一〇年以上もかけて身についた自分の歩幅を変えるのは簡単ではないからだ。みんなと足並みを揃えられないと、集団が奏でるコロコンチ、コロコンチ、コロコンチという足音のリズム（イギリスの神経学者オリバー・サックスなら、これを「運動のメロディー」と名づけそうだ）を崩してしまう。なんとか前を行くファシルの足に合わせて前に進もうと努力した。

今日はグループの雰囲気も良く、序盤はみんな近くにいる者と雑談しながら、森の中とは違い二列になって走っている。ツェダが「今日は君がリードしてくれよ」と冗談めかしてグループの先頭に行くように私を促した。めったにない機会だと思ったので、数キロの間、実際に先頭を走った。私の隣で先頭を走っているのは、後に北京国際マラソンで優勝することになるマクアネト・アイエノだ。このペースでもまったく落ち着いていて、鼻で息をしている。テレビアニメのキャラクターが部屋にこっそり忍び込むときのように両手を少し前に出すフォームで、足音が聞こえないほど軽やかに地面を蹴っているので、足を合わせるのが難しい。私は二列に並んで走っているというこの状況を利用して、マクアネトに片言のアムハラ語でいくつか質問をしてみた。

出身地は、エチオピア北部のゴンダール近郊の小さな町。誰かが練習をしているのを見て走り始めた。地元のレースで四位に入賞し、遠方のレースへの出場権を得た。家から数キロ以上離れた場所に行くのは初めてで、胸が躍った。それがランニングにのめり込むきっかけになった。当時はまだ、ランニングがお金を稼ぐ手段になるとは思ってもいなかった。ランナーにとって何より大切なのは、

「尊敬」と「忍耐」だという。海外でレースに参加できるようになるまでには、何年もの練習が必要だった（その後は、一五回、海外のマラソン大会に出場している）。「今では走った後じゃないと食事もできないよ」とマクアネトは言う。「体がランニングを必要としているんだ」

　ハノーバーマラソンでの準優勝をはじめとして国際的なレースでも目覚ましい成績を残してきたが、もっとも誇りに思っているのは世界の人にはほとんど知られていないようなレースで優勝したことだ。それは今年の初め、所属するコマーシャル・バンク・オブ・エチオピア（通称「バンク」）の選手として出場したハワサ・マラソンだ。獲得した賞金は普段、海外のレースで獲得している賞金に比べればほんのわずかだったが、他のレースでは得られない自信を手に入れた。「この種のレースでは、血気盛んな若い選手が最初から限界を無視して全力を出してきて、一〇キロほどで脱落したりする。だから序盤からハイペースの展開になる。加えて高地で、暑く、海外のレースよりもはるかに多い一五〇人ものトップランナーがいる」。このレースで自信をつけたマクアネトは、次に海外のレースで実力を発揮する機会を楽しみにしている。

　着地の衝撃で路面が変化しやすい砂利道を走るときは、足をとられないようにできるだけつま先だけが地面に接するように走り方に意識を集中させながら走る。私はマクアネトのように、地面を強く踏みつけすぎないように軽やかに走ることを心がけた。しばらくすると、先頭で走るのを止めて集団の中に戻った。いつまでも面白半分で外国人の私を先頭に立たせるような状況を続けさせるわけにはいかないと思ったからだ。三、四キロ走った時点で、集団はすでにメセレットが定めたキロ三分四八秒のペースで走っていた。私の調子は上々だった。まだ柔らかい夜明けの光の中で、寒さが少しずつ和らいできている。トビが頭上を飛び交っている（ヨーロッパでは珍しいが、ここではハトのようにたくさんいる）。ランナーたちは燃料容器を積んだロバの群れの脇をすり抜けながら、飼い主と冗談を言い合う。

バスはいつものように集団に先行して走り、五キロ間隔の地点で私たちが来るのを待っている。スタートから一〇本目の白い柱の場所に到着すると、バスから飛び出してきたメセレットが、ウォーターボトルを手渡してくれた。タデッセとビハヌも他の選手を追いかけている。メセレットは私がまだグループに残っているのを見て驚き、「頑張れ《ゴベズ》、マイク！　今日はみんなと一緒にゴールするんだ！」と鼓舞した。ただし、バスが停まっていたのは三キロも続く長い丘のふもとだ。これから、体力を消耗するつづら折りの道を、標高二八〇〇メートルの地点まで上らなければならない。

上りに入っても、集団は同じペースを保っている。私は、完走するにはペース配分に気をつけなければならないと思った。往路は二〇キロ、復路は一五キロあるが、メセレットは復路のほとんどが上り坂になるようにコースを組んでいる。今日はどうしても三五キロを走り切りたいので、ビハヌには二五キロ地点や三〇キロ地点では私を待たずにバスをすぐに出発させてくれと頼んだ。諦めてバスに乗るという誘惑にかられたくないからだ。でも、それが裏目に出る可能性もあった。途中で足が止まってしまえば、ビハヌにバスで引き返してもらわなければならなくなる。そんな屈辱的な事態になるのは避けたかった。

私は集団を離れ、無理なく走り続けられるキロ四分のペースで行くことにした。キロ四分は切りのいい数字でもあるし、なぜかこの種のランでは私の足が自然に落ちつくペースだった。このままいけば、三五キロを二時間二〇分くらいで走れそうだ。私にとって、この状況ではかなり満足できるタイムだ。そのためには、〝もっと速く走りたい〟という誘惑に打ち勝たなければならない。特に、このように競争心を刺激されるような環境下で、他のグループのランナーにあっという間に置き去りにされてしまうこともあるような状況ではなおさらだ。

私はペースを抑え、自分のリズムを取り戻した。数分後、別のチームのバスに追い抜かれた。一瞬、辺りが砂埃に包まれる。もうすぐ別のグループが猛スピードで迫ってくるという合図だ。私はこの数カ月で、こんなときは競争心に煽られてはいけないということを学んでいた。すぐに、二五人ものランナーが地面を踏みしめる、コロコンチ、コロコンチ、コロコンチという音が後ろから聞こえてきた。イタリア人のジャンニ・デマドンナが率いるデマドンナグループのランナーたちだ。もの凄い速さで、私の隣を、いや正確には私を両脇から包み込むようにして走り抜けていく。つかの間、このグループの一員になったかのような錯覚に陥る。その中には、コテベで私が足繁く通っていたヒルト・カフェの常連仲間で、ベルリンでのマラソンデビューに向けて初めての四〇キロ走に挑戦していたガイエ・アドラもいた。「ごきげんよう、ガイエ」と脇を通り過ぎる彼に向かってなんとかアムハラ語で挨拶をしたら、ガイエはランニングの調子を尋ねられたのかと思ったのか、英語で「今のところ順調だ」と答えた。この会話のずれが、私たちがこれから始めようとしているランニングの質の違いを完璧に表しているように思えた。

一分間ほど、私は土埃を食べるようにしながら走った。コロコンチを走り終えたときはいつでも、真っ先に歯を磨く。ランナーが地表を蹴ることで舞い上がる乾いた土が、泥のようなベージュ色の粉になって歯に付着するからだ。それでも私は自分のリズムを取り戻した。泥だらけの見た目とは裏腹に、〈大丈夫、しっかりと走っているぞ〉と自分に言い聞かせる。次第に温かくなり、野原を覆っていた霧も晴れてきた。しばらくは自分の足が地面を踏みしめる音だけを聞きながら走った。農場の周りでサボテンの垣根に手入れをしている農家の人に手を振ると、私の陽気さに少し戸惑ったような顔をしながらも手を振り返してくれた。

さらに一キロほど走ると、いつもとは違い先行するバスが通り過ぎることもないのに、再び後ろから足音が聞こえてきた。最初は自分の足音だと思っていたが、気がつくと真横に別のランナーがいた。「おはよう!」と私の新しい旅仲間が英語で叫んだ。私も「おはよう」と答え、アムハラ語で「ごきげんよう」と尋ねた。アディダスの古いレーシングシューズを履いている彼は、楽しそうに満面の笑みを浮かべながら「元気さ」と答えた。

「君はどう?」

「たぶん」と私は答えた。

彼は私の肩を叩き、「一緒に走ろう。どうして一人なんだ?」と言った。

「楽に走りたいからさ」私はアムハラ語で答えた。

「そいつはいい!」彼は笑った。「俺は相棒にはちょうどいいぞ。二カ月も練習していないからな」

「そんな風には見えないよ」私は言った。彼の息はまったく上がっていないように見える。

「本当に二カ月ぶりだよ。でも、俺はクレイジーな男なんだ」と彼は言った。「どんなペースでも、言ってくれればその通りに走れる」

彼は、伴走者としての経験が豊富であることを説明してくれた。二〇〇七年と二〇〇八年のベルリンマラソンではハイレ・ゲブレセラシェのペースメーカーを努め、それぞれのレースでハイレの世界記録の更新に貢献したのだという。「ハイレのペースメーカーをしたときはかなりのお金をもらったよ」と彼は言い、今日は例外的に無料で私のペースメーカーをしてやるよと冗談をつけ加えた。

「どのくらいのペースがいいんだ?」と彼が尋ねた。

「キロ四分」

「悪くないね」と彼は言った。「快適なペースだ。こんなふうに走ればいい」彼はそう言って、両手で地面を優しくなでるような動作をした。

私たちはしばらく無言で走り続けた。ペースは彼に任せていた。ふと彼の手首を見ると、腕時計をしていない。「GPSはないの?」と私は尋ねた。

「ここさ。この中にあるんだ」と彼は言って、自分のこめかみを叩いた。「俺は三六歳で、一九年間も走ってきた。ペースは感覚でわかる」

数分後、私の腕時計がピッと音を立てた。画面には「4・00」という文字が表示されている。「何て表示されてる?」と彼が尋ねた。「四分ちょうどだよ」と私は答えた。

「当然だ」と彼は言った。「ハイレはいつも〝たった一秒の差で一〇〇万ドルを勝ち取ることも、失うこともある〟と言っていたよ」

私は同じ話をメセレットから何度も聞かされていた。メセレットはいつも選手たちに「一秒の価値をおろそかにするな!」と口を酸っぱくして言っている。ハイレ・ゲブレセラシェは、ドバイで一万メートルの世界記録にわずか一秒届かなかったために一〇〇万ドルのボーナスを逃したことがあり、それ以来、完璧なペース配分を保つことに細心の注意を払うようになった。メセレットも、練習では指示されたペースで走ることが重要だとランナーたちに指導している。個々のランナーが速く走りたいという気持ちに駆られてしまうとグループ全体の走りに悪影響が生じるし、一定のペースを保ちながら走る訓練にもならない。「トラックを走るとき、私が一周六六秒と指示したのにグループが六五秒で走っていたら、先頭でペースをつくっていた選手にイエローカードを出す。もし六四秒で走っていたら、レッドカードだ。その選手には二度とリードを任せられない」。こんなふうに、練習ではペースのコントロールとそれを維持するための忍耐力が常に重視される。水曜日のスピード練習などの例外もあるが、メセレットは水曜日に速く走れるのは他の日にスピードをコントロールする練習をしているからこそなのだと言う。

折り返し地点に近づくと、新しい練習パートナーがニヤリと笑いながら私に向かって「後半は一緒に苦しもう」と言った。まだ調子が良く、彼と一緒に走るのを楽しんでいた私は、その言葉を聞いて帰り道のほとんどが上り坂であることを思い出した。ハーフマラソンのベストタイムが六一分台で、ハイレのペースメーカーを努めたこともある彼のようなランナーでさえ、二カ月のブランクがあると三五キロを走るのは楽ではないのだ。二〇キロ地点に到達すると、山のように積まれたウォーターボトルの横に雑用係のタデッセと一緒に立っていたメセレットが、「おや、今日は有名人がペースメーカーについてるんだな。このチャンスを活かすんだぞ！」と笑いながら言い、そのまま一〇〇メートルほど私たちに伴走して、上りでも頑張ってペースを保つようにと繰り返し念を押した。それが全員に課された今日の課題だった。急な上り坂でも、できるだけ均等なペースを維持すること。〝コントロールはできるが、維持するためには真剣に集中しなければならないようなペース〟で走ること、つまりメセレットが重視するペースコントロールをしながらのランニングは、ハンガリーの心理学者ミハイ・チクセントミハイが定義する、完全に集中した「フロー」の状態に入るための条件を備えている。チクセントミハイは、「最高の瞬間は、難しいことや価値のあることを成し遂げようとする自発的な努力によって、心身の状態が限界まで引き延ばされたときに起こる」と述べている。このような経験は、体験している最中は快適ではないかもしれない。それはセンダファのような高地での練習を体験した私が証明できる事実だ。しかしチクセントミハイによれば、そのような経験は人生で最高の瞬間にもなり得る。

チクセントミハイはその著書『フロー体験：喜びの現象学』（今村浩明訳、世界思想社）の中で、それは何かをコントロールすることだと説明している。「人生をコントロールすることは決して簡単ではなく、ときには苦痛を伴う」。しかし彼は、私たちランナーにとってこれ以上ないほどぴったりの表現で次のように述べている。「長い目で見れば《イン・ザ・ロング・ラン》、最適な経験とは、突き詰めれば何かに熟達するという感覚を得ることだ。あるいは、人生の手応えをたしかめる感覚だと言えるかもしれない。それは私たちが一般的に幸福と呼んでいるものに限りなく近い」。ランナーにとって、すべてがうまくいっているように思えるこのようなフローの瞬間は、自分の肉体の可能性を完全に発揮しているように感じられる。その感覚は信じられないほど素晴らしいものだ。

太陽が雲間から顔を出し、気温も上がってきた。私はボトルの水を頭にかけ、顔にこびりついた塩分（ここのアスリートたちはこれを「白い汗《ネックラブ》」と呼ぶ）を洗い流した。調子がいいときには着地時に勢いをつけてくれるような優しさを感じさせるコロコンチの地面が、足を踏み出すたびに後ろに引きずられるような感覚に変わってくる。私が苦戦しているのに気づいた新しいパートナーは、まるで見えない糸で私を丘の上に引っ張ってくれるかのように、できるだけ自分の真後ろを走るようにという仕草をした。少しでも差が開くと、それを察知して指を鳴らし、再び自分の踵を指差す。

私はこんなとき、若い頃にコーチからいつも言われていたように、「目の前にいるランナーの後ろ姿だけを見て、その背中についていく以外のことは何も考えない」ことを実行するようにしている。今走っているのは、今日のルートで最長かつ一番急な坂だ。これを上り切ることができれば、おそらく完走できる。この時点で、残りの行程が相当に苦しいものになるのは覚悟していた。それでも、パートナーは最後まで「一緒に苦しむ」という約束を守ってくれそうに思えた。

五キロの長い坂を上りきったところで、パートナーが「ここから二、三キロは下り坂だから、ゴールに向かう前に体力を回復できるぞ」と励ましてくれた。彼は前を向き、「見てみろ。獲物がいる」と言った。それまでパートナーのジャージの背中に浮かぶ汗をじっと眺めていた私が久しぶりに顔を上げると、遠くにバスがあり、その後ろにランナーの集団がいるのが見えた。さらにその後ろには、私たちの少し前に折り返し地点を過ぎたばかりだと思われる、集団からはぐれたランナーたちがいる。私はこれまでこの道を走っていて、誰かを追い抜いたことなどなかった。そのことを思い出した瞬間、体中をアドレナリンが駆け巡るのを感じた。安定したペースで坂を下りながら、最後の坂に差し掛かったら、あとはゴールまで一気に駆け抜けようと決心した。有名なペースメーカーと一緒になってからは、ほぼ正確にキロ四分ペースで走ってきた。ペースをコントロールしながら走ってきたので、体力は温存できているはずだ。最後にそれが報われる形になればいいのだが。

彼は前のグループに追いつけるかもしれないという考えを楽しんでいて、何度も振り返っては私にニヤリと笑いかけ、「さあ、行くぞ」と言わんばかりに腕を振って合図をする。二〇〇七年のベルリンマラソンでハイレ・ゲブレセラシェが世界記録を更新しようとしていることに気づいたときにも、彼はペースメーカーをしながら同じように興奮していたのかもしれない。ようやく最後尾の一人をつかまえた。すれ違ったとき、そのランナーは明らかに嫌な顔をしていた。練習パートナーは「ランニングは、なんて残酷なスポーツなんだ（アイー　ルチャ）」と言い、ランナーの苦しみの表情を見て首を振った。だが単に追い抜こうとはせず、「ギャバ！」と叫んで、一緒に走ろうと誘った。そのランナーは外国人に抜かれるのはプライドが許さないと思ったのか、意を決して私の後ろにつき、足並みを合わせて一緒に走り始めた。

私たちはこんなふうにして一人、また一人と先行のランナーに追いつき、列に加えながら坂を上った。人数は七人に膨れあがっていた。私の新しいパートナーは、他のランナーに侮辱と激励の言葉を交互にかけ続けた。「情けないと思わないのか？　お前たちは外国人に追い越されたんだぞ！」と厳しい言葉を吐いたかと思えば、「あと数キロで終わりだ。誰にだって大変な日はあるさ」と温かく励ます。エチオピアで三〇キロ以上走ったことがなかった私は完全に疲れきっていた。しかし、せっかく五人のランナーに追いついた後で、くじけるわけにはいかなかった。パートナーは、最後の三キロを満面の笑みを浮かべながら走っていた。その後ろには、彼のペースメーカーとしての類い希な能力を必要とする集団が続いた。私たちは歯を食いしばりながら、道路脇に停められたチームバスに向かって意地だけで走った。

ハイリエは、私が最後まで走りきったことに安堵し、ゴール後にハイタッチすると、「マルコムに電話しなきゃな。君が三五キロを完走したんだから」と言った。グループのサブエージェントであるハイリエは、調子が良く、レースの準備ができているランナーが誰なのかをマルコムに報告する責任がある。ハイリエ曰く、三五キロを良いタイムで走った選手はたいてい「マルコムに電話して、外国のレースを走れるように手配してほしい」とせがんでくるらしい。私は、「ドバイでもどこでもいいよ。二時間三分台を狙おうかな」と冗談を言い返した。有名人のペースメーカーは手を振りながらそのまま先へと進んでいった。私は小さくなっていくその後ろ姿を見ながら、酸素不足で頭が回らず、彼の名前を聞くのをすっかり忘れていたことに気がついた。私はこの日、三五キロを二時間二〇分で完走した。たぶん、それ以上速くは走るのは無理だった。一方、ツェダとビハヌ・アディシーは二時間五分を切り、ファシルもそれに一分ほど遅れてフィニッシュした。この地形でのタイムとしては相当に素晴らしく、彼らはそのことにかなり興奮しているようだった。

タデッセがバスの中から大きなプラスチック容器に入った水を持ってきてくれた。私たちはその水を使って、足についた土埃を落とし、顔についた塩分を洗った。身だしなみを気にして、コテベに戻る前に新しいシューズとジャージに着替えたランナーもいた。私は自分が三五キロを完走できるとは思っていなかったので帰りのバスの中で、気分は上々だった。早朝の静まり返った雰囲気が嘘のように思えるくらい、他のランナーたちも楽しそうにしている。朝の車内では仮眠している選手たちに向けて流れていたゆっくりとした正統派キリスト教のスピリチュアル・ミュージックが、帰路では地元の人気ミュージシャン、テディ・アフロのニューアルバム『エチオピア』の勝利のリズムに変わっていた。

世界から〝後進国〟と呼ばれても
これからこの国は時代のフロントランナーになるのさ
何度もその名を繰り返させてほしい
そう、私たちの国の名はエチオピア

コテベに戻るバスの中では、延べ数百キロを走り、脳内にエンドルフィンを充満させせランナーたちが活気づいていた。右側では、ティラフンとセラミフン（二人とも一六歳以上には見えない）が、アンドゥアレム（四〇歳くらいに見える）と一緒にマンチェスター・ユナイテッドの試合のハイライトを見ている。アンドゥアレムが映像を見ながら侮辱的な言葉を吐くと、若い二人は普段は目上の人に向かって言わないような「シマゴレイ！」という言葉を叫んだ。最前列にいるハイリエは、三〇キロ地点で棄権しようとしたのにバスに乗せてもらえなかったことでふてくされているゼレケをなだめている。

フーネンナウは、世界選手権の予選を兼ねた二年前のジャン・メダ全国クロスカントリー選手権で優勝したときの思い出話をしている。

「俺は物凄いスピードで走ってた。そしたら集団の中にいたケネニサが、〝俺たちを殺す気か？〟って言ったんだ」（周りのランナーたちは驚いて、「あのケネニサがそう言ったのか？」と合いの手を入れた）。「後でこの話を耳にしたケニアのランナーも、俺を怖がっていたくらいだ（「そんな遠くまで噂は広がったんだな」）。「ジャン・メダの優勝タイムは、普通一二キロを三五分だ。ところが俺は三二分で走った。最初から最後まで先頭を譲らなかった」（「六周ずっとか？」）。今年のジャン・メダ・クロスカントリー選手権は、二週間後に控えていた。私がこのレースに出場することを許可されるかどうかは、まだわからない。私は自分がこの伝説的なレースに出場していいものかどうか、まだ気持ちを整理できずにいた。ジャン・メダはエチオピアを代表するクロスカントリーレースだ。ケニアにも同等の国内クロスカントリーレースがあるが、この二つのレースは世界でもっとも過酷なクロスカントリーレースとして並び称されている。「海外のクロスカントリーレースのほうがまだマシさ。他にエチオピア人選手が五人しかいないからな」とフーネンナウは笑った。私にこのレースで上位に食い込める力がないことは明らかだった。もし出場するなら、周回遅れで失格にならないことだけが目標になる。これまで、周回遅れになった選手は皆無に等しい。ハイリエは私がセンダファで三五キロを走りきったことは、ジャン・メダに出場するに相応しい走力があることの証明になったと考えているようだった。それが正しいかどうかは、時間がたてばわかるだろう。

第五章　フィールド・オブ・ドリームス

――地元のレースに出場する

　私が一緒に練習しているランナーたちに「走ることは仕事なのか？」と尋ねると、みんなそうだと答える。実際、ここでは練習は「セラ」という、「仕事《ワーク》」を意味する言葉で呼ばれることが多い。たしかに彼らは走ることを楽しんではいるが、もしレースとお金という二つの動機づけがなければ、間違いなくランニングをやめてしまうだろう。それだけに、レースに出場するわけでもないのに毎日練習に顔を出す私の存在は彼らを混乱させた。私が遅かれ早かれ地元のレースに出なければならないのは明らかだった。彼らの態度は、アメリカ人ジャーナリストのウィリアム・フィネガンが自らのサーフィン人生を回顧した自叙伝『バーバリアン・デイズ』（児島修訳、エイアンドエフ）の中で引用したアメリカ人作家ノーマン・メイラーの「興奮もなく、競争や危険や目的もない運動では、身体は鍛えられず、ただ疲労するだけだ」という考えに似ていた。ランナーは次のレースのことを想定しているからこそ、練習でモチベーションを保てるし、目的意識も持てる。レースで体験する戦争のような極限状態によって、自らの「イディル」――神しか知らない自らの潜在能力――を探ることもできる。

　そんなわけで、私はスコットランド陸上競技協会からの推薦状を握りしめ、ハイリエと一緒に第三三回エチオピア全国クロスカントリー選手権大会への出場を申請するためにガード・ショラ地区にあるエチオピア陸上競技連盟（ＥＡＦ）のオフィスで登録手続きをするランナーたちの行列に並んでいた。心のどこかでは、官僚主義的な事務手続きの難しさによって、外国人である自分の出場が認められない事態になればいいのにと期待していた。途中で、ナショナルチームの選手に与えられる用具を受けとったばかりのジュニアアスリートのグループの脇を通り過ぎた。若者たちは、エチオピアの国旗の黄、緑、赤が刺繡された巨大な黒いアディダスのバッグの中身を嬉しそうに確かめ、真っ赤なジャージのボトムスを取り出したり、真っ黄色のジャージのトップスを着たりしている。

受付の列には雑多なランナーが並んでいた。基本的に、このレースの参加者は所属するクラブを通じて申し込みをする。だから個人登録の列に並んでいるのはクラブに所属していないマイナーなアスリートたちだ。私の前に並んでいたのは、せいぜい一八歳くらいにしか見えない若者だった。何度も修理をしたように見える、色とりどりの糸で縫い合わせたシューズを履いている。この大会の印象を尋ねると、英語でこう答えた。「とても速い展開になるだろうね。他のどのレースよりも。これは強い者だけが参加できるレースだよ」。彼は目の前にいる外国人の瞳に不安が浮かんでいるのを察知すると、「大丈夫だ。心配することないさ」と私の肩に手を置いて言った。「まずは自信を持つことが大事だよ。わかった？」

私はインターネットでこの大会の過去の結果を調べた。不思議なことに、世界クロスカントリー選手権を通算一一回も制するという偉業を成し遂げてるケネニサ・ベケレは、ジャン・メダでは一度も優勝していない。ジャン・メダは世界クロスカントリー選手権の国内予選を兼ねていて、毎回のように異なる顔触れの選手が優勝を果たしている。しかし、そのまま世界クロスカントリー選手権でも優勝したのは、ゲブレグジアベル・ゲブレマリアムただ一人しかいない。「ジャン・メダで優勝すると、精根尽き果てる」とハイリエは言う。「だからその後で世界クロスカントリーに勝つのはとても難しいことなんだ」

歴代の優勝者の中で、私の目を引いたのはヨモ・スポーツの仲間であるフーネンナウ・メスフィンの名前だった。ウィキペディアによれば、ほとんどの優勝者が一二キロのコースを三四分から三五分台で走っていたのに対し、本人が何度も自慢していたように、本当にフーネンナウはこの大会を三二分台で走って優勝していた。正式タイムは三二分二〇秒。私は標高二五〇〇メートルの起伏のある地形で行われるこのレースでは、レースコースの距離の計測には開催年によってばらつきがあるのではないかとも推測した。それでも、二〇一一年大会での彼の走りが並外れたものであったことは間違いなかった。それだけに、現在はトップフォームを取り戻せていないフーネンナウが自らの走りにどれだけ不甲斐なさを覚えているのかが想像できた。

列の先頭に着くと、登録担当の職員が私を怪訝そうな目で見て、スコットランド陸上競技協会からの推薦状に目を通して顔をしかめ、ハイリエに「ドゥベに判断してもらう」と言った。ドゥベ・ジロは長年、連盟の会長を務めている人物だ。私たちは協会の広いオフィスで、プラスチック製の椅子に座ってドゥベを待った。ガラス張りで仕切られているドゥベのオフィスを除いて、オープンレイアウトになっている。ここでは多くの人が働いているが、ナショナルチームのメンバー選考や、選手が海外レースに出場することを許可するリリースレターの発行などの重要な事案から、クロスカントリー大会にゲスト参加したいという私のような外国人の要望に応えるかどうかという些末な事案に至るまで、すべてドゥベのサインが必要なのだ。

ローママラソンで優勝したこともあるハイリエは、ドゥベがエチオピアのランナーが海外のレースに参加する機会を増やしてくれたことに感謝していた。椅子に座って待っているあいだ、ドゥベが会長になる前は、この国ではオリンピックや世界選手権を除いて海外のレースを走る機会を得られるのは、代表チームに選ばれたごく少数の選手だけだったと話してくれた。「ドゥベは自分がランナーだったからこそ、選手たちが体験する浮き沈みや困難、努力、そして彼らに相応しいものが何かをわかっていた。もしランナーとして成功しなければ、その選手はどうすればいいか？　農家に戻るしかない。だからドゥベは選手たちが海外でも活躍できるように道を開いたんだ」

私たちはオフィスに呼ばれた。選手時代よりもずいぶんと恰幅が良くなったドゥベは、スーツとネクタイを堂々と着こなしていた。ハイリエが事情を説明すると、「出場するのは問題ないだろう。だが、君が一〇キロ三〇分を切れないのなら、ジュニアのレースに出るべきだ」とドゥベは言った。私は、二八歳の自分が二〇歳以下のカテゴリーに参加するのは詐欺のようなものだと食い下がり、なんとかシニアレースに出場させてもらうことになった。ドゥベは、どうせ周回遅れになって、完走はできないだろうから、という判断でそれを認めてくれた。私は行列に戻り、アムハラ語の文字が書かれたこの国でのレースナンバーを初めて受け取った。ただし、なぜかこのレースナンバーにはドゥベのサインが必要だった。

ハイリエの説明によると、選手を「ジュニア」と「シニア」に分類するのは、特に出生証明書が入手しにくい地方のクラブでは、その選手が厳密に二〇歳であるかどうかではなく、能力や経験を重視して判断されることがあるらしい。私は二八歳だが、能力という点ではたしかにジュニアだった。「君はシニアのレースを完走する力はある。だが、周回遅れになりそうになったらその時点で棄権しなければならない。先頭のランナーたちの邪魔になってしまうからだ」とハイリエは言った。私は、前年にスコットランドのクロスカントリー全国選手権を走ったときのことを思い出した。私は七位でゴールしたのだが、周回遅れの選手をどう交わしながら走るかは、先頭集団の選手が最後の一周をどう走るかにとって重要な要素だった。ジャン・メダは、ランニングの世界では出場するレースのレベルの違いによって簡単に立場が逆転しうることを私に示していた。

「ジャン・メダ」という名称は、「陛下のフィールド」や「皇帝のフィールド」といった意味の「ジャンホイ・メダ」の短縮形だ。この競技場は、ハイレ・セラシエの戴冠式で大規模な軍事パレードや花火の打ち上げが行われたことで、そう呼ばれるようになった。一八九六年のアドワの戦いの後、メネリク皇帝はイタリア軍から奪った大砲をここに展示した。約一世紀後の一九九〇年代初頭には、内戦で国内難民となった数千人もの国民を受け入れた。他にも、宗教的祭事や戴冠式、閲兵式、選挙戦の開会式などが行われるなど、エチオピアの近代史において重要な役割を果たしてきた。フィールドの長さは二・五キロメートル、幅は五〇〇メートルほどで、四方は壁で囲まれているが、中は広々としている。草は雨季には長くなるが、それ以外の季節には短く刈り取られ、黄色く乾燥している。陸上競技よりも競馬が盛んに行われており、ゲナ（ホッケーの一種）やググ（荒馬での鬼ごっこ）といったエチオピアの伝統的なスポーツが開催されることもある。競技場の一角には大きな馬小屋があり、普段は馬が放し飼いにされていて、たまに突然走り出してランナーを驚かせる。

だが今日は馬たちもきちんと厩舎に入れられている。重要なレースだけに、厳格に運営されているのだろう。私と一緒にジャン・メダに到着したファシルも、レースに出場するわけでもないのに緊張しているようだった。今はまだ準備ができていないが、来年のレースに向けてしっかりと準備するつもりだという。競技場の外の道路には、ペプシの大きな広告旗が立てられていた。巨大なボトルの下に「今のために生きる（Live For Now）」という言葉が書かれているが、私が知っているこの国のランナーたちの生き方を考えると、「来年のために生きる（Live For Next Year）」のほうが相応しいキャッチフレーズのように思える。フィールドに入ると、壁には三〇センチほどの高さの文字で「筋肉は脳の奴隷である。筋肉は学ばない（Muscles are the slaves of the brain. Muscles do not learn）」といういささか不可解な標語が書かれている。私は今日は、自分の頭で素早くレース展開を判断しながら走りたいと思った。

知り合いの選手を探していると、フィールドの端に何台ものチームバスが停まっているのが見えた。「メブラット・ハイル」や「バンク」といったトップクラブが保有する大型バスもあれば、地方のレースで予選を通過してきた選手たちが乗ってきた地方の小さなクラブのミニバスもある。会場にはハイリエもいた。つき合いのあるクラブの関係者を見つけては、次々と熱心に声をかけている。モヨ・スポーツのサブエージェントとして、まだマネージャーと契約していない、このレースで上位に食い込むであろう優秀な選手をスカウトしようとしているのだ。だが会場には他のサブエージェントもいるので、才能あるランナーを巡る争奪戦は厳しいものになりそうだ。ハイリエは私に、関係者にきちんと挨拶をして、指示された通りのことをするように、と言った。

なぜか私は二人の関係者にゼッケン番号を確認してもらう必要があり、炎天下で二〇分も立ったまま長い列に並ばなければならなかった。普段は朝八時までには練習を終えている私にとって、直射日光を浴びながら気温二五度の中を走るのは奇妙なことに思えた。ようやく番号の確認が終わると、ファシルとハイリエがフィールドでのジョグにつき合ってくれた。ハイリエは「メセレットはメブラット・ハイルの人たちと一緒にいるが、君に〝今日のレースはすごく速い展開になるから注意しろと伝えてくれ〟と言っていた。実際、あまりの速さにびっくりするはずだよ。わかっていても驚くだろう」。ハイリエは以前私と一緒に観戦したことのある、完走者よりも脱落者の方が多かった一万メートルのレースを引き合いに出した。「今日のレースでは、スタートラインに立ったときに優勝のチャンスがないと思っているのは君だけだ。みんな最初から全力で飛ばす。だから、脱落するランナーもたくさんいる。君はスタートでは他のランナーのペースにつき合わず、先に行かせるべきだ」

かなりのランナーがすでにスパイクを履いてウォーミングアップを終えている。アップ時のペースの速さから見ても、私は何もしなくても彼らを先に行かせることになるだろう。スパイクを履くと、思ったよりも早くスタート前の点呼が始まった。勝ちたいという野心など抱いていないはずなのに、スタートラインに立つ他のランナーの興奮が伝わってくるせいかひどく緊張してしまう。選手たちは長く緩やかな斜面になっているフィールドの一番下にある、幅一五〇メートルのスタートラインから出発する。その先には約一キロメートルの直線的な上り坂が続く。地面は岩のように硬く、枯れた黄色い草に覆われている。暑い太陽の光が頭上から降り注いでいる。一年前にスコットランドで開催されたクロスカントリーの国内選手権の会場だったフォルカークの泥とみぞれの光景とは似ても似つかない。

スタートの銃声が響いた。メセレットは間違っていなかった。私の前にいるランナーたちは、まるで海岸線に押し寄せる大波のような物凄い勢いで出発していった。私はなすがままに彼らを先行させた。すぐに最後尾になり、前の選手とは一〇メートルの差がついていた。集団全体がフィールドの頂上に辿り着いた頃には、その差は五〇メートル以上にも広がっていた。腕時計に目をやると、私のペースはキロ三分強。先頭集団が上り坂を驚異的なスピードで飛ばしていったことがわかる。私は冷静になって自分のリズムをつかもうとした。上りを終え、スタート地点に戻る緩やかな下り坂に入ると少しだけ落ちついた。コース脇の観客たちの、「頑張れ《アイゾー》、外国人《ファレンジ》」という掛け声が聞こえてくる。いささか見下したような響きはあるものの、私に対して同情的なのもわかった。どんなレースでも同じだが、私はある一線を越えないペースを保つことを意識しながら走った。それを越えてしまうと、うまく走り続けることができなくなってしまうようなペースだ。だが高地ではこの一線の感覚をつかむのが難しい。少し飛ばし気味にしたせいで調子が狂うと、たちまち大変なトラブルに発展してしまい、安全なペースに戻すのが難しくなってしまう。

メセレットが私の横を走りながら「マイク、集中しろ！」と叫んでいる。集中しろと言われても、ペースを上げればいいのか抑えればいいのかさっぱりわからない。とにかく、まるで〝この高度で走るだけではまだきつさが足りないだろう〟とでもいわんばかりにコース上に設置されている丸太を必死になって交わしながら走った。気がつくと一周を走り終え、再び上り坂のふもとに来ていた。頭を上げて前を見上げると、後ろから二番目のランナーとの差は丘の上にいたときよりも縮まっているように見える。これは酸素不足か錯覚のせいだ、と自分に言い聞かせながら、無理せずに坂を上ることだけを考える。頭を下げ、メセレットに言われた通りに集中して走る。再び頭を上げると、前のランナーとの差はさらに縮まっていた。

　アドレナリンが湧いてくるのを感じつつ、落ち着くんだと再び自分に言い聞かせた。私にとってこのレースの目標は、先頭のランナーが六周する前に五周走って周回遅れを回避することだ。そのためにはイーブンペースで走ることが望ましい。丘の頂上で、前を行くランナーに追いつきそうになった。彼は振り返って私を一瞥すると、左側に張られていたテープの下をくぐってコースの外に出て、下を向いたままスタート地点に向かって歩き始めた。ハイリエがレース前に言っていた通りだ。エチオピアのランナーにとって、最後尾を走っていると思っていたら実際にはそのさらに後ろに外国人ランナーがいて、しかも自分を追い抜こうとしているという状況ほど屈辱的なものはない。ハイリエは国内レースでの脱落率の高さを、「このまま走っても賞金がもらえないとわかったら、ためらわずに棄権するランナーは多い。無理をせず、別のレースでまた挑戦しようと気持ちを切り替えるのさ」と説明していた。

　左に目をやると、まだ一周しか走っていないのに、かなりの数のランナーが歩いてスタート地点に戻ったり、地面に仰向けになっているのが見えた。ハイリエが言うように、彼らにとって脱落するのは恥ずかしいことではない。自分はまだこのレベルのレースで競争するには実力不足だったという事実を、当然のように受け入れているのだ。自分の限界を確認したのだから、それ以上無理をするのは意味がないというわけだ。二周目と三周目、私は安定したペースを保ちながら、さらに何人かのランナーを捕らえた。彼らは皆、一人目のランナーと同じように私に抜かれそうになると棄権した。だから私は最下位のままだった。一周目はペースのコントロールに気を配ったが、時間が経つにつれてそれが無意識でできるようになっていった。むしろ崩そうと思っても、この安定したペースを崩せない。体が自己防衛のために自動操縦モードに入ったような感覚に陥った。

それでも、何人ものランナーに追いつくのは気分がいいものだった。中間地点で、先頭集団との差を計算してみた。私がスタート／フィニッシュエリアに戻ってきたとき、彼らは丘の頂上に差し掛かっていた。おそらく、まだ一キロも差は開いていない。だとすれば、このままのペースで走れば周回遅れにならずに完走できるはずだ。私は、クロスカントリーのレースを走るランナーというより、制限時間内での完走を目指すウルトラランナーのような心境で走った。喉が渇き、汗の下で肩の皮膚が焼けているのがわかる。スパイクを履いて固い地面を走っているので、足の裏が痛い。私にとって、クロスカントリー走ではあまり体験したことがないような感覚だ。

丘の上でまた最後尾のランナーをとらえた。例によって、観客が「頑張れ、外国人《アイソー》《ファレンジ》」と叫ぶ声が聞こえてくる。最下位の私を哀れむような響きもあったが、あきらめずに走り続けることへの敬意も感じられる気がした。疲れが出てきたのか、地面に置かれた丸太をかわそうとしてつま先を引っ掛け、転びそうになった。スタート／ゴール地点に戻ってきたときにはかなり苦しくなっていて、目の前に追いつけそうな選手は誰もいなかった。まだ走っているのは快調なペースで飛ばしている選手だけで、残りはみんな棄権してしまったのだ。私の最後の二周は、孤独なものになるだろう。

　五周目の坂を上りながら、いっそ棄権したいという気持ちが強くなってきた。それを正当化する理由は十分にあった。今日のレース、調子の悪かった選手たちはみな既にレースを終えていた。私はただ、完走するという当初の目標に向かってひたすらに走り続けているだけだった。ダメだと思ったら無理をせず棄権するのは、ある意味で賢明な行動だ。しかし、なぜか私はそうしなかった。高所にいて酸素不足だったので、まともに頭が働かなかったからなのかもしれない。同時に私は、そもそものレースを走るという決断をした自分を責めていた。英語学の教授であり、詩人でありランナーでもあるトーマス・ガードナーは、ランナーが感じるこのようなレース中の葛藤を見事に表現している。

　ほぼすべてのレースで、ランナーが困難に見舞われる瞬間が訪れる。ふと気づくと、とてつもなく苦しい状態に陥っている。心拍数が上がり、自信が消えていく。突然、自己嫌悪と、レースに参加したことを悔いる気持ちだけが迫ってくる。ペースが落ち、自分を責める気持ちが湧き上がってくる。

　ランナーなら誰でも、この感覚に共感できると思う。私もガードナーのように、「ほぼすべての」レースでこの感覚を経験している。例外は、本当に調子の良い限られたレースだけだ。レースを走りながら、準備不足だったことに気づく。ガードナーが言うように、「このようなレベルが高く、ハイペースで走るレースに参加する」準備ができていなかったと気づくのだ。しかし、その苦しみを乗り越えるプロセスは、ガードナーがそのことを雄弁に表現しているように、とても報われるものである。

肉体に限界が訪れ、心に描いていたものはすべて指の隙間からこぼれ落ちてしまいそうになる。それでも、走り続けることで何が得られるのかを自問する。逃げていきそうになる言葉をつかまえながら、一つずつ積み上げるように考える。苦しみの底にいるからこそ、そこで生まれる言葉に真実味が宿っていく。なぜレースをするのか？　なぜ、毎年この苦しい闘いの場所に戻ってくるのか？

これこそが、レース、そしてランニングが私たちにもたらすものだ。どのレースでも、勝者よりも敗者の方がはるかに多い（エチオピアでは、誰もが勝つためにレースをしている）。それでも、もっと速く走りたいと思うのが人間だ。悔しさの裏には希望がある。ランナーは次のレースでは少しでも良い成績を得ることを走るための励みにしている。自己ベストを出した直後に、「もっと速く走れたかもしれない」という言葉を口にするランナーが多いのもそのためだ。ランナーは簡単には満足しない。だからこそ、数週間おきにレースを走り、毎年、同じレースに出場するのだ。

この日のジャン・メダでは、ゲタネ・モーラ（後のドバイ・マラソン・チャンピオンで、二時間三分三四秒のコースレコード保持者）が先頭を走っていて、私が五周目を走り終えた頃には早くも坂を下ってゴールに近づいていた。とはいえ周回遅れを免れた私は、少しリラックスできた。目標は周回遅れにならないことだったので、最後の一周はある意味で勝利を祝うものになった。苦しさを乗り越えて、最後の一周を楽しもう。たしかに私は第三三回ジャン・メダ国際クロスカントリーを他から圧倒的に引き離されての最下位でフィニッシュするのかもしれない。それでも、胸を張って最後まで走り続ければいい。

フィニッシュゲートをくぐると、ハイリエ、ファシル、メセレットがいた。膝に手を置いて深呼吸する私の背中に、ファシルが手を置いた。彼の気持ちがすでに前を向いているのがわかった。最下位に終わったことを引きずりたいと思うランナーなどいない。「君が一年間ここにいて、きちんと練習をすれば、来年は私と二人でこのレースを今日よりはるかに力強く走れるよ」とファシルは言った。本人もすでに頭の中で自らの練習の青写真を描き、ゲタネ・モーラのようにフィールドを駆け回る自分を想像しているようだ。私たちの輪に、ジュニアレースが終わってからハイリエがずっと話しかけていた小柄なランナーも加わった。デブレ・ベルハン大学のクラブから参加し、八キロの部で三位に入賞したアセファ・テフェラだ。それから三年も経たないうちに、モヨ・スポーツ所属の選手として大阪マラソンを二時間七分で優勝することになる。「今日で僕の人生は変わった」と彼は静かに言った。「とても幸せだよ」

第六章　ジグザグ走りで頂上へ——森の中での縦横無尽なランニング

ベコジから戻った私は、それまで居候していたブノワの家から、アディスの中心部から五キロほど離れたコテベにある、ハイリエが住んでいるのと同じ複合住宅に移り住んだ。引っ越しの際には、仲間がささやかなパーティーを開いてくれた。複合住宅の近所にある、動物たちの神経質そうな鳴き声がしょっちゅう聞こえてくる市場で、ハイリエが羊を一頭買った。仲間のランナーが来たところで羊を解体し、薪で火をくべた大きな鉄鍋で三〇分かけて焼いて食べた。余った分はバナナの葉に包んで近所の人たちに配った。複合住宅の床には、「バルバレ」と呼ばれるエチオピアの香辛料に使うための真っ赤な唐辛子が、太陽の日を浴びて乾いた状態で敷き詰められていた。この頃になると、私はアムハラ語で緩急走《インターバル走》の詳細や、アディスのいろんな場所で走ることの長所や短所については話せるようになっていた。でも、ランニング以外の日常会話はまだ苦手だった。

どうすれば私がランナーとしてもっと向上できるかについてもよく話し合ったが、いつも〝実践を通して学ぶべきだ〟という結論になった。どんな芸事でもそうだが、エチオピアでのランニングにも見習い期間が必要である。私がファシルと一緒に走って森のことを教わるには、ファシルの友人で師でもあるツェダ・アヤナと一緒に走る必要があった。つまり、私はツェダの弟子であるファシルの又弟子ということになる。当時のツェダはエチオピア国外では決して有名な選手ではなかったが、国内では際立った評価を得ていた。エチオピア陸上競技連盟（ＥＡＦ）が主催するトップレベルの選手を対象としたレースでも二勝したばかりで、これは国内のトッププロが全員、これらのレースを年に二回以上走ることが契約で義務つけられていることを考えると驚異的な成績だった。

エチオピアでの国内レースと国際レースの区別は、ヨーロッパやアメリカのそれとはほぼ逆だと言える。「外国のレースでは、エチオピアの選手が六、七人と、ケニアの選手が何人かいるだけで、それ以外は楽しみのために走っている選手ばかりだ」とファシルが言った。私は、他のトップランナーが必ずしも同じ考えを持っているとは思わなかったが、そのまま話を聞いた。「でも、エチオピアでは何百人もの強い選手と戦わなければならない。ツェダはそんな難しいレースでの勝ち方を知っている」

エチオピアでは、レースでのパフォーマンスだけではなく、名の知られた練習コースでのタイムによっても選手の評判が測られる。「アスファルト」と呼ばれる練習で使われる幹線道路は二つあり、どちらも一キロメートルごとに道端に白いポストが設置されている。一つはアディスの東側にあるコテベからセンダファへ向かう道で、都市を離れるにつれて下りよりも上りが多くなる起伏のある道である。選手にきちんとした給料を払っている資金力のあるトップレベルのクラブは、夜明け前に専用バスでこの道に出て、ハイペースで片道一五キロの往復ランを行う。もうひとつはセベタを通る、標高わずか二二〇〇メートルの平坦でスピードの出しやすい道だ。

エチオピアのランニング界は密なネットワークで結ばれていて、センダファの三〇キロ以上のコースを誰かがいいタイムで走れば、その噂はワッツアップやフェイスブックなどのSNSを通じてあっという間に広まる。ほとんどのランナーは金曜日の朝にアスファルト練習を行う。一週間のうちでロードを走るのは基本的にこのときだけだ。大きなレースが控えているときは、アスファルトでの練習が終わる金曜日の午前九時頃になると、ハイリエらグループのランナーに誰がどんなタイムで走ったかを知らせるメールが次々と届く。ハイリエはポケットから携帯電話を取り出して、口笛を吹く。「誰々を知っているか？　かなり仕上げてきてるぞ」。ドバイやフランクフルト、ロッテルダムなどのレースに向けてその選手が準備を整えているという意味だ。ツェダはセンダファで三〇キロを一時間三一分で走ることで知られていた。あのコースでそんなタイムを出せる選手はほとんどいない。彼はまだ大きなレースに招かれるだけの知名度を得ていなかったが、レースに出ればその力を世界に知らしめることになるだろう。

ツェダは二〇歳で、身長は五フィートちょうど（一メートル五二センチ）と、エチオピアのランナーの中でもかなり小柄な方だ。レースではゴール手前で素早く脚を回転させるが、話す時も同じようにテンポが速い。翌日の早朝、練習場所であるコテベの森に行くために石畳の道を一緒に歩いた。時々街灯が道を照らしているが、辺りはまだ真っ暗だ。ツェダは、朝六時にならないと明るくならないこの森を走るために、五時半に集合しなければならない理由を説明してくれた。アディスアベバやその周辺では無数のランナーが懸命に練習している。ライバルに勝つためには、どこで、いつ、誰と一緒にランニングをするかが大切だ。夜明け前の冷え込みの中でこの森を走り始めれば、ツェダやファシルたちの練習グループは汗をかかないので体力を失わずにすむ、ということだった。二〇分かけて森まで歩き、夜明け前に練習を開始した。「最初はゆっくり走って、だんだん明るくなって暖かくなってきたらスピードを上げる」とツェダは言った。金曜日の朝にロードを高速で走るためには、週の他の練習日にはかなりのスローペースで走らなければならないのだという。

早起きをすれば、練習後に朝食や昼食の準備をしたり、午後に再び走る前にたっぷり睡眠をとったりする時間も確保できる。食事や睡眠は、ランナーが「コンディション」を保つためにとても重要なことだと考えられている。エチオピアのランナーたちは、最高のレベルで走るために必要な健康や体調のことをコンディションと呼ぶ。疲労がなく、かつ体がなまってもいないデリケートな状態のことだ。ツェダは、卵とアボカドの朝食を摂り、昼前に二、三時間睡眠をとるために早めに朝の練習を終えて帰宅するようにしている。ランナーは、走ること以外に何も予定がない日でも、かなりタイトなスケジュールで過ごしているのだ。

森の中でのランニングは周りの環境に大きな影響を受ける。体は、森と一緒にゆっくりと目覚めていく。森の入り口に来ると、ツェダが十字を切ってジョギングを始めた。この儀式がなければ、走り始めたタイミングがいつなのかがわからないくらいゆっくりとしたペースだ。最初の二、三キロはほとんどペースを変えずに走った。暗くて何も見えないのだから当然だ。ツェダは、前日はハードな練習をしたので、今日は筋肉痛を癒すために楽に走ると言った。

森の中では、ユーカリの木々の間に何百もの道が交差している。ランナーたちに数え切れないほど踏みしめられて出来た道だ。私が目の前にある走りやすい道を進みたいと思っていても、ツェダは意識的にそうした道を避け、木々の間にある別のルートを選び、あまり固く踏み固められていない道を走ろうとする。ランナーたちがこんなふうに決まり切った道を走ろうとせず、木々の間を縫うようにして駆け抜けるからこそ、膨大な数の道がつくられている。もしこの森を上空から眺めれば、ユーカリの木々が織り成す巨大な格子状の道のように見えるはずだ。

私は人類学者のティム・インゴルドによる、「これはランナーの足裏によって地上につくられた痕跡であると同時に、ランナーの吐いた息によって空気中につくられた痕跡でもある」という言葉を思い出していた。この痕跡はランナーたちが何かを成し遂げようとする「願望《アスピレーション》」と、激しい「呼吸《アスピレーション》」の両方を表している。自然派作家のバリー・ロペスはこれを「呼吸の回廊」と呼んだ。木々の狭い隙間を縫うように進むツェダの後ろに続いて、露に濡れたユーカリの葉を顔や腕に当てながら走った。朝のこの時間帯の空気はメントールを注入したような味がして、酸素不足と相まって胸に強い刺激を感じた。日が昇る中、三〇分ほどかけて二〇〇〜三〇〇メートルの高さを上った。ただしツェダは木々の間を縫うようにして斜面を上っていくので、上っているという感覚はあまりない。

インゴルドは、このような移動を「徒歩旅行」、金曜日のアスファルト練習のような二点間の直接的な移動を「輸送」と呼び、輸送が目的地への到達だけを目的とした直線的なプロセス（あるいはランナーの場合なら二つの地点の間をできる限り速く往復するプロセス）である一方、徒歩旅行は土地や風景と深く関わり、移動そのものに重きを置き、「行為における知識」を培うものだと定義した。またこの知識は「行為の激しさと流暢さ」とともに豊かになるとも述べている。エチオピアのランナーはこのことをはっきりと理解しているようだった。彼らは森に関する知識と自分の体に関する知識を意識的に積み重ねていた。

アディスアベバ大学でスポーツ科学の修士号を取得しているモヨ・スポーツのコーチ、メセレットに、エチオピアのランナーが森での練習を大切にしていることについて尋ねると、彼は笑いながら〈わかるだろう?〉というニュアンスで両手を軽く挙げ、「彼らは、高地の森の中を走れば木々からエネルギーをもらえると考えているんだ」と言った。自然に宿るエネルギーは流動的で、そこを走る者に伝わっていくという考え方は、私がエチオピアへの滞在を続けるに従ってますます顕著に感じられるようになっていった。「彼らは科学的には考えていないのさ」メセレットは言った。だがアメリカの小説家リチャード・パワーズが著書『オーバーストーリー』(木原善彦訳、新潮社)の中で述べているように、ある意味ではランナーたちは正しい。「生命の神秘は、植物が光と空気と水を吸収し、そこで蓄積されたエネルギーからすべてのものが生まれ、あらゆる物事が成し遂げられることにある」とパワーズは書いている。その自然の神秘が成し遂げることには、世界最高峰のランナーたちへの燃料供給も含まれている。

ツェダ、ファシルと三人で森の中を走った。ジグザグに左右に進み、斜面を上るというより横切るような走り方をしていたので、五〇分が経過してもまだスタート地点から三キロも離れていない場所にいた。何度も立ち止まり、身を屈めて木々の隙間をすり抜けてから再び加速する。絶えず方向を変え、平らな地面を避けることで、舗装路をまっすぐに走るときのように同じ動作を繰り返して筋肉の特定の箇所に強い負担をかけてしまうのを避けられる。森の端に辿り着いたときには、嘘みたいに足の調子が良くなっていた。ジグザグに走ることの意味について尋ねると、ツェダは「これはエチオピア流のドーピングさ! この走り方をすれば、怪我をせずにいい練習ができるんだ」と言ってニヤリと笑った。

後でメセレットに、ジグザグ走のアイデアを出したのはどのコーチなのかと聞いてみた。「コーチのアイデアじゃないんだ」と彼は言った。「あれは意図的につくられた練習ではない。誰も、森の中をジグザグに走ろうと思ってそうしているわけじゃない。いつの間にかあんなふうに走っていて、それがクロスカントリーレースで勝つためのアドバンテージになっているんだ」。あのテクニックが意図せずに、選手たち自身が本能的に編み出したものであるという考えには意表を突かれた。スポーツ科学の専門家であるメセレットが、選手たちのやり方に介入しようとしないことにも驚かされた。あの走り方が、コーチが押しつけたものでもスポーツ科学者が開発したものでもなく、エチオピア人が物事に取り組むときの独特の方法と不可分なものであるのは明らかだった。それは森という環境との関わりの中で生まれ、ランナーからランナーへと受け継がれてきた知恵であり技だった。

　あの走り方は、アディスアベバの森という環境がランナーという生物に与える影響、すなわち心理学の専門用語で「アフォーダンス」と呼ばれるものだと考えることができるかもしれない。その一方で興味深いのは、この森が昔からあったわけではないという事実だ。歴史学者のジェームズ・C・マッキャンによれば、一九世紀の版画や写真、旅行者の証言などから、かつては北のアンコベールから現在のアディスアベバがあるエリアには不毛の平原が広がっていたことがわかっている。一九七〇年代から観光客に青緑色の森が親しまれるようになったのも実は二〇世紀に生まれた現象で、メネリク二世の時代に聖ジョージ大聖堂周辺にユーカリの木が植えられたのが最初だという。近年でも植樹は行われている。政府のイノベーション・テクノロジー担当大臣のゲタフン・メクリアによれば、エチオピアでは二〇一九年七月二九日に一日にもっとも多くの木を植えた世界記録を更新している。その数は驚異的な三億五三六三万三六六〇本だった。ランナーが練習を行っているアディス周辺の広大な森林は、約一〇〇年前に行われた同様の植樹活動の成果なのである。

環境活動家のグレタ・トゥーンベリとジョージ・モンビオは最近、大気中の二酸化炭素を取り除く大きな力のある植樹のような「地球温暖化に対する自然を活かした解決策」は、もっと注目されるべきだと訴えている。モンビオはガーディアン紙によるインタビュー動画の中で、「大気中の二酸化炭素を吸い取る魔法の機械がある。費用はほとんどかからず、組み立ても不要だ。それは樹木と呼ばれている」と語っている。ただしユーカリの植林は、エコロジーの観点からは特に効果的だとは考えられていない。地中の水を吸いすぎて水位を下げるので、他の樹木にとってはあまり良いものではないからだ。それでも植えられたのは、成長が早く薪として使えるという利点があるためでもあった。いずれにしても、二〇世紀初頭に行われた大規模な植樹活動はエチオピアのランナーに大きな恩恵をもたらした。

森からゆっくりと歩きながら街に戻っているとき、ファシルが昨晩見たという夢の話をしてくれた。それはスーツを着た男がレースで活躍したマクアネトにドル紙幣の札束を渡し、同じ練習グループから出場していたもう一人のランナーがその様子を羨ましそうに見ているというものだった。「それはきついな」とツエダが首を振った。マクアネトとそのランナーは実際に今、武漢のレースに参加するために現地を訪れているところで、どちらも躍進が期待されていた。「ファシルの夢はいつも正夢になるんだ」とツエダは言った。案の定、午後になると、マクアネトが三位に入賞して一万ドルを獲得したが、もう一人のランナーは完走できなかったというニュースがハイリエに伝えられた。これがエチオピアのランニングの現実だ。大金を稼ぐチャンスがある一方で、競争が激化するにつれ、そのチャンスを逃す確率も高くなる。

エチオピアに着いた当初、私は走りながらインタビューしたいと考えていた。一緒にランニングをしながら、この国の選手たちに話を聞いてみたかったのだ。このアイデアは、フィットネスクラブ「グッドジム」の創始者で、映画『ザ・ランナーズ』を監督したイヴォ・ゴームリーが、この作品の中でロンドンのヴィクトリア・パークで自転車で牽引するトレーラーにプラスチック製のスツールを設置してランナーにインタビューするシーンから着想を得たものだった。彼は、人は走り始めるとすぐに心を開くことに気づいた。まったくの他人に、「今、恋愛をしていますか？」や「人生で一番大切なものは」といった踏み込んだ質問をした場合でさえもそうだった。ゴームリーはその理由を、人は走るときは心の壁を取り払い、直接的で素直な気持ちになるからだと考えた。ランナーたちは、「自分のステップや呼吸と一体になり、走ることに集中している状態にある」ために、迷わずに質問に答えられるようになるのだという。しかし、エチオピアのランナーは一列に並んで走ることが多く、ランニングの最中は指を鳴らすだけのコミュニケーションを好む傾向があるため、彼らの隣を併走しながらインタビューをするのは至難の業だった。

そこで私は、胸に装着したウェアラブルカメラの「ゴープロ」でランナーたちが森の中を走る様子を撮影することにした。彼らが私には思いもつかないようなルートを選ぶ理由を、詳しく聞いてみたかったからだ。ある日、森を走った帰り道で、ファシルの新しい住まいに立ち寄り、撮影した映像を見ながら質問をすることにした。ファシルは私たちと一緒に住んでいた複合住宅を出て、今は月給六〇〇ビル（約一七ポンド〔約二七〇〇円〕）でコテベの郊外にある建設途中の住宅で住み込みの警備の仕事をしている。この辺りには、コンクリートの骨組みがまだ剝き出しだったり、床の間から金属製のポールが不安定に突き出ていたりする状態の住宅がかなりの数ある。ファシルの説明によれば、建築費用を安く見積もり過ぎて、途中で資金が尽きてしまう建主が多いのだそうだ。彼の仕事は、依頼元の建主のセメント袋などの建築資材が盗まれないように見張ることだった。夜中に庭に置いてある金属資材を誰かが動かしたような音がして目が覚めることも多い。そんなときは、松明を持って建物の三階に上り、侵入者がいないかどうかを確認しなければならない。ファシルのランニングでの当面の目標は、他のメンバーと同じようにトップクラスのクラブに選ばれて給料をもらい、警備の仕事を辞めて夜にぐっすり眠れる生活をすることだ。睡眠不足という大きなハンデを背負いながら他のランナーに追いつくのは簡単ではない。

ファシルの部屋は建物の庭にあるトタン小屋だった。ベッドと旅行鞄が一つ。あとは大したものはない。壁にはアムハラ語で書かれた色鮮やかなイエス・キリストのポスターが貼ってある。ベッドの端に腰を下ろし、週の初めに行ったランニングについて尋ねた。ファシルは私の質問（「君はここで左に曲がったよね？　それは目の前の羊を避けるためだった？」）に少し戸惑いながらも、ユーモアを交えて話してくれた。次第に、この映像を見なければ聞けなかったような、森の中を走ることの例え話を交えながら説明を進めていった。

「ここではとても慎重に走っている。僕は石がどこにあるかを示している。夢の場所にたどり着くには、慎重にならなければならないのさ」。しばらくの間、画面には私の目の前を走るファシルの後ろ姿が映し出されていた。魚眼レンズで撮影しているために、画面はわずかに歪められている。ユーカリのきらめくような緑の葉に囲まれながら、私たちは密集した木々の間を縫って進んでいく。「森の中は楽な場所ばかりじゃない」ファシルは続けた。私たちは、足元にたくさんの岩が転がっている急な斜面に出た。「急に大きな坂に出くわすこともある。誰かの後ろをついていく場合には特にそうだ」。ゴープロの映像には、ファシルが私に左右どちらの方向から岩を避けるべきか指示を出している様子が映し出された。ファシルは少し間を置いて言った。「ランナーとして生きるとはまさにこういうことさ。走るか、他のやりたいことをするか。どちらか一つしか選べない。成功をつかむまでは、アップダウンもある」

画面の中のファシルはまた森の中に入り、野原を横切り、深い溝を注意しながら渡り、再び岩だらけの斜面に戻った。「森、野原、岩、また野原、また森だ」。すべて、急な斜面を斜めに走ったり、上り下りしたりしなければならない。「一回のランニングには何度もアップダウンがある。ランナーの人生にも同じように浮き沈みがある。それでも続けていれば、苦しい時期は終わる」。ファシルは身振り手振りを使いながら繰り返した。「こんなふうに、アップダウンを繰り返していけばね」

ファシルは森の中での練習の〝アップダウン〟や、予期せぬ障害物、木々の間を抜けるルート、道に散らばる石などをランナーのキャリアに例えていた。不測の事態やリスクは練習につきものであるだけでなく、成功への道のりで乗り越えなければならない不可欠の障壁であり、積極的かつ巧みにかわしていかなければならないものなのである。森は、ランナーがアスリートとしての人生を振り返るための格好の空間になる。ファシルは野原を走ると、叔父からわずかな小麦をもらうだけで一年中ずっと牛車を引かされていた頃のことを思い出すのだという。森はランナーに夢を与えてくれる場所でもある。ハイレ・ゲブレセラシェのような偉大なランナーと、ファシルのような駆け出しのランナーをつなぐ場でもあるのだ。誰もが世界記録を更新したり、何十万ドルもの賞金を獲得したりできるわけではない。それでも、どのランナーも膨大な時間を〝森〟の中で過ごしているのは同じだ。

木々の間にはランナーが走ることでつくられた無数のルートがあり、ファシルやハイリエ、ツェダと一緒に走るとき、毎回、そのルートは違っていた。大まかな方角や、森のどのエリアを走るかだけを決めると、あとは走行時間だけを意識しながら自由に走った。どんなコースを走るかは、先導するランナー、あるいは森そのものに任されていた。その走りは、新しいルートや、木の間を通り抜ける新しい方法を見つけようとすることで動機づけられていた。何より、ランニングを少しでも面白く、刺激的にしようという意思が感じられた。

エチオピアに来る前、私が地元のエディンバラで走っていたのは、それなりに満足はしていたものの、かなり退屈なお決まりのランニングコースだった。長い距離を走るときはユニオン運河とリース川を往復し、短い距離を走るときはメドウズ公園の一周二・五キロメートルほどの平坦なコースを延々と走るというものだ。エチオピアに来て数カ月経った今でも、たまに寝坊して集合時間に間に合わないとき（ここでは朝六時を過ぎると遅刻になる）、一人で森の端に到着すると、つい昔の癖で、前回と同じルートを走ろうとしてしまう。ファシルやハイリエ、ツェダならほとんど走らないような幅の広いトレイルにも惹かれる。自分がどこを走っているのかをあまり考えなくてすむからだ。

一人で彼らと同じように森の中を走ろうとするときは、無難なルートを選ぼうとする自分の心との闘いになった。走ることとの退屈さや単調さを避けるのは、エチオピア人ランナーにとって重要なことだった。コーチのメセレットもそのことをよく考えていて、ある時、笑いながら私にこう言った。「走ることそのものは苦痛だ。それがどんなに辛いものか、どんなに疲れるものか、君もよくわかるだろう？　一人で走れば、その苦痛に耐えるのは難しい。来る日も来る日も一人で走り続けるのは実に退屈なことだ。サッカー選手は、みんなボールを追いかけて走る。目の前にあるボールや敵、味方を見ながら動いている。でも、ランニングにはサッカーのボールのようなものはない。だからランナーが走るためには、心の中にビジョンを描かなければならないんだ」

森の中で常に新しいルートを探したり、斬新で刺激的なルートを開拓できるランナーと一緒に走ったりするのは、この退屈さを防ぐためでもあった。大切なのは、周りのものに好奇心を持ちながら走ることだった。見知らぬ雑木林をジグザグに上り下りし、木々の隙間を一つずつ辿ってまた来た道を引き返すような走り方をしていると、一〇分くらいはあっという間に経過する。いつの間にか森の中でつぶすべき八〇分間は終わりかけていて、スタート地点に戻る時間になっている。このようなランニングには、毎日同じルートを走っていては得られない驚きがあった。

エチオピアでの人類学の調査を始めて約半年が経過した頃、一時的にエディンバラに戻った。メドウズ公園では、いつもエチオピアの森の中でしているのと同じようなスタイルで走ってみた。園内の曲がりくねった小径の両側にある草地を、行きつ戻りつしながら走るコースを編み出したのだ。一周するのに、普通の周回コースの三倍ほどの時間がかかった。この方法で走ると、長い距離を走りやすいのが気に入った。ランニング仲間のマークはよく、メドウズの走り方は二つしかないと言っていた。一つは、アイルランドの国際的な陸上・クロスカントリーランナーであるダン・ムルヘアにちなんで名つけられた「ムルヘア・ウェイ」だ。ムルヘアは、この周回コースをいつも常に同じ方向で、一週間に一〇〇マイルも走っていたことで知られていた。もう一つは、ムルヘアと逆向きにこの周回コースを走る方法。そして、新しく三つ目のコースができた。「これは君の名をとってクローリー・ウェイと呼ぶことにしよう。公園内の好きな場所を、好きなだけ走るという方法だ」とマークは冗談を言った。

森でのゆったりとしたペースのランニングには、英気を養ったり、リフレッシュしたりする効果もあった。ロードのように、ひたすらスピードを追求し、プレッシャーのかかる状態で走ったりはしない。あまりにもゆっくり走るので、燃料用の枯れ落ち葉を拾うために先を急ぐ地元の女性たちに追い越されてしまうことさえあった。この種のスローペースのランニングは、練習というよりも、セラピーや疲労回復のためのものと考えられていた。GPSウォッチは、私がこの国に来たばかりの頃はまだエチオピアのランナーにとっては珍しいものだった。しばらくすると、その使い方が他の国とは違うこともわかってきた。ある日、午前中にハードな練習をした後、午後に疲労が溜まった足で森へ向かう坂を上っていると、友人のゼレケが、二週間前に中国の福州マラソンで二位になったときに賞品として貰ったというGPSウォッチを見せながらこう言った。「画面には、昨日は一六〇〇キロカロリーを消費したと表示されてる。でも、どうやって失ったカロリーを補充すればいいのか見当もつかないよ」

ゼレケは、最近高価な輸入食品を買うようになったが、それはパッケージにカロリーが表示されているからだと説明した。ハードな練習によって「体力を失わないように」気を配っているのだという。エチオピアのランナーはよく、練習のしすぎでオーバートレーニングにならないように気をつけていると言う。ゼレケはどれだけ速く走れたか、どれだけカロリーを消費できたかではなく、森の中をどれだけゆっくり走れるかを確認するためにGPSウォッチを使っていた。私たち三人は森の入り口の横断歩道の手前で五分ほど信号機が青色になるのを待った（私はその間、この五年間、街角や公園でいったい何度同じように信号待ちをしただろうかと考えていた）。ようやく横断歩道を渡ったところで、ゼレケが腕時計のストップウォッチ機能をスタートさせ、私たちはいつものように一列になって木々の間を走り始めた。

静寂の中をゆっくりと走った。聞こえてくるのは、三枚のウインドブレーカーがはためく音と、六本の疲れた足が地面に触れる音だけだ。しばらくすると、大きなビープ音が聞こえた。ゼレケは手首に目をやって笑うと、「キロ七分一二秒だぞ！」と叫んだ。その日のランニングは、四〇分でどれだけ少ししか走れないかを競うゲームのようなものになった。だがこの腕時計を使い始めてしばらくすると、ゼレケはアディスアベバの別の場所、たとえばセンダファの農地に行って走るようになった。このような場所では、同じ労力でも「簡単にキロ数が稼げる」ということらしい。GPSウォッチを使い始めたことで、ゼレケの走る方法や走る場所はたしかに変わり始めていた。

その一方で、森の中での練習でGPSウォッチを使うことにランナーたちが抵抗を示す日もあった。ある雨季の日の早朝、バスでエントトの森に行った。車内の選手たちは、雨粒が窓を伝って落ちてくるのを見ながら外が明るくなるのを待っていた。最前列の席に座っている厚手のスカイブルーのアディダスのレインジャケットを着たメセレットが、後ろを振り返って今日の練習の強度は「中くらい」のものにすると説明し、チームで共有しているガーミンのGPSウォッチをポケットから取り出した。セッションごとに先頭を走るランナーが腕に嵌め、集団全体でのタイムを計るために使うものだ。「今日は一時間二〇分走る」メセレットは言った。「男子は一七キロから一八キロ、女子は一四キロから一五キロ走ることを目安にしてほしい」。いつも女子のペースメーカーを担当しているテクレマリアムは、自分の時計を持っている。「今日はボガレが男子の担当だ」。私の前の席で頭を下げ、フードを被って目を瞑っていたボガレが、顔を上げて目をこすり、窓の結露を拭いてから霧の中を覗き込んだ。今朝の森の中のランを先導を担当するのだ。「走り終えた後、走行距離を確認する」とメセレットが言った。私たちは雨が降りしきる中、しぶしぶバスを降りた。

いつものことだが、朝のランニングでは、集団が走り始めた瞬間をはっきりと認識するのが難しい。まず、ランナーたちは二、三人のグループに分かれて木立の中に入っていく。たいていの選手は、ランが始まる前に用を足す。その間も、仲間との会話を続けている者も多い。木々の周りをゆっくりジョグしていた二、三人のグループは次第に一つにまとまり、ボガレを先頭にした長い列をつくった。おそらくボガレはこのタイミングで腕時計のスタートボタンを押したはずだ。集団は、丘の斜面を緩やかにジグザグに曲がりながら進んだ。ボガレは頻繁にヘアピンターンをして来た道を戻る。ユーカリの木々の間を通り抜けてくる冷たい雨ですぐに体が濡れてしまったが、走るペースはゆったりとしたままだ。

ボガレが木々が深々と生い茂る窪地に集団を連れて行った。突然、左側の土手の上に二頭のハイエナが姿を現した。ランナーたちは興奮して嬉しそうに叫び声を上げげた。その慣れた様子から、ハイエナに遭遇するのは珍しくはないのがわかった。何人かは念のために身をかがめて石を拾っていた。私はドキドキしっぱなしだったが、しばらくして心拍数が元に戻ると、絶対にこのランでは仲間からはぐれないようにしようと心に誓った。幸い、集団は森の中をゆったりとした速度で進んでいた。三〇分ほどスローペースが続いたとき、今日の目標の一七キロを達成できないかもしれないと気づいた他のランナーが、ボガレに「遅すぎるぞ。もっと速く走れる楽な場所を探そう」と声をかけた。ボガレはその意見を却下した。「これは森の練習だ。アップダウンが必要だろ?」。グループはそのままボガレのペースで進んだ。私は目の前を行くツェダの「足を追う」ことに集中しながら、この楽なペースの恩恵を受けながら走った。

ボガレは黙々と木々の間を進み、一時間が経過したときには「六〇分潰したぞ」と叫んだ。バスが停まっている広場に到着すると、彼はようやく歩幅を広げた。最後の一〇分間、隊列は演奏家がコンサティーナの蛇腹を伸び縮みさせるみたいに長さを変えながらフィールドを行ったり来たりした。一時間二〇分が経過したところで、ボガレは走るのをやめ、歩いてメセレットのところに向かうと、「腕時計の調子が悪く、計測に失敗しました。だから今日のキロ数はわかりません」と言った。私は自分の腕時計を見た。一五キロも走っていなかった。

ボガレは、決められたペースで走ることや、腕時計のプレッシャーに負けてしまうことはこの日のランニングにはふさわしくないと考えたのだ。エントトの森の中には教会が多くあるため、特別な力が宿っているように感じられる。アメリカ男子のハーフマラソンの記録保持者であるライアン・ホールからも、エントトが世界で一番好きなランニングコースだと聞かされたことがある。「教会がたくさんあって、神に近づけるような気がする」とホールは言っていた。また、ボガレがよく口にしているように、この森には「アップダウン」もある。さらに、傾斜がなだらかに感じられるような角度で走ることで、関節への負担を減らせるし、怪我も予防できる。

エチオピアのアスリートたちがGPSウォッチを自己流の方法で使っているのは興味深かった。ガーミン社のキャッチコピーは「Beat Yesterday（昨日の自分に打ち勝て）」。資本主義や飽くなきスピードの追求、たゆまぬ改善といった概念を象徴するような言葉だ。だが、速く走るためには遅く走らなければならないことを知っているエチオピア人にとって、常に「昨日に勝つ」ことなどできないのは明らかだった。日常生活のさまざまな領域を改善するためにデジタル機器を使って自分の活動を定量化することを好む人たちにとって、GPSウォッチのような高度なテクノロジーは、日々の意思決定のプレッシャーを取り除いてくれる便利な道具になった。この定量化運動の提唱者であるゲアリー・ウォルフは、ワシントン・ポスト紙のインタビューで、「データは、私たちが信頼できるもっとも重要なものだ。自分の感覚に従って〝これが正しい〟と考えるのは誤った判断を導きやすい」と述べている。

こうした記録機能付の機器について論文を書いている社会科学者はたいてい、フランスの哲学者ミシェル・フーコーが定義した「自己のテクノロジー」、すなわち「人が自分自身を変えるために、自らの身体や魂、思考、行動、存在のあり方を操作する方法」という概念を用いている。しかしエチオピアではこの定義は通用しない。まず、このような機器は「自分」のみならず「他者」にも関係している。個人だけでなく、集団で走るときのペースを監視するために共有されているからだ。またランナーたちは、自らの「内なる確信」よりも腕時計の数値を信用することはない。彼らの腕時計の利用方法は創造的かつ選択的だ。スピードを上げるよりも下げるときに利用することが多いし、森の中を走るときには家に置いておくことも多い。

欧米には、「スポーツで成功するには生理学的データの正確な測定が不可欠であり、意外性のある驚きや発見は排除しなければならない」という考えがある。だが、私が知るエチオピアのランナーたちはこれに異議を唱えている。ランナーのSNSでは、「フルマラソンの二時間以内での完走を目指すさまざまなプロジェクト」に関するニュース記事がこれまでに何度も話題になってきた。ブライトン大学の科学者ヤニス・ピシラディスが主導した場当たり的な「サブ2プロジェクト」、ナイキ後援のハイテクを駆使した「ブレイキング2」、そして二時間切りに成功した「イネオス1・59チャレンジ」などだ。だがこのように人工的な環境でサブ2を目指すプロジェクトは、競技の世界に生きる者たちからは懐疑的な目で見られてもいる。私自身、この手のプロジェクトが主に白人のスポーツ科学者やアパレルメーカーに主導されていることに違和感を覚えた。たとえば「ブレイキング2」への挑戦に関する報道では、ランナー自身の知識や技術ではなく、「成功のために導入される科学技術」に注目が集まっていた。

「ブレイキング2」でランナーたちが走る映像の途中では、「医学博士号を持つパフォーマンスエンジニア」という肩書きで紹介されたフィル・スキバのインタビューが挿入される。「私の目標は、ランナーに彼らが知らないことを伝えることだ。つまり、〝自分にはいったいどれくらいのポテンシャルがあるのだろう?〟という疑問への答えを示す」。ナイキ・スポーツ・リサーチラボの主任生理学者であるブレット・カービー博士は、別の映像で次のように述べている。「私たちは彼らをラボに連れて行き、〝君たちを徹底的にテストし、真の実力を明らかにしよう〟と言った」。だが、何年もランニングに打ち込み、多くの仲間たちから学び、成功を夢見てきたランナー自身よりも、実験室にいる研究者がランナーの「真の実力」を知っているという考えは、私が知るランナーたちにとってはほとんど意味をなさないものである。

ナイキの科学者たちは、「ブレイキング2」プロジェクトの解説の中で、「エンジン」や「燃費」などの言葉を用いてしきりにランナーを自動車に例えていた。だが、科学者たちによる実験や、ケニアのマラソン世界記録保持者でオリンピックチャンピオンのエリウド・キプチョゲが酸素消費量を測定するマスクをつけている写真など、このプロジェクトに付随して用いられることが多いイメージは誤解を招くものである。こうしたテストはすべて、二時間を切れるだけの可能性を持つ選りすぐりのランナーを集めた後に行われたものである。たしかにキプチョゲ、エチオピアのレリサ・デシサ、エリトリアのゼルセナイ・タデッセの三人はこのプロジェクトで、できる限り二時間を切るペースを維持しながらフルマラソンを走り続けた。だがそもそもレリサはボストンやドバイでの優勝経験があり、ゼルセナイはハーフマラソンで世界チャンピオンに五度輝いた元世界記録保持者である。このように豊富な経験を持っている選手たちが参加していたにもかかわらず、実験室でのテストに注目が集まることで、「マラソンを速く走るための秘密は科学者が知っている」という印象が強まってしまう。カメラがキプチョゲからストップウォッチを持って後ろを走るサイクリストに移ると、あるコメンテーターが「キプチョゲの肩越しに、自転車に乗った科学者たちがストップウォッチを見ながらコミュニケーションをしているのが見えます。この挑戦の鍵を握っているのは、まさに科学なのです」と語っていた。私は、マラソンの二時間切りを目指すこうしたプロジェクトの存在は、ランニング界にとって基本的に良いことだと思う。キプチョゲが一時間五九分四〇秒でフィニッシュした夜、私はパブにいたが、驚くほど多くの人たちがこの記録のことを話題にしていた。「あらゆる人々に、走ることを通じて交流を深めてもらいたい」というキプチョゲの言葉には、私も大賛成だ。問題なのは、速く走るために必要な専門的知識は科学者が知っているのであり、ランナーたちはその枠外にいるという構図をつくってしまうことなのだ。

私のエチオピア滞在が終わりに近づいた頃、ある若いランナーがハイレ・ゲブレセラシェのエチオピア陸上競技連盟会長就任を称えてこう言った。「医者はタイムを知らない。医者は走らない。心と足が一つにならなければ、走ることなどできない」。この言葉は、「走ることは考えること」が口癖であるエリウド・キプチョゲの哲学からも大きく外れたものではない。しかしこれらのプロジェクトでは、アスリートが走ることを通じて血肉化した専門性よりも、スポンサーの専門性が重視されがちだ。「ブレイキング2」に参加したランナー三人は、プロジェクトに信念や〝精神《スピリッツ》〟をもたらし、ナイキの科学者が料理の材料にできる身体性を持っていると紹介されている。エチオピア人ランナーのレリサ・デシサは、あるコメンテーターに「幸せな男」であり、「この可能性に挑むために必要な精神をもたらしてくれる」と評されている。エリトリアのゼルセナイ・タデッセは、「できる限りの努力をすれば、神が手助けをしてくれる」という本人の言葉と共に紹介された。

映像全体を通して、ランナーたちが使用する腕時計や、彼らが経験によって培ってきた時間やリズムの感覚が、ナイキが提供する最新の計時技術と比べて時代遅れであるかのように描かれている。たとえば、ゼルセナイがスタート時に腕時計のスタートボタンを押すと（レース開始時にランナーが行う習慣的なジェスチャーだ）、解説者チームからは笑いが起こった。「ゼルセナイがスタート時に腕時計をスタートさせたのは面白い」ある解説者は言った。「彼はプロジェクトが用意した最新型の計時技術を信用していないんだ」。ナイキには計時に関する高度な知識があり、ゼルセナイの知識はそれよりも劣っていることを仄めかす言葉だ。しかし、このプロジェクトに招待された数少ないジャーナリストの一人であるアレックス・ハッチンソンがコメントしているように、「ブレイキング2」で行われた科学的介入の多くは信頼性に欠けると考えられている。科学者たちは、「キプチョゲがどんな走りをするのか予測するのは難しい」ことに気づいた。なぜなら、「テストのためにラボを訪れたキプチョゲは、そのとき初めてトレッドミルに乗った」からだ。ハッチンソンによると、キプチョゲは「非常に居心地が悪そうだった」という。

ハッチンソンによると、このプロジェクトに関わったスポーツ科学者たちは、レリサに練習中にGPSウォッチを装着することを求めたが、オレゴンで受信したGPSデータから、彼の走る距離の多さにも驚いたそうだ。この話を伝えると、ハイリエは眉をひそめて、「でも、レリサは常に腕時計をつけていたわけじゃないだろう」と当たり前のように言った。他のランナーに腕時計を貸したこともあるだろうし、自身も練習時に毎回装着していたとは限らない」。ゼレケやツェダらは、マラソン二時間切りのプロジェクトに世間の注目が集まることに興味を持ちつつも、それが自分たちのキャリアに影響を与えることを警戒していた。なぜならマラソンレース本番での最速タイムが人間の可能性を極限まで追求したときのタイムから後れを取るようになるにつれ、企業からスポンサーシップを得たり、レースでのタイムボーナスを獲得したりするために求められるタイムも変わってきたからだ。同時に、純粋にタイムだけを追求することは、ランナーに肉体的に強いプレッシャーを与え、燃え尽き症候群やドーピングへの誘惑につながることも理解されるようになってきた。

森の中でのジグザグ走りや、さまざまな地表や傾斜を利用した練習は、腕時計が示すペースに合わせて走るのと同じくらいランナーの能力を高めるのに重要だ。直感と創造力を駆使して走り、ペースを落とすべきタイミングを見極めることは、ランニングの基礎となる重要なスキルになる。ツェダが言うように、平面を走らないことで関節への負担を減らし、反復的な動きを最小限に抑えれば、ランナーの能力は高まる。その結果、ランナーは時にクレイジーなことをするようになる。

第七章　クレイジーはいいことだ——常識にとらわれないランナーたち

「アラット・シーでは、たくさん走らなければいけない」とビハヌが言った。ビハヌ・アディシーはもともと、エチオピア北部の山岳地帯にあるゴンダールという都市のアムハラ州給水施設建設公社がスポンサーをしている小さなクラブに所属していて、そこから何人かのランナーと一緒にモヨ・スポーツに移籍してきた。標高四五五〇メートルあるエチオピア最高峰の山ラスダシャンの麓で育ち、ランナーとして稼いだ賞金を使って観光客に登山案内するビジネスを家族で立ち上げていた。アベレとセラミフンも同じクラブの出身で、ビハヌの推薦でモヨ・スポーツと契約した。ビハヌがローママラソンに向けた準備をするというので、私は練習に同行させてもらえないかと尋ねた。

「いいよ。じゃあファシルも誘おう」ビハヌは少し間を置いてそう言った。

「なぜファシルを？」

「ファシルがクレイジーだからだよ」

「クレイジーなのがいいってこと？」

「そう、クレイジーなのはいいことさ」ビハヌはニヤリと笑った。

五キロも体重が増えていて、三週間一歩も走らなかった状態から、たった五週間の練習で二時間九分台でフルマラソンを走れるようになるために、彼にはいったいどんな練習が必要になるのだろうか？　過去二回のレースを棄権していたビハヌは、練習では実力の片鱗を見せてはいたが、トップレベルで成功するために必要な輝きを失っているように見えた。半年前の上海マラソンでは五キロ地点を一三分三二秒という驚異的かつ自殺的なタイムで通過したが、その後に失速。理由を尋ねると、道路から立ちのぼってくる「水蒸気」のせいで脚に問題を抱えてしまったのだという。ナイジェリアで開催された次のレースの準備期間中、私はビハヌとその友人であるアベレに調子を尋ねた。アベレは、「タフなレースになると思う。でも、僕はもう絶対に棄権しないと決めている。たとえゴールの瞬間に気絶してもね」と言った。ビハヌは「どうなるかわからないね。暑くなるとは聞いているけど」と答えた。私は彼のマネージャーであるマルコムに、ビハヌが自信を失っているようで気になるという旨のメールを送った。レース本番、アベレは八位でゴールして四〇〇〇ドルを獲得。ゴール後にアスファルトに敷かれたマットレスの上に突っ伏し、ボランティアから頭に冷水をかけられている写真をツイッターにアップした。点滴が必要になったものの、有言実行で最後まで全力で走ったのだ。一方のビハヌは、一五キロを過ぎたあたりで前回と同じく足に問題が発生して棄権した。今回の原因は水蒸気ではなく、スタートラインでナイジェリア人ランナーに蹴られたことだという。「レースでは一つのことにしか集中できないんだ。走ることと、身を守ることと、暑さのことを同時には考えられないよ」ビハヌは後でそう言った。

ナイジェリアから帰国したビハヌとヒルト・カフェで会った。ビハヌがピザを注文したのを見て、一緒にいたハイリエは眉をひそめたが、何も言わなかった。ビハヌが十分に落ち込んでいるのがわかったからだ。ビハヌはイタリア料理を食べ過ぎるきらいがあり、他のランナーから「ピザのビハヌ」という渾名で呼ばれているくらいだった。数週間前、私は同じカフェで彼が大きな深皿に入ったスパゲッティを食べた後、ピザをテイクアウトしているのを見ていた。ビハヌは私に向かって「夜中にお腹が空いたときのためさ」と言ってばつが悪そうに笑った。ナイジェリアでの出来事について尋ねると、レースにうまく集中できなかった、気持ちがレース以外のことに向いていたらいい走りはできない、と反省していた。今後数週間は、ローママラソン以外のことは頭から消し去ることにしたということ。

帰り道、ハイリエが坂を上りながら、「四旬節の断食が始まったのが助けになるかもしれない」と言った。エチオピア暦での復活祭までの五五日間、ビハヌは肉や乳製品を一切食べず、野菜と穀物中心の簡素な食事をすることになる。菜食主義者の多い正統派キリスト教徒が、年間を通じて水曜日と金曜日、そして断食期間中に行っている食事だ。ハイリエは、この四旬節の断食がビハヌの体調管理にプラスに作用すると考えていた。何より、ピザが食べられなくなる。私も同意見だった。それに、これは単に食生活だけではなく、心理的な変化ももたらすのではないかとも思った。断食はそれまでの日常にはっきりとした断絶をもたらし、心身を浄化して新しいスタートを切るためのいい機会になる。数日後、ビハヌに会った。マラソンの準備をするのに五週間という期間で本当に十分なのかと尋ねてみた。「十分に長いよ。僕みたいな練習をしていればね」と、彼は意味ありげな目をしながら言った。四旬節の断食をしながらだと練習はさらに辛く感じないのかと尋ねると、「マイク、辛いのはいいことさ」とあっさりと答えた。「これはマラソンなんだ」

一週目は軽めにして、その後で本格的な練習に入ったらどうかと提案したが、ビハヌは「グループ練習のない日は、毎日二、三時間走るつもりさ。日曜日もだ」と言った。日曜日は、エチオピアでは選手にとっての休息日である。「日曜日は三時間だ。三時間走るのはいいことだ」。ビハヌは、翌日にアラット・シーでファシル、私と一緒に二時間半走ることを約束してくれた。「アラット・シー」とは「四〇〇〇」という意味で、この土地の標高の目安を表している。実際にはそこまで高くはないが、例によって大切なのは厳密な数字ではなくその高度を信じることなのだ。高原にはベルグと呼ばれる軽い雨季がある。例年なら二週間ほどで終わるのだが、どうしたわけか今年は主格的な雨季が始まるまで続きそうだった。森の一部は粘土のような赤茶色の泥と化し、ランニングシューズの底にひどくこびりつく。これもアラット・シーで練習をするための理由だった。練習が、さらにきつくなるからだ。そう、きついのはいいことなのだ。

＊＊＊

翌朝六時前、まだ夜が明けないうちにファシルと合流した。前日の午前中に三九キロ、夜に九キロも走ったというのでかなり疲れているはずだと思うのだが、いつものように満面の笑みを浮かべていて、早く出発したがっているようだった。「ファシルはどんなときも明るいんだ」ビハヌが言った。だからこそ、山の中で二時間半のランニングをするのに最適なパートナーなのだ。「今朝は疲れてる？」と聞くと、ファシルが「疲れていないよ！」《アイ・アム・ネバー・タイアド》とにこやかに答えるのが、私たちのお決まりの会話になっていた。英語では四語のフレーズだが、アムハラ語では「アルデケメグネム《aldekemegnem》」という一語で表現される。そろそろ走り出す時間だ。

アラット・シーは私たちが寝泊まりしている複合住宅から坂を二〇分ほど上ったところにある。到着したときにはすでに空腹で私のお腹は鳴っていた。両脇にトタンの建物が立ち並ぶ石畳の道を何本か抜けると、異様なほど大きな新築の家の前を通り過ぎた。ビハヌとファシルは、この手の豪邸の持ち主が誰かをよく知っている。エチオピア航空のパイロットが住んでいる家もあった。メルセデスの高級車に乗り、免税品の輸入で本業と同じくらいの副収入を得ていると言われている。だが、たいていはその持ち主はランナーだった。「すごい豪邸だね」と私が言うと、「ハゴス・ゲブリウェトの家さ」とファシルが答えた。世界選手権で二度メダルを獲得し、スプリント勝負でモー・ファラーを破った数少ない選手でもある、エチオピアの有名な五〇〇〇メートルランナーだ。私は、大きなバルコニーと三台の監視カメラが設置された三階建ての家を指差しながら、「あそこはもはや宮殿だな」と言った。「ゲテ・ワミが住んでる」とファシルはニヤリとしながら言った。私は、一万メートルの元世界チャンピオンで、ベルリンマラソンでも優勝したゲテが、ポーラ・ラドクリフと競り合いながら走っている様子を覚えていた。ここを歩いていると、ランナーとして成功すればどれほど大きな経済的見返りがあるかということをよく実感できる。

丘を上るにつれ、道沿いにあるトタンの建物が木のフェンスに変わっていった。「スーク」と呼ばれる売店の規模も次第に小さくなっていく。売られているバナナの値段が上がっていくのは、ここまで運ぶのが大変なことを物語っている。街中では一五ビルで売られているのが坂の途中では一六ビルになり、森の端では一七ビルになる。森に向かう途中に教会が三軒あった。ファシルとビハヌはそれぞれの教会の前で一分ほど立ち止まり、十字を切り、うつむいて小さな声で祈りを捧げていた。私は一人だけ素通りしようとする自分が気まずかった。前日の午後に季節外れの大雨が降った影響で、森に着く頃には私たちのシューズの底は粘土のような泥にまみれていた。走り始める前にファシルが立ち止まって丁寧に泥を落としていたが、これから二時間半も走り続けることを考えれば無駄な行為に思えた。

いつものように、木々の間を縫うようにしながらゆっくりと走り出す。もうこの走り方にも慣れてきたので、ファシルが突然、木を一周して元の位置に戻ったり、低く垂れ下がった枝の下に潜り込んで九〇度方向を変えたりしても驚かない。向かい風の中を進む船のように緩やかなジグザグを描きながら長い斜面を上り、窪地に降りていく。いつも以上に難しいルートだ。しかも、ファシルは泥でぬかるんだ場所や足元のガレ場が緩い斜面を選んでいるようだ。窪地から出るには数センチもの棘のある茂みの間を藪漕ぎするしかなく、私の頭のてっぺんにも棘が突き刺さった。慎重に歩くこと数分、ようやく斜面を抜け出し、木の根がむき出しになった場所に出た。頭に刺さった棘を抜いた後、私は思い切って言った。「あそこにあるもっと簡単な道を走れないの？」。ファシルは笑い、〈そんなことして何が楽しいんだ⁉〉と言わんばかりに肩をすくめた。

再び走り始めて数分後、私は苛立ちを覚え始めた。機嫌が悪いのは疲れているからとはわかっていたが、初めはファシルに、次に自分自身に対して腹が立った。「上に戻って、一人で走りやすいところを探してみるよ」と言うと、「ダメだよ。このあたりはハイエナがウロウロしてるから」とファシルが答えた。そうなのか。私はファシルの後ろにぴったりくっついて谷を走った。漫画に出てくるみたいに長い棘を持った木が、『ライオンキング』に登場する悪しきライオン、スカーの隠れ家のように見えてくる。森の中には危ないエリアがあるという話は聞かされていた。ここ数年間で、森の中を一人で走っていてハイエナに襲われたランナーが八人もいるという噂を耳にしたこともある。ファシルも前の年に誤って空き地の真ん中を一人で走ってしまい、ハイエナの群に囲まれてしまったのだという。「俺はここに仕事をしに来ただけだ。放っておいてくれ」と言いながらゆっくり後ずさりして、難を逃れたそうだ。だが私は同じ目にあいたいとは思わなかった。だからファシルの後ろについて泥の中を進むしかなかった。

振り返ると、ビハヌが余裕の表情で軽々と走っていた。練習負荷を上げるためにジャージを二枚重ねで着ているが、額には汗ひとつ浮かんでいない。全員のシューズの底には鉛のような泥が三センチもこびりついている。ビハヌが私を励ますように微笑む。ビハヌがファシルを今日の練習のリーダーに指名したのははっきりとした理由があった。普通に考えれば、先頭を走るのはアムハラ地域の男子一万メートルを制し、海外でも活躍している経験豊富なアスリートであるビハヌになるはずだ。だが彼はファシルの〝新鮮さ〟に魅力を感じていた。〝練習とはこうすべきもの〟という常識を意識せずに走るので、面白みがあるのだ。私たちは別の急な斜面を体を引きずるようにして上った。朝の曇った空気の中で、吐く息が白くなっていく。

しばらくして空き地に出た。いつものパターンのように自由に走れる場所だ。ファシルは森の端にある木々が密集したエリアから走り始めるのを好む。足の置き場を一歩一歩慎重に考え、木の根や低く垂れ下がった枝をうまくかわしながら進み、体が温まってきたらもっと開けた場所を探す。徐々にスピードを上げ、体を傾けながらタイトなターンをして木をかわし、滑らかな地面では加速する。木々の間に入ったり石の多い坂を下ったりするときは、全身の力を抜いて走る。森の中の特に難しい場所からスタートすることで、序盤でスピードを出しすぎないようにしているのだ。ファシルは空き地では歩幅を広げて加速する。それは環境に合わせたファルトレクのようなものだ。走りやすい場所ではスピードを上げ、森の中や荒く耕された畑を横切るときには落とす。

目の前には次々と素晴らしい光景が広がっていくが、疲労のためにそれを見る余裕がなくなっていく。なんとか顔を上げると、かすかな雲に覆われてはいるものの、高原のはるか向こうに街が見えた。ファシルの足を追い、ひたすら前進することだけに集中する。視界の端に野原や木々が見え隠れする。ユーカリ、ユーカリ、木の根っこ、空き地、枝、ユーカリ——。だが私の意識は外界ではなく内側に向かっている。一歩一歩足を運ぶ感覚に、肺の叫びと足の痛みに。哲学者のシモーヌ・ヴェイユは「混じりけなく純粋に何かに意識を集中させることは、祈りである」と書いている。私にとって、走ることは宗教的な経験に近い。最後の一時間は、信じられないほどゆっくりと過ぎていった。

スタート地点から数キロ離れた場所で足を止め、ちょうど二時間半が経過したところで練習を終えた。ファシルは数分前から腕時計に何度も目をやっていた。私は二時間半をオーバーしないようにファシルに声をかけ続けた。決められた時間を数秒でもオーバーしたら、「切りのいい時間で終えるためにあと一〇分走ろう」ということになりかねないからだ。今日はそんな気分ではなかった。ファシルは立ち止まった直後から激しく咳き込み始めた。昨日の疲れが残っている中で最後の坂を苦しみながら上ったのは私だけではなかったのだ。ファシルは自分の胸を叩いて、「きつい《アカイエレゲン》」と言った。

ところがファシルとビハヌはすぐに、素早く足を動かすドリルや流しを始めた。平地を走る二人のシューズの裏から、ようやく泥が剥がれ落ちていく。「長い距離を走ったばかりなのに、そんな練習をしてもいいのか？」と英語で尋ねたが、ビハヌは私の言葉が理解できず、「カモン」とだけ言って、一緒に練習しようと促した。私の足はもう使い物にならなかった。私は大きな岩の上に座って二人の練習が終わるのを待った。ファシルは一年前に走り始めたばかりの、才能の原石のような存在だ。前足で地面を大きく踏みしめ、腕を振りながら全力で小道を駆け抜けていく。歩幅が少し乱れることもあるものの、走り始めたばかりのランナーには見えない。ビハヌは落ち着いて効率的な走りをしている。ファシルの足を追いかけて走るビハヌのシューズの裏が素早く動く。二人が完璧に足並みを揃えて走っていると、羊飼いの少年が道に出てきた。少年は羊を邪魔にならない場所に動かすと、風のように傍を通り過ぎ、遠くに離れていくランナーに向かって励ましの言葉を叫んだ。

私の腕時計は、三一キロをキロ四分四五秒ペースで走ったことを示していた。ただしビハヌが言うように、今日のコースは「アップダウンが激しかった」。そして、これは控えめな表現だ。平地は合計で一〇分も走っていない。すねの外側がまだズキズキと痛むくらい、急な斜面を走り続けた。ビハヌはボクサーのようなフットワークで足を動かしている。走ったときの勢いがまだ止まらなくて、体が動き続けているかのようだ。恍惚とした表情を浮かべながら、「明日は三時間走るぞ！　ここの空気はいいな！」とにっこり笑って言った。

エチオピアではこうした表現をよく耳にする。ランナーたちは、森の中のさまざまな場所の空気を「いい」とか「特別」とか「力強い」と表現する。コーチのメセレットは、これを高地での練習を科学的に理解しようとする誤った試みだと考えていて、「彼らは高地に行けば行くほど酸素が濃くなり、空気そのものからエネルギーを得られると考えているんだ」と言って、やれやれといった感じで首を振った。「つまり、エネルギーが食べ物から得られることを理解していない。空気や木からエネルギーを得ているので、食べなくてもいいと思っている。まるで、自分たちを植物だと思っているみたいだ」

だが私は、彼らはメセレットと同じように高地練習のメカニズムを理解していると思う。酸素濃度が低い場所で練習をすると血中にエリスロポエチン（EPO）が生成され、赤血球の生成が促されて、血液の酸素運搬能力が高まる。すると、次に標高二五〇〇メートルの低地で走るときにはエネルギーを多く得られるようになる。高地を走ることには他にもメリットがある。都会の喧騒を離れ、日常では体験できない神聖で不思議な力に触れているような気分になれるのだ。そこには誰もいない。いるのはランナーとハイエナだけだ。そこを走っていると、大胆で特別なことをしている気分になれる。

ランニングを終えた場所から、さらに四〇分ほど歩いて家に戻らなければならない。お腹が空いた。何しろ、練習を始める前から空腹を感じていたのだ。ファシルが私の肩を心配そうに叩き、「デカマ・ザラ（今日は疲れた）？」と二、三分おきに聞いてくる。私は「疲れたよ」と答え、英語でこう続けた。「君が難しくて危険なルートを選ぶし、その上家に帰るのに延々と歩かなきゃいけないしな！」。ファシルは苦笑いを浮かべて、「アイゾー、アイゾー（頑張れよ）」とだけ言った。私は車で長旅をしているときに退屈して駄々をこねる子供のような気分で、とぼとぼと歩を進めた。苛立ちは、坂道を下るにつれて次第に和らいでいった。ファシルは溌剌としていて、足取りも腕の振りも軽い。坂を下りながら、私の手を優しく握ってくれた。エチオピアの男性はよく手をつなぐ。最初は驚いたが、今ではすっかり慣れた。再び、ファシルが「アイゾー」と言った。〈今日の走りは大変だったけど、もう終わったんだ。だから休もうぜ〉とでも言うように。たしかに、ファシルを責めるのは筋違いだったかもしれない。ファシルが私より頑丈なのは彼のせいではない。彼が私の英語のぼやきを理解できなくてよかったと思った。

帰り道、店に立ち寄ってアルコール度数の低い地ビールの「テラ」を飲んだ。私は切り株に腰を下ろし、ビールの表面に浮かぶ藁を手で取り除きつつ、喉の渇きを癒すべきか、空腹時にアルコールを入れて胃を驚かせないようにすべきか迷いながら少しずつ口に流し込んだ。ファシルは二リットルも飲んだが、もう一度同じ練習ができそうなくらい元気だった。

＊＊＊

ブラッドリー・ウィギンスやクリス・フルーム、ゲラント・トーマス、エガン・ベルナルらを擁してサイクリングチームのチーム・イネオス（旧チーム・スカイ）をツール・ド・フランス優勝の栄冠に導いたカリスマ的ゼネラルマネージャー、デイブ・ブレイルズフォードは、「マージナルゲイン（限界利益）」という言葉を有名にした。これは、栄養、疲労回復、怪我予防などの小さな改善を積み重ねて、大きな進歩を目指すという考えを表している。チームスカイの選手は、レースの開催地がどこであるかにかかわらず特殊なマットレスで眠り、〝動くホテルとスパ〟と呼べるほど豪華なチームバスで移動した。栄養学の専門家が選手の自宅に個別に用意した食事を届け、練習以外の運動量を最小限に抑え、回復を早めるためにできる限りのことをした。この考えはランニングにも当てはめることができる。アメリカの一マイル走の記録保持者であるアラン・ウェブは、練習以外の場面でできる限り足を使わないようにするために、練習外の時間での歩数を毎日数えていた。

欧米のランナーたちは、「練習後の二〇分以内」に食事を摂ることの重要性についてもよく話題にする。スポーツ科学によれば、この時間帯に炭水化物やタンパク質を含む食料を摂取すれば、練習による疲労を素早く回復できるのだという。

エチオピアの選手たちの場合はどうか？　たとえばある週のセベタでの練習後では、交通渋滞に巻き込まれ、街に戻るのに二時間以上かかった。途中、メセレットの提案で一万メートルのレースを観戦するためにスタジアム（アディスアベバで唯一のスタジアムなので、単に「スタジアム」と呼ばれている）に立ち寄った。午前一〇時に始まる第一レースにぎりぎり間に合い、太陽の下でAとBのレースを観戦した。その時点でもう午前一一時三〇分になっていた。誰も、前夜から何も食べていない。起きたのは午前四時三〇分だし、朝の練習を終えてから三時間以上経っている。私はメセレットのほうを向いて言った。「朝食はいつ？　もう腹ペコだよ」。メセレットは笑いながら私の膝を叩いてこう言った。「心配するな、マイク！　空腹に耐えればもっと強くなるぞ」

バス遠征がない日は、練習場所までの行き帰りに片道二五分以上は歩く。だから世界のランナーたちがこだわる練習後二〇分以内の栄養摂取は達成できない。欧米のランナーが愛用しているリカバリードリンクやプロテインシェイクもここでは見当たらない（ただし、最近では特に裕福なランナーの間で増えてはいるようだ）。エチオピアのランナーたちに食事についての話を聞いてみると、「アベベ・ビキラはインジェラとベソだけしか摂らなかったが、見事な走りをした」という答えが返ってくることが多かった。インジェラはパンケーキのようなパンだ。ベソは炒って粉にした大麦に砂糖や蜂蜜を混ぜたもので、水に溶かして飲む。ランナーたちはベソを毎日二リットルは飲む。テクレマリアムは「これはエチオピアのパワーバーさ」と言った。

練習以外で足を使うことについてはどうだろう？　私はハイリエに、練習場所まで長い距離を歩いたりせず、玄関を出てすぐに走り始めたほうが練習を早く終わらせられるのではないかと尋ねた。「そもそも、あんなに歩いたら疲れるだろう？」。だがハイリエは首を振った。「選手はたいてい、道路から何キロも離れた場所にある農場で育っている。だから、何時間も歩くことに慣れている。彼らにとってはわけもないことなんだ」。それに、歩くことは鍛錬にもなる、とハイリエはつけ加えた。「歩いて疲れることの何が悪い？　いい練習になるじゃないか」

睡眠についてはどうだろうか？　ポーラ・ラドクリフは、二時間の昼寝を日課にして厳格に守っていたそうだ。史上最高のアメリカ人長距離ランナーと称されるゲーレン・ラップも、一日に合計一四時間寝ていると言われている。東アフリカのランナーは、「食べて、寝て、走るだけ」の生活をしていると思われている。しかし私が一緒に練習していたランナーたちは、夜は七時間以上は眠らなかった。他のランナーとベッドを共有したり、コンクリートの床に敷いた薄いマットレスの上で寝ていたりしていて、特注のマットレスを使っている選手などいなかった。午後には休息をとることが多いが、たいていは二、三人のランナーが同じ部屋にいて、ラジオがかかっている。一人が顔にタオルをかけて、防腐処理が施された死体みたいな姿で寝ているときに、他の二人が平気でおしゃべりをしていたりする。こんな状況では、とてもではないがぐっすりとは眠れない。それに、私たちが住んでいる複合住宅では飼い犬が夜通し吠えているし、角にある教会からは早朝四時から聖歌が聞こえてくる。私は夜中に物音でしょっちゅう目を覚ました。それでも、私たちはできる限り睡眠をとるようにしていた。午後六時に停電で真っ暗になったときなどは、よく眠るためのいいチャンスだった。「電気が消えると、ハイリエも寝る（メブラット　タファ、ハイリエ　タファ）」とファシルは冗談を言っていた。

ファシルとビハヌと私が複合住宅に戻り、扉を開けて中に入ると同時に空から雨粒が落ちてきた。エチオピアには霧雨はない。雨が降るときは常に本格的に降る。地面を叩く大粒の水滴が、すぐに路上を流れる小川に変わっていく。私たちはハイリエの部屋に逃げ込んだ。ハイリエは雨を指差すと、「降るかもしれないと思ってたんだ。今からキキルをつくるよ」と言った。この日はイースターの断食が始まる前の最後の日だった。肉や乳製品を食べられるこの最後のチャンスに、「コンディション」を高めるための食事を堪能しようというわけだ。キキルとは、肉や骨髄を含んだ骨を煮込んでつくるスパイシーなスープのことだ。用意周到なハイリエはさっそく今朝買ったばかりだという二キロの肉が入った袋を取り出し、大きな鍋を用意し始めた。

ハイリエが扉を少し開けると、雨音がさらに大きくなった。彼は部屋の隅にあるコンロの底に置いた炭に火をつけた。屋内はすぐに煙で充満して息苦しいほどの暑さになったが、ハイリエによればこれは雨季に引きやすくなる風邪を防ぐための良い方法なのだという。スープが煮立つと、蒸気と煙で部屋の反対側にいるファシルとビハヌの姿がほとんど見えなくなった。私たちは雨音を聞きながらじっと座っていた。今日は食べ、休む以外にすることはないのだ。

ファシルに、今朝のランニングのルートについて「わざと走りにくい道を選んだのか？」と尋ねてみた。ハイリエが通訳してくれた。答えはシンプルだった。「そうだ」。「なぜ？」ハイリエが尋ねると、ファシルはまたしてもシンプルに「きついからさ《アカイエレゲン》」と答えた。「起伏があって、足元が平らではないところを走る」ファシルは以前、私に言った言葉を繰り返した。「石が転がっている地面を走り、斜面を上り、泥の中を前進する。そうすれば、スタミナがつき、体が強くなる。必要なものがすべて手に入るのさ」

ファシルは笑い、私には理解できない早口のアムハラ語で何かをまくしたてた。「何と言っているの？」と尋ねると、ハイリエは「ことわざみたいなものさ」と答えた。「ファシルの話はこうだ。昔、物知りの司祭がいた。三つの言語が堪能で、宗教についての著書も多い、とても重要な人物だった。彼の妻も自分のことをとても賢いと思っていた。なにせ、あの賢い司祭と結婚できたくらいだからだ。だがある日、司祭が修道院に出かけて数日間家を空けたとき、妻は彼の聖書をすべて川で洗ってしまったんだ」。「なるほど…」と私は答えたが、よく意味がわからず、「つまり、どういうこと？」と尋ねた。「俺にもわからないよ！」ハイリエは笑った。だが私は思った。ファシルはこう言いたかったのではないだろうか。〈お前は今まで八カ月間も俺たちと一緒に過ごしてきて、いつも根掘り葉掘り質問をしては、メモをとっている。なのに、何一つわかっちゃいない〉。

私にはまだすべきことが山ほどあるようだった。そんな自分にとって、ワッツアップの頼りない接続を通してではあるが、毎晩、イギリスにいるパートナーのロズリンとエチオピアでの体験を語り合えるのはありがたかった。彼女は自閉症児向けの馬術療法を研究するためにサマセット州の厩舎に長期間滞在し、毎日、厩舎を掃除し、馬の世話をし、乗馬をしながら、自閉症の子供たちが馬と過ごすことで言葉を話せるようになる理由を調べている。一日の終わりには二人ともひどく疲れてはいるが、その日の出来事を共に振り返れば、同じ人類学者として民族誌学に取り組むそれぞれの孤独が癒されていった。

私はニュージーランド人で、弟のジェイクとともに東アフリカに一〇年近く滞在している長距離ランナーのゼーン・ロバートソンとも連絡を取り合っていた。ゼーンは森での練習についてこんなふうに説明をした。

個人的に、エチオピア人は悪い状況をうまく活かしていると思う。彼らは、普通のランナーではまず走らないようなクレイジーな場所でも走る。僕もこうした環境で走ることに適応した。練習が軽めの日に、他に走る場所の選択肢がなかったからだ。森での練習は、障害物が多いので頭を働かせなければならないし、足腰も強くなり、敏捷性も高まる。そのメリットには驚くべきものがある。でも、怪我のリスクも大きくなる。エチオピア人は、環境に適応し、障壁を乗り越えるのが得意だ。

私はオンライン経由で初めてゼーンに連絡をした。エチオピアで練習中の彼を何度か見かけたことはあるが、話しかけられないほど集中していたし、いつもビーツ社製のヘッドフォンを装着していたからだ。彼は私よりもはるかにエチオピアのランナーとしてのスタイルに馴染んでいて、ハーフマラソンを五九分四七秒で走るなどの目覚ましいパフォーマンスも見せていた。彼の森での練習に対する考えは、私にとっても理にかなうものだった。森の環境には怪我のリスクがあるものの、敏捷性を高め、強靭な肉体をつくる。それは一種の賭けでもある。つまり、森の中でのトレーニングに耐えられれば、ランナーとして強くなれる。彼はこう続けた。

エチオピアのランナーは精神力が強い。「やるか、死ぬか」のスピリットを持つことを厭わない。彼らの中には、肉体的には必ずしも恵まれてはいない者もいる。だが、配られたカードを自分が望んでいたカードのようにプレイする。それが彼らの成功の秘訣だ。

ゼーンは私とのオンラインでのやりとりの最後に、絵文字を四つ使った。それは彼と、私が知るエチオピアのランナーたちのランニングに対する取り組み方をよく表していた。「両手を合わせた祈りのポーズ」、「一〇〇パーセント」、「スマイルフェイス」、「力こぶ」だ。ゼーンの言葉は、スポーツ哲学者のバーナード・スーツによる「不要な障害を自発的に受け入れること」というスポーツの定義を思い起こさせるものだった。ゼーンは、障害を多く受け入れ、乗り越えた者は上達できると言っているのだ。

ハイリエとファシルと私の三人は、雨音とハイリエの携帯電話から小さな音量で流れる音楽を聴きながらキキルを延々と食べ続けた。「さあ、もっと食べるんだ！」ファシルが何度も言った。「これがこれから二カ月間の〝コンディション〟の源になるんだからな」。骨付きの肉は美味しかった。骨は割って中の骨髄も食べた。これを食べれば、骨や関節が若返り、走りに耐えられるようになるという理屈だ。気づくと部屋の中は溶鉱炉のようになっていて、額から大量の汗が滴り落ちてきた。私は言われるままにスープを五、六杯食べると、ソファでうとうとした。隣では、ラゴスでのマラソンレースの帰りの便で拝借してきたというケニア航空の毛布を頭からかぶったビハヌが、雨のリズミカルな音に誘われて眠りに落ちていた。

気がつくと、ハイリエに肩を揺さぶられていた。ファシルが部屋の反対側の椅子でランニングシューズの紐を結んでいるのが見える。嫌な予感がする。「どうしたんだ？」なんとか声を出して尋ねた。「雨が止んだんだ」ハイリエが言った。「午後の練習をするぞ」。「今朝、二時間半も走ったじゃないか」私は抗議し、おぼつかない足取りで立ち上がった。足が鉛のように重たく感じられる。「そうだ。でも、キキルを食べたんだから走らないと」。理屈はよくわからなかったが、私はしぶしぶそれを受け入れ、ドアの横に置いてある泥まみれのシューズを取りに行った。「何時間も雨が降っていたから、ゆっくり走ろう」とハイリエが言った。「目的は回復だ」。複合住宅の敷地内にある小さな野菜畑が、バナナの葉を伝って滴り落ちている雨の滴でびしょ濡れになっている。石畳の道には大きな茶色い水たまりがいくつもできていた。この道がここから一番近い森につながっていることだけが救いだった。

午前中に恋人のクメシのビザ申請に付き添っていたために練習をしていなかったというハイリエは、

こっちが心配してしまうくらい元気だった。「今日は俺がリードする。この森はもう何年も走っているから、泥は避けられるよ」。道端に広がった泥の上を歩いているだけで滑ってしまう私は、この言葉を素直には受け止められないと思った。とはいえ走り出してみると、ハイリエは地表がひどく泥にまみれている部分をなんとか避けていたし、シューズの底にこびりついてくる泥を着地時にうまく擦り落とすようにステップを踏んでいた。同じ動きを試してみたが、つまずきそうになった。私は朝のロングランで疲れ果てていた。

いつものように、道の真ん中の赤茶色の部分を避け、その端の草の上を歩きながら坂を上っていった。再び雨が降り出し、すぐにびしょ濡れになってしまったが、それでも私たちは雨でできた小川を跳び越えながら斜面を上った。まだ胃の中にキキルが残っているのが感じられたが、ハイリエが障害物競走をしているみたいに水たまりを飛び越えるのを楽しんでいる様子を見て、私にもその気分が伝染した。五〇分ほど走って丘の頂上に到着すると、ハイリエは木の間を縫いながら元来た斜面を斜めに駆け下り始めた。私は彼のかかとが跳ね上げる泥を浴びながら後ろを追いかけた。

最後は、雨水が半分ほど溜まった幅三〇センチほどの溝の中を、まるで丸太でつくられた水路の中を走るみたいに、両側に水しぶきを上げながら疾走した。ハイリエはスピードを落とし、私たちがまだ後ろについてきていることを振り返って確認すると、満面の笑みを浮かべた。私はなんとか息を整え、「軽めのランじゃなかったよ」と言った。「ちょっと楽しみすぎたかな」とハイリエは言った。ビハヌとファシルに目を向けると、あと一時間くらい森の中で水を跳ねながら走ってもよさそうな顔をしている。「楽しければ、走るのは楽になる」ハイリエが言った。その通りだと思った。雨の中を歩いて複合住宅に戻りながら、私は高揚感に包まれていた。一日に三時間半も走ったのは初めてだった。数週間後にビハヌから電話があり、一緒にジュースでも飲もうと誘われた。ローママラソンに向けた練習を始める前に、アフリカ最大の市場であるメルカートで中国製のジューサーを買ったのだという。カフェに行ったり、ビリヤードをしたりするのはきっぱりとやめると決心した。アムハラ語ではこうした余計な行動のことを「ズアー」と言う。これは「周回」を意味する言葉だ。ハードな練習をしているときには、「ズアー」はトラックを周回することを指して使われるが、同時に練習後の休息の妨げになるような活動のことを指すこともある。家でゆっくりせずに買い物にいくのもズアーだし、友人に会いに行くのも、陸上競技連盟に赴いてレースのリリースレターをもらう手続きをするのもズアーになる。練習以外の場面でのズアーは休養の邪魔になるので極力避けなければならない。だからビハヌは、〝カフェの席を温める〟ような時間はもうつくらないと決めた。三時間かけて走り、あとは家で寛ぎながらアボカドジュースをたっぷり飲むだけの生活に切り替えたのだ。

ローマに向けた練習の中身をもう少し詳しく聞いてみた。「まずは森を走るんだ」とビハヌは言った。これは基礎をつくる段階だ。高地になればなるほど、ゆっくりとしたペースで練習ができ、それでいて有酸素能力は劇的に高まる。「エントトでは、標高三五〇〇メートルの高さで練習できる。そこでキロ六分のスローペースで走っていても、下に降りれば飛ぶようなスピードを出せるようになる」。森の次はコロコンチ、すなわちでこぼこの悪路を走る。これはマラソンに必要な足をつくるための段階である。荒れた道は森と比べて表面が固くスピードを出しやすいが、それでも凸凹のある難しい道であることに変わりはない。平坦ではないので、一歩一歩、どこに足を置くかを瞬時に判断して走らなければならない。これもとてもハードな練習になる。

新しい練習プログラムを開始して二週間後、チーム練習でセンダファを走る日になった。チームバスの車内で出発を待っていた私は、まだビハヌのこの五週間プランが有効なものかどうか確信が持てないでいた。だが、このプログラムがもたらした変化は突然かつ劇的なものだった。ビハヌはケニア航空のブランケットを頭に被ってバスに乗り込んできた。目は爛々と輝き、頬骨が浮き上がっている。間違いなく三キロは痩せている。ビハヌは私のほうに身を乗り出すと、思わせぶりな口調で「ローマでは勝てると思う」と英語で言った。

この日は二時間半の凸凹道でのランニングだった。私は一時間四五分でリタイヤし、バスに乗り込んだ。最後の四五分間、ビハヌが他のメンバーを大きく引き離して走っているのが見えた。明らかにエネルギーの無駄遣いだと思えるほど激しく腕を振って走っているにもかかわらず、スピードはまったく落ちていない。ビハヌはこの二時間半の間に、標高二五五〇～二八〇〇メートルの高地で四〇キロを一四〇〇メートル上りながら走った。バスに戻ってきた彼に、私は「君の言うとおりになるかもしれない」と言った。

最終段階はアスファルトでの練習だ。どんなに経験豊富なエチオピアのランナーも、道路での練習は週に一回までだ。それは必ず金曜日に行われる。一八歳くらいまでの育成段階にある選手は、アスファルトの上は一切走らない。ビハヌもゴンダールでランニングを始めてから四年間は道路での練習はしなかった。エチオピアでは、アスファルトを走るのは体力をひどく消耗してしまうと考えられているのだ。だからビハヌは、最初は森、次に悪路、最後にアスファルトという三段階で仕上げていく計画を立てた。この五週間で、実に一五〇〇キロもの距離を走った。「ここからローマへの中間地点くらいまでは走ったんじゃない？」と言うと、「そんなの現実的じゃない」と真顔で返された。ビハヌのローママラソンに向けての準備は、若いアスリートが辿る軌跡を縮小したようなものだった。まず一〇日間は森の中で体力をつけ、次にコロコンチの道を走り、最後にアスファルトでスピードを磨いていく。これも、段階的に適応していくプロセスなのだ。まず路面に慣れ、次にスピードに慣れていく。

コロコンチでの長くハードな走りを終えた後、ビハヌはアスファルトでの二つの大きなセッションを行った。三〇キロのスピード走と、レースペース以上での四キロ走×五本だ。この最後のセッションが、ビハヌにとって調子を見極めるための真の指標となる。標高二二〇〇メートルの環境下で行った四キロ走×五本では、四キロをキロ三分〇〇秒のペースで走り（フルマラソンを二時間六分で走るペースだ）、次のセットを始めるまでのインターバルには一キロを四分〇〇秒のペースで走った。ビハヌは、エチオピアでもこのような練習ができる選手はほとんどいないことを知っていた。当然、世界中を見渡しても同じだ。ローマではどんな展開になっても対応できるという確信を得た。石畳の道も問題ない。

数日後、五週間前にビハヌが恥ずかしそうにピザを注文したのと同じカフェで彼に会った。ビハヌはここからタクシーに乗って空港に向かい、ローマ行きの便に乗る。二リットルの容器に入ったマンゴージュースを飲んでいるビハヌは、五週間のハードワークを終えて逞しくなり、引き締まった表情をしている。「アベベ・ビキラがローマで走ったのは知ってるよね？」別れ際、私は彼の幸運を祈って尋ねてみた。「もちろん知っているさ」とビハヌは言い、足元に手を伸ばしてシューズを脱ぐと、高く掲げた。「二位に大差をつけていたら、最後の数百メートルをこうやって走るよ」

第八章　ローマでの勝利は、千の勝利に値する

――分厚い選手層を支える国家のサポート

アベベ・ビキラがアクスムのオベリスクの前を走っている。一時間四五分に亘って響いていた素足が路面をとらえる音が、道路脇にひしめく観衆の声でかき消された。辺りは次第に暗くなり、アベベが走るサンピエトリニと呼ばれる黒い玄武岩の石畳は冷たくなっていた。「アフリカでは、動物たちが酒を飲み始める時間です」とBBCのコメンテーターがたわいもない冗談を口にしたが、そこはアフリカではなくローマだった。アベベは、アディスアベバの南、デブレ・ツァイトにあるハイレ・セラシエの帝国親衛隊の練習場で与えられた赤い短パンと簡素な綿のベストを着て、一マイル五分一〇秒（キロ三分一二秒）のペースで走っていた。ただし腕時計はしていないので、自分がどのくらいの速さで走っているのか、他のランナーがどのくらい後ろにいるのかを知る術はない。その視線は落ちつき、安定している。ハイレ・セラシエがアベベの専任コーチに指名したスウェーデン陸軍少佐のオンニ・ニスカネンは、アベベにこの石柱の前で勝負をかけるようにと指示していた。

それは一九六〇年九月一〇日の土曜日だった。この日の午後、教会の回廊で大勢の選手たちに混じってウォーミングアップをしていたとき、アベベはシューズを脱いで走ることを決意した。誰か

に何かを証明するためでも、アフリカ人は道具がなくても勝てることを示すためでもなかった。ただ、裸足で走ったほうがいいと思ったのだ。手の甲には警戒すべきライバル選手の番号を書いた。ソ連のポポフは六九番。同じアフリカ勢であるモロッコ人のラディは二六番。出発前には、ハイレ・セラシエに言われた言葉を思い出していた。「ローマでの勝利は、千の勝利に値する」

アベベが勝負をかけたアクスムのモニュメントは、高さ二四メートルのオベリスクで、四世紀に古代エチオピアのアクスム王国の臣下によって建てられたものである。一九三七年にムッソリーニがエチオピアに侵略し、占領した後、イタリアのファシスト党が戦利品としてティグレ州の街アクスムからこのモニュメントを奪い取り、五つに切断してローマに輸送した。紆余曲折を経て二〇〇五年にようやくエチオピアに返還されたとき、アクスムの空港はこのモニュメントを乗せた飛行機を着陸させるために滑走路を特別に延長した。当時、このモニュメントはそれまでに空輸された貨物の中でもっとも大きく、重いものだった。だが、アベベがローマで成し遂げようとしていたのも、このオベリスクに劣らないほど大きなものを象徴していた。一八九六年にイタリアによる初めての侵攻を阻止したとき、ブーツを履いた重装備のイタリア軍に対して、エチオピアの兵士は裸足で、銃を持たずに戦った。そして今また裸足のエチオピア人が、装備の整った敵を打ち破ろうとしていた。しかも、そのタイミングは歴史的に重要な意味を持っていた。一九六〇年八月から九月にかけてのローマオリンピックの開催期間中、アフリカの九つの国が独立した。また、このオリンピックは世界で初めてテレビ放映され、世界中の多くの人々がサハラ以南のアフリカ人が獲得した初めての金メダルを目撃することになった。

「この寡黙なエチオピア人はいったいどんな人物なのでしょうか」とBBCのコメンテーターが言った。「彼がマラソンを始めたとき、エミール・ザトペック（伝説のチェコ人ランナー）を上回るタイムを出しました。しかし、誰も彼のストップウォッチが正しいとは信じませんでした」。アベベ・ビキラは、二時間一五分一六秒の間に長距離走の歴史を大きく塗り替えた。最後の数百メートルは、イタリアの衛兵が支えるトーチの明かりに照らされながら走り抜けた。「この瞬間から、アベベ・ビキラは、ヌルミやザトペックと並び称されることになるでしょう」とコメンテーターが品の良いクイーンズイングリッシュで伝えた。

アベベはフィニッシュラインを越えると、そのままコンスタンティヌスの凱旋門の中まで走っていった。どうしたらいいのかわからない様子で戸惑いつつ、ニスカネンから教わった通りにウォームダウンの運動を始め、二時間ずっと曲げたままだった腕をほぐしながら、踊るようにステップを踏んだ。それは彼とニスカネンだけが予期していた勝利への自然な反応だった。その後、仰向けになって脚を自転車のペダルを漕ぐようにしてほぐした。それから五六年後、アディス周辺の森を走るランナーたちに独特のウォーミングダウンの方法をどこで覚えたのかを尋ねると、彼らは今でもこの瞬間のことを指して、「アベベがやっていたことだよ」と当たり前のように答える。エチオピアのウォームダウンには、一般的なジョグをする方法よりもはるかに楽しいリズムがある。それはここから始まったのだ。

＊＊＊

ビハヌ・アディシーは、一〇〇%軽量ポリエステルメッシュでつくられたアディゼロのランニングシャツとショーツを着て走っていた。メーカーによれば、このウェアのフロントには「スピードを出したときに目立つようにデザインされた大胆なグラフィック」が施されているという。ビハヌの両脇にはエチオピア人ランナーが四人とケニア人ランナーが五人。そのうちの三人はクモの巣模様をあしらった黒と緑のまったく同じアディダスのウエアを、五人はアディダスのウエアとほぼ同じナイキのウエアを身につけている。なぜかこの二社は、トップアスリートのスポンサーになることだけでなく、見た目がそっくりのウエアをつくることでも競っているようだ。二〇一六年四月一〇日午前九時四五分。ビープ音に反応したビハヌは、手首に巻いたガーミンの腕時計に目をやり、一マイル四分五〇秒〔キロ三分〇秒〕のペースで走っていることを確認した。長くは走れるが、フィニッシュまで保てるかどうかはわからない速いペースだ。他のランナーもほぼ同時に鳴った腕時計でそれぞれのペースを確認した。身長一メートル七八センチで大柄なビハヌは、道路上でかなりのスペースを占有しながら走る。アディスの仲間たちからは、「ビハヌはボクサーみたいに腕を大きく振って走るので、二人分のスペースが要る」と冗談を言われることもある。隣をハイペースで走っていて、ビハヌの肘が運悪くあばらに当たったりすれば、呼吸をするのが困難になる。

アクスムのモニュメントはエチオピアに返還されたので、ビハヌは三五キロ地点に到達したことを知るために他のものを目印にしなければならなかった。この時点で、ローマオリンピックのアベベよりも二キロ近く前を走っていた。ビハヌは自分が設定した猛烈なペースの影響をようやく感じ始めた。ペースメーカーに三〇キロ地点までぴったりとついていったのは彼だけだった。ペースメーカーがいなくなると、一人きりで走ることになった。後続の集団が一五秒差で追いかけてくる。ビハヌはアベベのように感覚だけで走るのではなく、先導車の後部に設置された巨大な時計に表示される赤文字を見つめながら走った。数キロ後、集団に吸収され、ケニアのアモス・キプルトにスパートをかけられた。他の選手はこれに反応しようとしたが、後ろにつくことができたのはビハヌだけだった。「いつも通りのことをしただけさ。前の選手の足を追いかけることだけを考えていた」と彼は後で話してくれた。映像を見返しても、ビハヌの視線がキプルトのかかとから離れていないのがわかる。

ローマでのエチオピアランナーの歴史を意識していたビハヌにとって、これはどうしても勝ちたいレースだった。エチオピアのスター選手といえばハイレ・ゲブレセラシェやケネニサ・ベケレが思い浮かぶかもしれないが、アディスのランナーたちの記憶はもっと古い。「真のヒーローは、アベベとワミさ」とビハヌは言う。「彼らは本物のヒーローだった。本物の戦士だった。彼らはランニングがお金にならない時代に走っていた。国を愛することが唯一の動機だった。しかも、裸足で走っていたんだ」

ワミ・ビラツはエチオピアの長距離走の祖父だとビハヌは言った。アベベ・ビキラが尊敬していた人物で、選考レースでアベベに一マイル以上の差をつけてローマオリンピックの代表に選ばれていたが、大会前に病気になり欠場した人物だ。私は恥ずかしさを覚えながら、「彼のことは聞いたことがないな」と言うと、ビハヌは「ワミのことは僕に聞かなくてもいいよ。直接会って話を聞けばいい」と答えた。「彼はまだ生きてるのか？　いま何歳だ？」。ざっと頭の中で計算してみたが、八〇代後半にはなっているはずだ。アベベ・ビキラは一九七三年に脳出血によって四一歳の若さで亡くなっている。「生きてるのかだって？」ビハヌは信じられないといった様子で答えた。「彼はまだ走ってるよ。九二歳だ」。私はワミ・ビラッに会わなければならないと思った。

＊＊＊

次の日曜日、私はいつもアムハラ語のレッスンを受けているアディスのアラート・キロという地域にあるジュースバーの前で、ワミの息子のジェジェンナに会った。ジェジェンナとは英雄という意味だ。まさに英雄の子は英雄というわけだ。小柄で、スーツをそつなく着こなしている彼は、ブリーフケースを開くと、ランナーズ・ワールド誌に掲載されたワミの記事のコピーを手渡してくれた。ありがたい配慮だったが、記事はフィンランド語で書かれていた。私たちはミニバスのタクシーに乗り込み、イタリア大使館に向かった。ワミが住む家はその隣にある。ジェジェンナは、「もし、私がいないときにワミに会いたくなったら、大使館の前に来て最初に会った人に聞いてみてください。みんなワミを知っていますから」と言った。

コンクリートの戸建ての前に着き、トタンの門をくぐった。ベランダを歩いていたワミが私たちが到着する音に気づいて振り返り、こちらのほうを向いた。今では視力と聴力をほとんど失っている。大柄で、身長は一八五センチ近くもある。息子によると、聴覚を失う前のワミの声は実に朗々としていたそうだが、今では耳をつんざくような大声になっている。「わざわざ私に会うために来たという者は誰だ？」。私はアムハラ語で、複雑な代名詞の使い方を間違えないように気をつけながら、なんとか自己紹介をした。「何だって⁉」ワミが叫んだ。「この男はネズミのように声が小さいな！」。私たちは家の中に入り、椅子に腰掛けた。ジェジェンナはまず私がジェジェンナに質問し、それを彼がワミに伝えるのが最善策だろうと言った。ジェジェンナはソファのアームに腰掛け、私の最初の質問をワミの耳元で大声で二度繰り返した。

私は、喋ることは貴重な有酸素エネルギーを無駄にすると考えているこの国のランナーたちへのインタビューにはもう慣れていた。彼らは私の質問にできるだけ短く、柔らかい小声で答えようとする。ワミの場合は違った。椅子に腰を下ろし、両手を膝に置いて深呼吸をして答え始めた。「私の名前は、シェラカバシュ・ワミ・ビラッだ！」。シェラカバシュとは、「千人の上司」を意味する軍事用語である。「私は毎食、チェチェブサとミルク、蜂蜜を食べる！」。チェチェブサとは、バターがたっぷり入った濃密なパンケーキのことだ。「私はいつも、犬と貧乏人は恥を知らないと言っている」。私の最初の質問に対するワミの答えは四〇分以上にも及んだ。息子がワミの耳元で何度も「父さん、もういいよ！」と叫んでようやく終わった。九一歳のワミは今年のグレート・エチオピア・ランで、近視の視力にぼんやりと映る息子の後ろ姿を追いながら走った。ワミ・ビラッは立ち止まることを知らない。彼はこんなふうに自らの人生を振り返った。

生まれたのはエントトの北にあるスルタという町だ。私はアスリートになる前からランナーだった。子供の頃は外に出て、動物を見つけては追いかけていた。獲物はたくさんいた。カモシカにヤマアラシ、ヤマウズラ、ウサギ。朝から晩まで、飽きもせずに捕まえていた。気がついたら、馬と一緒に四〇ヘクタールの広い土地を走り回れるようになっていた。ある日、母がアディスから新聞紙に包んだコーヒー豆を持って帰ってきた。その新聞紙には、やせ細った兵士の写真が載っていて、彼が優秀なランナーだと書いてある。私は「なんだ、このチビは?」と思った。私は彼に勝とうと決めた。絶対に勝てると直感した。それ以来、ランナーになるという考えがずっと頭から離れなかった。

二、三年後、ようやく兄を訪ねてアディスを訪れた。旧空港地区で軍が兵士を募集していると聞いたので、すぐに行って入隊したいと伝えた。正式な訓練を受けてアムハラ第二師団に配属された。入隊一年目の一一月に、現役の軍人と元軍人が参加するフレンドシップレースが開催された。私は出場し、優勝した。その日から、私は思い描いていたランナーとしての夢を実現できるようになった。毎朝、六時前には起きて寒い中で練習を始め、たいてい七時頃まで走った。母の農場まで行き、ミルクを飲んで戻ってくるという往復五〇キロ以上のコースを走ることもあった。以来、六四年間も走ってきたが、一度もレースを棄権したり、脱落したりしたことはない。

当時のエチオピアには陸上競技連盟はなく、マラソン大会も主催されていなかった。ハイレ・セラシエ陛下のご臨席のもとで軍の師団間でのレースが行われことがあるだけだった。私は五〇〇〇メートル、一万メートルのトラック競技や、一五キロメートル、三二キロメートル、そして稀に開催された五〇キロメートルのロードレースで優勝した。大会の前には、自分たちでトラックを整備した。当時は一レースにつきわずか七ビル(二五ペンス)の賞金だったが、陛下から二〇〇ビルも頂戴したこともあった。一九五二年に陸軍の師団に所属していたアベベ・ビキラがレースに初参加したが、アベベは途中で失速し勝てなかった。それでも私は「この若者には見込みがある」と高く評価した。結局、アベベは私の指導のもとで練習することになった。

アベベと私はどちらもローマオリンピックの代表に選ばれ、デブレ・ツァイトに移動して練習をすることになった。スウェーデンからコーチとして招聘されたニスカネン少佐が、陛下に五〇〇〇メートル、一万メートル、マラソンの三競技で私たち二人が優勝すると約束した。なぜ勝利を確信できるのかと尋ねると、ニスカネンは私のタイムを計っていて、それがヨーロッパ人選手よりも優れているからだと答えた。また、他の国の選手はエチオピア人ほどのポテンシャルを持っていないとも言っていた。ところが渡航予定日の六日前、私はひどい発熱と全身の腫れに襲われ、オリンピック出場を断念した。アベベはマラソンに出場して優勝し、その後のエチオピアのランニング界が躍進する原動力になった。

オリンピックで記者に「これまで何度レースで勝ったことがあるのか？」と尋ねられたアベベは、「エチオピアのチャンピオンは病気になり母国で療養している。私は今日まで一度もチャンピオンになったことがない」と答えた。オリンピックの後、私たちは日本の大阪マラソン〔びわ湖毎日マラソン大会〕に出場した。私はまだ全快はしていなかったが、中盤まで先頭に立って走った。最後はアベベが勝ち、私は二位に終わった。アベベはシューズを履いていたが、私は裸足で走った。レースが終わって椅子に腰掛けると、足裏から血が流れているのに気づいた。私は足裏の皮を剥がして捨てた。私の血は日本の地の一部になった。

日本の大会主催者は私たちにたくさん賞品をくれた。私は、当時エチオピアでは誰も持っていなかったラジオとカメラをもらった。私はアベベに言った。「君の賞品はそのままもらっておけばいい。私がもらったものは政府に寄付するつもりだ」。後で、アベベは彼のラジオを私にくれた。それは当時のアディスのピアッツァ地区にある唯一のラジオになった。当時、あの辺りはとても静かだった。私は毎日正午から午後一時まで陸軍の兵士に聞こえるようにラジオを流した。アベベが亡くなった後、私は彼に敬意を表してマラソンレースを企画した。また、アディスアベバ・スポーツ・カウンシルやジャン・メダ国際クロスカントリーを設立し、エチオピアに競歩を普及させた。私は毎年ジャン・メダで走っている。あそこは私にとって特別な場所だ。毎年、私はあそこに戻ってくる。一周走り、人々に挨拶する。私をあの場所から引き離せるのは死だけだ。

ワミが話を終える頃には夜になり、停電で辺りは真っ暗になっていた。部屋の隅で灯した一本のロウソクが照らす暗い室内に、ワミの声が響き、消えていく。もう二時間以上も話し続けている。ワミは古い写真を私に見せようと立ち上がり、息子が渡そうとした杖を無造作に振り払うと、ろうそくの明かりを使って日本のレースで先頭を走っている自身の写真を見せてくれた。写真の中のワミは、たしかに裸足で力強く走っていた。白いランニングシューズを履いたアベベが率いる集団に五〇メートルほど差をつけて独走している。肩の筋肉が隆起した、ボクサーのような体つきだ。ワミの偉大さを意図的に強調したような写真にすら見えた。

私はワミに礼を述べた。別れ際、今の世代に何かアドバイスはないかと尋ねた。時代があまりにも違いすぎて、何を言っていいのかわからんよ、とワミは言った。インタビューの途中で、ジャージを着た若きランナーが家を訪ねてきた。若者はしばらくワミの手を固く握りしめ、ワミの両膝にキスをして敬意を表し、「マネージャーに渡してほしい」と私に電話番号を残して去っていった。ワミは、自分が現役の選手だった頃に比べると、アディスはすっかり様変わりしたと言う。高層ビルが建ち並び、ネオンが輝いている、今ではアディスでもっとも裕福な地区であるボレもまだ農地で、自由に走り回れたという。アディスはまだ空っぽで、道路も舗装されていなかった。今では車があふれ、選手は練習のためにバスで郊外に出かけなければならなくなった。

「アディスの人が車に乗り始めたときのことを覚えている」とワミは言う。「家から軍の基地まで走っていたら、車で通りかかった将官に、乗っていかないかと声をかけられた。道はでこぼこで、牛や馬がうろついている。ワミは彼に「結構です！」と言った。そして「急いでいるんです。僕の車はこの二本の足と二つの目です」と茶目っ気たっぷりにつけ加えた。ワミは、今の世代にアドバイスしたいのは、現代の文明の快適さに甘えないことだという。「ランナーたちは今でも、ここからエントトの森まで走っていくべきだ。あの坂を走って上ると、まるで子供を背負って走っているような感覚になる。だから、体力をつけられる」。ワミはまた、物事を複雑にしないことも大切だと言った。「水を飲むように伝えてほしい。水は力を与えてくれる。他のものと混ぜてしまうと、エネルギーが失われてしまうんだ」

＊＊＊

三五キロ地点、ビハヌはこのレースのために用意した七本目のエナジードリンク「ゴー・エレクトロライト」を数口飲むと、ボトルを道端に投げ捨てた。前を走るケニアのアモス・キプルトは、三〇キロ地点までの世界記録保持者だ。これはドバイマラソンのペースメーカーとして走ったときに出したものだ。メジャーマラソンへの初出場となるこのレースに、キプルトは全身全霊をかけて臨んでいた。レースから一週間後、コテベにあるビハヌの部屋で、私はセラミフン、ビハヌと一緒にレースの映像を振り返っていた。画面に映るカフェが立ち並ぶローマの通りを、キプルトとビハヌの二人で足並みをぴったりと揃えて駆け抜けていく。「素敵な場所だな」と私が言うと、「素敵な場所なんかじゃないよ」とビハヌが答えた。「石畳だ」。この二時間、ずっとこの会話のやりとりが繰り返されてきた。ランナーが石畳のセクションに入るたびに、ビハヌは首を振り、「ほら、また石畳」と言う。「最悪だ」

レースの映像が始まったとき、セラミフンが何位までが賞金をもらえるのかと尋ね、ビハヌは「五位までだ」と答えた。画面が空撮映像に切り替わるたびに、ビハヌとセラミフンは先頭集団の人数に注目した。二人は、ペースメーカーの二人を除いた残りの人数を素早く数えた。一五分〇秒で通過した五キロ地点では一一人。「ペースメーカー二人を除くと九人だ。だからあと四人が脱落したら残りの選手は賞金がもらえる」。一〇キロ地点は三〇分五秒で通過。「残り九人。あと二人が脱落すれば賞金だ」。二五キロ地点では集団は六人。そのうち一人はペースメーカーだ。「オーケー、これで賞金が手に入る」とセラミフンはリラックスした様子を見せた。「このとき、どんなことを考えていた?」と私が尋ねると、「マシェネフ」とビハヌは答えた。勝つことだ。「どうやって?」私はビハヌの戦術をもう少し詳しく知りたいと思って尋ねた。ビハヌは、子供に世の中の仕組みを簡単な言葉で説明するような口調で、「一位になることで」と言った。たしかにその通りだ。

「三五キロまでは絶対に勝てると思ってた」とビハヌは言った。「エネルギーは満タンだった」。だがここでスパートしたキプルトは、石畳の路面があり、いくつものタイトなコーナーを通過したにもかかわらず、次の三キロを八分四〇秒で走った。キプルトがトップに立った瞬間、ビハヌは画面に向かって身を乗り出し、「よく見てくれ。ここだ。ここから本当のレースが始まったんだ」と言った。テレビを見ていて、この決定的な瞬間に気づいた人はほとんどいないはずだ。キプルトはこの瞬間から、一キロあたりわずか数秒だけペースを上げた。ビハヌはその後四キロは頑張って食い下がったが、三九キロで脱落し、二位に終わった。「僕はミスを犯した。序盤でペースメーカーの後ろにつくべきじゃなかった。ペースメーカーについていったのは僕だけだった。あれは大きな間違いだった。クレイジーマンさ」。ビハヌはこの〝クレイジーマン〟の衝動を、今後のレースでは克服しようと決意している。こうした大胆で無謀なところがあるからこそ、ビハヌは野心的な練習ができたのだし、結果としてレースに出場できた。しかしマラソンレースの本番では、衝動的な判断が報われることはほとんどない。

「最後の二キロは八分もかかった」ビハヌは辛そうな顔をしてつぶやいた。同じ苦しみを経験していたセラミフンも、「僕は韓国のレースで、ラスト二キロに八分四六秒もかかったよ」と言った。四〇キロ地点までの軽率な判断のつけが、最後に回ってきたというわけだ。慎重にペース配分をしているつもりでも、そうなってしまうこともある。四一キロ地点では、ビハヌは一人で走っていて後ろには誰も見えなかった。だがフィニッシュライン上では危うく三人のランナーに抜かれそうになった。このようなレースを振り返るのはひどく辛いものだ。ビハヌは最後の数メートルをふらふらとした足取りで進み、両手を挙げて二位になったことを喜んでいた。ビハヌは気づいていなかったが、その後ろから猛烈な勢いで三人のランナーが追いかけてきていた。フィニッシュラインを越え、後続の選手に体をぶつけられるまで、ビハヌは一歩間違えればとてつもなく屈辱的で大きな犠牲を伴う逆転劇を起こされかけていたのを理解していなかった。

「びっくりしたよ。後ろには誰もいないと思ってた。振り返って確認してたんだ。彼らはいつの間にあんなに近くまで迫っていたんだろう?」とはいえビハヌは、もしもっと手前の位置で後続の選手に追い抜かれそうになっていたとしても、何もできなかっただろうと言った。ビハヌは「もうその時点では、僕は踊っていたから」という表現を使った。私にはその言葉の意味がわかった。レース終盤で体が限界に達したとき、手足が突然、自分の意思に反して勝手に動き始める感覚を味わうことがあるのだ。ビハヌは二位でゴールし、賞金五〇〇〇ドルを獲得した。もし、あと二、三秒遅れていたら、五位に終わり、一〇〇〇ドルしか獲得できなかった。エチオピアでは五〇〇〇ドルあればいろんなことができる。ビハヌはすでに以前のレースの賞金を元手にしてゴンダールに家を建て、家族で事業を始めている。それでもランナーの選手生命は短く、賞金によって経済的な自立を達成するのは容易ではない。

アベベ・ビキラの勝利がもたらした遺産の価値は計り知れない。だが、アベベが走っていた頃とはエチオピアの陸上競技界の状況が大きく変わったのも事実だ。私の友人であるブノワ・ゴーディンがアディスアベバ大学の同僚ベザビ・ウォルデと共同執筆した論文によると、一九六〇年までのエチオピアでは組織的なスポーツは「未知の領域」であり、学校には体育のプログラムがなく、アムハラ語の指導マニュアルもなかった。最初のスポーツクラブが結成されたのは帝政期にハイレ・セラシエ皇帝が軍隊や帝国親衛隊の構造を変え始めたときだった。下士官や将校の階級が貴族以外にも開放され、それによって軍隊への入隊は「過酷な生活を強いられる農民という身分から抜け出す手段」となり、有給の仕事や昇進の可能性、読み書きの修得や無料の医療などさまざまな利点が得られるものになった。

一九五〇年代後半、エチオピアの公立学校での体育教育を発展させるという目的で同国に滞在していたスウェーデン人のオンニ・ニスカネンは、エチオピア軍のトップランナーを指導する役割を任された。当時の北欧は長距離界の最先端のノウハウを持っており、ニスカネンは世界トップレベルの中距離ランナーが採用していたファルトレクトレーニングの開発者の一人であるヨースタ・オランダとも親交があった。ブノワは論文の中で、「〝エチオピア人ランナーは天性の才能があるから速い〟という通説に反し、ビキラは計画的かつ多様な練習を厳格に行っていた」と強調している。今でも、東アフリカのランナーは裸足で走るとか、公共交通機関が不十分なために子供の頃から走って学校に通っていた、といった紋切り型のイメージが語られることがある。しかしそうした偏見は、エチオピアやケニアの陸上界には充実した組織的サポートがあるという事実から世間の目を背けてしまうことにつながる。

二〇〇〇年までのエチオピアのオリンピックメダリストがすべて軍隊のクラブ出身であったという

事実からも、この国の陸上競技が国家によって推進され、愛国心や民族の誇りによって突き動かされてきたことは明らかである。エチオピアの陸上競技界の特徴でもある組織や競技の確固とした運営基盤は、ある意味でヨーロッパ諸国よりも発達している。エチオピアのAクラスのカテゴリーに所属している陸上クラブ（トラック競技、ロードレース、クロスカントリー）は、選手に他の仕事をしなくても生活できるだけの給料を支払っている。これらのクラブは基本的に国家と直接的に関係していて、国防軍（メケラケヤ）をはじめとして、連邦警察、エチオピア電気公社（メブラットヘイル）、エチオピア商業銀行（バンク）、連邦刑務所などのクラブなどが重要な役割を果たしている。

アディスを拠点とするこれらのクラブに加えて、主にジュニア年代の選手を対象に食事や宿泊施設、用具、コーチングなどを提供する小規模なクラブの巨大なネットワークもある。スポンサーになっているのは、警察や陸軍の地域支部、地元企業、地域の自治体などだ。こうした地域クラブに入るためには、選考レースで良い結果を出す必要がある。地域クラブからアディスアベバの大きなクラブに移る場合も同様である。アセラにある地域クラブからランニングを始めたという私の友人のアセファの場合、選考会は三〇〇〇メートルレースで八〇人中上位三人だけがクラブに入れるという厳しい条件だった。「四位以下の選手は、また来年トライアルを受けに来てほしい」と言われたそうだ。その小さなクラブからアディスにあるメジャークラブ、メブラット・ハイルに移籍する際にも、同じように狭き門をくぐり抜けなければならなかったという。

エチオピア国内のレースでも熾烈な競争が繰り広げられていて、Aクラスのクラブのスポンサーをしている組織は、ジャン・メダやグレート・エチオピア・ランのような大きなレースで勝つことで得られる名声を求めている。これらの国内レースは選手が巨額の賞金を獲得できる国際レースと並行して行われている。国際レースに出場するには、大会主催者と交渉し、ビザの手続きや開催地への渡航を手配する（主にヨーロッパやアメリカを拠点とする）マネージャーの存在が不可欠であり、選手はその引き換えに報酬の一五％を手渡すことになっている。エチオピアの選手が国際大会で活躍できるのも、国内に数多くのクラブがあるからこそである。クラブがなければ、選手は国際的な舞台で力を発揮できるレベルに到達するための長期間にわたる練習や経験を積むことはできない。レースに出ても賞金が得られるとは限らず、多いときと少ないときの差も大きいため（怪我をした場合には長期間にわたって賞金がまったく得られないこともある）、選手の大半はクラブからの給料を生活の基盤にしている。

コーチのメセレットは、月、水、金曜日はモヨ・スポーツクラブで、火、木、土曜日はメブラット・ハイルで選手を指導している。彼によれば、ランナーもコーチも、地元のクラブから得られる給料がなければ、ランニングの世界で生活を成り立たせるのは難しいのだという。とはいえ大多数のランナーにとっては、海外のレースで大金を獲得できることが競技へのモチベーションになっている。そのため国内クラブのコーチをしているメセレットのような立場の人間にとっては、「選手が国内と海外という二つのシステムの中でバランスを保ちながらレースに出場できるようにすること」が課題になる。特に、海外レースに選手が出場することで、国内レースに出場する選手層が手薄にならないように調整しなければならない。

実際、エチオピア陸上競技連盟（ＥＡＦ）は現在でも選手の海外レースへの出場を許可する権限を持っていて、許可した選手には「リリースレター」と呼ばれる書類を発行する。これは海外レースに出場する選手がビザを取得するために必要な書類だが、国内レースのスケジュールやナショナルチームでの活動に支障をきたすと判断された場合は発行されない。その背景には、メセレットが言うように「手間暇をかけてランナーを育成しているの国内クラブは、選手をあまり海外レースに取られたくない」という思惑がある。一九六〇年にアベベがエチオピアの長距離走の存在を初めて世界に知らしめて以来、国内クラブはエチオピア人ランナーの成功に大きな役割を果たしてきた。たとえば、もし同じ構造がスコットランドにあったらどうだろうか？　王立スコットランド銀行や電力会社のスコティッシュパワーをはじめとする一五社以上の大手企業がそれぞれ二〇人の長距離ランナーをフルタイムで雇っているという状況だ。スコットランドの長距離走は現在でもかなりの強さを誇っているが、カルム・ホーキンス（スコットランドのフルマラソン国内記録保持者）、アンドリュー・ブッチャート（スコットランドの一〇〇〇〇メートル国内記録保持者）、ジェイク・ワイトマン（スコットランドの三〇〇〇メートル、五〇〇〇メートル国内記録保持者、リオ五輪五〇〇〇メートル六位入賞者）などは、このような支援を受けることで世界の舞台でさらに活躍できるかもしれない。

ワミは、エチオピアのランニングを取り巻く環境が時代と共に大きく変化したことを熱く語っていたが、「現代文明がもたらす快適さに甘やかされないこと」という彼のアドバイスには今でも多くの選手が従っている。ハイリエやファシルをはじめとするランナーたちはチームバスに乗って快適な練習場所に出かけてはいるが、同時に練習や日常生活で私が驚くような形で不快さを受け入れていることもある。時には、交通量が多い街中を走る。それは人々が寝静まっている夜中に行われる。

第九章　なぜ、午前三時に坂を上り下りするのか

——知られざる秘密の練習

午前三時、私は四時間の途切れがちな眠りから目覚めた。ランニングパンツは穿いたまま眠っていたので、Tシャツとジャージだけを身につけて外に出る。辺りは漆黒の闇だ。番犬が私に向かって吠え、吐いた息が冷たい空気の中で白い霧に変わっていく。ファシルが屋外の蛇口の水で顔を洗っている。今晩は建物の夜警の仕事を休んで、ハイリエの部屋に寝泊まりしたのだ。私がこの深夜のセッションに参加するという約束を守ったことに驚いた様子で、「アンテ　ファレンジ　アイデルム。ジェゲナ　ネ（君は外国人じゃない。君はヒーローだ）」と言った。ハイリエはまだ眠たそうにしていて、門をくぐるときに私の肩を軽く叩いただけだった。キダネ・メレト教会までゆっくりとジョグし、黙ったままアスファルトの坂道を四〇〇メートルほど下ると、ハイリエは振り返って胸の前で十字を切り、先頭に立って坂を駆け上がり始めた。坂の途中にあるキオスクの外に吊るされた裸電球だけしか明かりはない。私は七回、八回とこの坂道ランを繰り返しながら、鍋をじっと見つめているとスープが煮立つまでの時間が長く感じられるのと同じように、頂上よりも自分の足元だけを見ていたほうが早く坂の上にたどり着けることに気づいた。

この練習は、ハイリエとファシルが「レジム・ダグット（ロングヒル）」と呼んでいるものだった。坂道練習にはショートヒルとロングヒルの二つがあり、必要な坂道の種類も異なる。ショートヒルは八〇～一二〇メートル程度の急勾配の坂を全力で走り、ゆっくりとジョグか徒歩で下って戻ることを繰り返す。ロングヒルは五〇〇～六〇〇メートルもの長く緩やかな勾配の坂を一定のペースで走り、戻ることを繰り返す。「今日は坂を何回上り下りする？」と尋ねると、ハイリエは「一二回くらい」と答えた。だがすぐに気が変わり、「やっぱり一時間は続けよう。もしショートヒルなら、あらかじめ回数や時間は決めたりしない。限界が来るまで繰り返すだけだ」と言った。

坂の頂上に近づくにつれ、肺の痛みが徐々に増していく。だが、もうついて行けないと思った瞬間、ハイリエはきびすを返して緩やかなペースで坂を下り始めた。坂の上で感じた軽い頭痛がようやく消えたと思ったら、再びハイリエは向きを変えて坂を駆け上がり始めた。午前三時半だというのに、坂の上の教会の前には、寒さをしのぐために綿のシャンマをしっかりと着込んだ女性たちが座っている。「彼女たちはいったいこんな時間にここで何をしているんだ？」私が息を切らしながら尋ねると、ハイリエは「たぶん、一晩かけてここまで歩いてきたんだろう」と、平然と的外れな答えを返した。

身を寄せ合って座っている女性たちは、私たちが坂道を上り下りしている様子を興味もなさそうに見ている。ハイリエがペースを調整してくれたので、私は歯を食いしばってなんとか坂の上までついていけた。ハイリエは私がついてくるのを見計らって向きを変え、また坂を下りていく。後で聞くと、私の呼吸に耳を傾け、私がぎりぎり限界を超えないようなペースで走れるように調整していたとのことだった。私はあえて腕時計は見なかった。一時間後、ようやくハイリエが足を止め、「ベカ（もう十分だ)」と言った。ジョグで家まで戻りながら、ハイリエにアドバイスされた。「外で冷たいシャワーを浴びて、それから寝るんだ。最高にぐっすり眠れるぞ」。どうやら冷たいシャワーを浴びるのは、この真夜中の儀式の真髄を味わうために欠かせないことのようだ。私はパンツ一枚になり、バケツに入った凍るような冷水を頭から何度もかぶった。初めは痺れるような冷たさを感じて激しく震えたが、最後には全身の肌が覚醒したようなヒリヒリした感覚を心地良いとすら思った。とはいえその覚醒は長続きはせず、ベッドに入るとすぐに深い眠りに落ちた。

ファシルがドアをノックする音で目が覚めた。全身に痛みがあり、時差ボケのような感覚もある。夜中にハードな練習を頑張ったご褒美に、〝特別な朝食〟を用意してくれたのだという。肉のフライに、スクランブルエッグとチリ。一ダースのロールパンも添えられていた。カバーの下で足を少し動かしただけでも刺すような感覚があったが、グラついている歯をそっと舌先で弄ぶような心地よさもあった。エチオピアに来て半年ほど経った私は、この練習をきっかけに、ファシルから「ハベシャ(団結した、誇り高きエチオピア人を意味する言葉)」になったと言われるようになった。通過儀礼を終えたような気分だった。これを境に、ハイリエやファシルとの関係も変わっていった。ファシルは、私がイギリスに戻れば、レースの最初に「チャオ、ファレンジ(バイバイ、外国人)」と言い残して、さっそうと他の選手を置き去りにできるだろうと冗談を言った。「チャオ、ファレンジ」はすぐに、私たちが良い練習をするたびに口にするキャッチフレーズのようなものになった。私はふと、こうした真夜中のランニングが、私がエチオピアに来て何カ月も暮らしている間もずっと行われていたはずであることに気づいた。おめでたい私は、夜中に近くの坂道で仲間がハードな練習をしていることなどつゆ知らずに眠っていたのだ。私は何カ月もこの国で暮らし、ランナーたちの生活にできる限り密着しようとしてきたことで、ようやく彼ら独自のこうした生態を察知し始めた。それにしてもなぜ、エチオピアのランナーは夜中の三時に坂を上り下りするのだろうか？

　ハイリエが夜中に坂道を上り下りしようと思ったのは、自分の「コンディション」に不満があったからだった。最近は少し太り気味だったし、サブエージェントの仕事が忙しいこともあって、以前のような練習への意欲がなくなっていた。毎日の生活が快適すぎて、走りが鈍ってしまっていたのだ。むしろ、月にわずか二〇〇ビル（約七ポンド）で生活していた頃の方が、いい走りをしていたと思えた。当時は、週に三回早朝にアディスアベバを出発してコーチが練習に最適だと判断した場所に向かうチームバスには乗れなかった。公共交通機関を利用する金もなかったので、車や人が少ない夜中に起きて、街中で練習をしていた。今でも夜中の練習をしているのは、この貧しい時代の記憶があるからだ。夜中に走ることには、あの頃の気持ちを忘れず、過去の自分に対して恥ずかしくない生き方をしていることを確認するという道徳的な意味合いがある。練習の後に浴びる冷たいシャワーの重要性や、練習後にぐっすり眠れることの価値を強調するハイリエは、多くのものを犠牲にして厳しい環境で練習に臨むからこそ、得られるものも大きいと考えている。だからこそ、同じ坂の上り下りでも、午後三時より午前三時にするほうが価値があるのだ。

　ハイリエは腸チフスを患ったときにも、森の中を走ると言って譲らなかった。気温が二〇度を超えていたにもかかわらず、汗をかくためにジャージを二枚重ね着して、ゆっくりと坂道を上っていった。「本当に大丈夫？」と尋ねると、「どんなときだって、寝ているより走ったほうがいい。クリスティアーノ・ロナウドは風邪を引くとプレーしない。ガレス・ベイルもプレーしない。彼らは休む。外国人《ファレンジ》はみんな休む。だけど、僕たちエチオピア人《ハベシャ》は休まない」と言った。ハイリエは途中で何度も立ち止まり、しゃがみ込んで額を押さえてめまいを訴えた。何度も「家に帰ったほうがいい」と周りに言われても、「頑張らなきゃダメだ。逃げたりしない」と言って走り続けた。エチオピアのランナーには、医学の一般常識とは正反対に、病気のときに走れば（治癒効果があるとされるニンニクを鼻の穴に突っ込んだ状態で行うことが多い）強くなれると考えを持つ者が少なくない。苦しんでも文句を言わずに続けることが、「コンディション」づくりにつながると考えているのだ。

このような考えも、一パーセントの小さな改善を積み重ねることで大きな前進を目指す「マージナルゲイン」の概念とは大きくかけ離れている。もちろん、エチオピアのランナーも休養を重視している。私もよく、練習が終わった後に町を歩き回るようなこと（ラップ）をするな、朝の練習後は必ず寝るように、などと言われた。真夜中のヒル練習の帰り道、夜明け前で寒かったが、走って体が熱くなったので上着のジッパーを開けると、ハイリエにジッパーを閉め直され、「気をつけろ。寒いぞ」と言われた。家に帰ったら屋外で冷たいシャワーを浴びろと言ったばかりじゃないかと尋ねても、肩をすくめるだけだった。エチオピアのランナーは、パフォーマンスを向上させるための小さな改善（寒さを避けるためにジャージのジッパーを閉める、カフェに長居したり町を歩き回ったりしない）を重視している一方で、夜中の坂道練習など、いわば「マキシマム・ゲイン」（最大の利益を上げようとすること）も重視している。同時に、パワーや〝危険さ〟の感覚を培うことにも重点を置いている。

エチオピアでは、強いランナーを「アダジェンナ（危険）」と形容することが多い。危険さの感覚を養うことは、コンディションをつくるための重要な要素だと考えられている。この危険さは、練習環境、特に高地の寒い場所と関連している。私も標高三〇〇〇メートルを超えるベコジやデブレ・タボルに行く前には、とても危険だと言われた。特別に難しい場所でのランニングや夜中の練習を行うときには、何日も前から計画し、話し合いをする。いよいよ出発するときには、危険で冒険的なことに挑んでいるような気分や、夜明けの急襲をする戦士のような気分になっている。

ランニングで感じる危険さは、必ずしも擬似的につくり出された感覚とは限らない。ときには危険は現実になる。ハイリエはまだクラブに入る前、練習のためにバスで市外に出かける余裕がなかった頃に、街中のアスファルトで行っていたという三五キロメートルものロングランについて話してくれたことがある。今度、そのときと同じようなコースを深夜に一緒に走ってくれないかと頼むと、ハイリエは私がそんなリクエストをしたことを面白がっているような顔をした。無理にそんなことをしなくても、今では私たちはバスに乗ってどこにでも行ける。ハイリエは私が本気なのかどうかを品定めしようとしつつ、同時に少しばかり不安げな表情も浮かべていた。「いいさ。じゃあ、一緒に街中をロングランしてみるか。でもそのときは、腕時計は家に置いておくべきだ。シューズも一番安いものを履いたほうがいい」

ハイリエは、深夜のランニングで心配すべきことは二つあると言った。一つはランナーが履いているアスファルト用のシューズが中古シューズ市場で高く売れることを知っている、「レボック」と呼ばれる強盗のことだ。ハイリエは、夜に無防備な獲物を狙うこれらの強盗のことを、「ジボック（ハイエナ）」とも呼んでいる。そしてもう一つは、本物のハイエナだ。「僕たちは輸送路に沿って走る。

ハイエナを避けるには、車が走っていて、車のライトが道を照らしてくれるのがベストだからね」。

あるとき、夜中の二時にファシルと舗装路を走っていて停電に遭い、ハイエナに襲われかけたという。

「街の中心部に向かってたんだ。コテベの先にある、大きな羊市場がある場所を知ってる？」。知ってるよ、と私は言った。森の一角に広場があって、そこには羊の群れを革製の鞭で操る農民たちが大勢集まることがある。だから、地面には羊の皮や農民が食べ残した肉が散らばっていることが多い。

「僕たちは走っていた。道の両側には、いつもなら街灯から光が差し込んでいるんだ。ところが突然――」。ハイリエは指を鳴らした。「停電になって辺りは真っ暗になった。周りには車も走ってない。だからしばらく足を止めて、目が慣れるのを待つしかなかった。目の前の地面もまともに見えない。足を止めると、何かが走り回る音がした。目が慣れてきたとき、道路の両側に六、七頭のハイエナがいるのが見えた。ファシルが僕の腕を掴んで、〝どっちに行く？〟と言った。僕は〝どっちにも行かない。ライトをつけた車が来るまで待つんだ〟と言った。そして、そのままその場に立っていた。心臓の鼓動が胸に伝わってきた。ハイエナの息づかいが聞こえた。やつらはすぐ近くにいた」。私はこの話を聞いた段階で、夜中のランニングを体験するという試みを取りやめたい気分になっていた。

「しばらくして、ようやく後ろから車が近づいてくる音がして、車のヘッドライトが僕たちがいる辺りを照らすのが見えた。車が通り過ぎようとしたとき、僕はファシルに〝今だ！　車と一緒に走れ！〟と言って、これ以上速く走れないくらいのスピードで走った。車の後ろを何百メートルも走ったよ」ハイリエは、この世にこれ以上面白い話はないだろうといった顔をしながら喋った。「マイク、心配は無用だ。今回は停電はしないから」。結局私たちは、木曜日の夜中に走ることにした。ちょうど、ドバイマラソンが始まる前の時間帯だ。「ドバイマラソンを見るために、夜中にランニングを済ませておくランナーはたくさんいるよ」とハイリエは言った。イギリスでも、ロンドンやベルリンのマラソンレースを見るために、日曜日の朝六時や七時に起きて走ることがある。ドバイはエチオピア時間の朝五時から六時頃に始まる。だから夜中に起きて、午前五時までには三五キロを走り終えようという計画を立てたのだ。

走るルートはとてもシンプルで、アディスの大動脈である、日中にはミニバスタクシーが行き交う幹線道路に沿って走るというものだった。まずコテベを出発し、ハイリエとファシルがハイエナと遭遇した場所を通り過ぎて、巨大なラウンドアバウトがある交通の要所、メゲナグナに向かう。ここから、一九三五年のイタリアによるエチオピア併合を認めなかった五つの国のうちの一つであるメキシコにちなんで名前がつけられた、大きなラウンドアバウト「メキシコ」に向かう（メキシコシティにも、この出来事にちなんで命名された「エチオピア広場」という広場がある）。その後、繁華街の中心地であるボレに向かい、再びメゲナグナを経由してコテベに戻る。ハイリエたちは、週末に作業場でアフリカの衛星放送サービス「ＤＳＴＶ」が放映するプレミアリーグの試合を上映している大工を説得して、朝五時からみんなでドバイマラソンを観戦できるようにセッティングしてもらっていた。いつもと違うシュールな夜になりそうだ。

このときの私は、早朝に目を覚ましてから家を出るまでの時間を最短にするための夜の習慣を身につけていた。とはいえそれは、すぐに眠りにつくにはあまり適していないものだった。デパートで買ったイタリア製のモカポット（私にとってエチオピアでの一番高価な買い物であり、もっとも必要なものだ）を使って六杯分のエスプレッソをつくり、少量のお湯を加え、魔法瓶に入れる。そして、淹れたてのコーヒーの香りに包まれた部屋で、夜九時半頃に眠りにつくのだ。

五時間後、いつものようにトタンのドアがノックされ、いつものように「また空きっ腹にコーヒーを飲んでるのか」と言われた。ハイリエは夜寝る前にしかコーヒーを飲まないらしく、私がなぜ起き抜けにコーヒーを飲みたいのかが理解できない。でも私はコーヒーなしでは目を覚ます自信がない。午前二時三〇分に部屋を出て、キオスクの外に吊るされた裸電球の明かりを頼りに石畳の道を進んでいく。舗装路に着き、坂道をジョギングし始めた。ハイリエが指を鳴らして私に右に寄るように指示した。木の根や石ではなく、夜の街での仕事を終えまっすぐ足早に帰宅する人を避けるためだ。

コテベに向かう道の脇では、まだ何軒かのバーが開いていて、ネオンライトが輝いている。エチオピアで人気のビールの大きな看板――赤と黄色が特徴的なデザインのセントジョージ、青の背景に野生の山羊《アイベックス》が躍動する「ワリア」、正面を向いたアフロヘアーの女性が両目だけを横に向けているイラストの「ハベシャ」――が、競い合うように飾られている。私たちに気づいたバーの客が大声でやんやと囃し立てる。私たちが走っているのが珍しいからではない（この時間に走るランナーは少なからずいる）。この時間に走る外国人《ファレンジ》が珍しいのだ。それに、私がエチオピア代表のジャージの上着を着ていたのも面白かったのだろう（夜間に走るので車のライトに反射する蛍光服を着たかったのだが、私が持っている中でそれに一番近いのがこのジャージだったのだ）。バーの騒がしさはすぐに収まった。ハイリエがハイエナと遭遇した場所に近づくにつれ、私の心拍数は上がっていった。今夜はまだ停電になっていないのが救いだったが、暗くて道端に生えている木々の数メートル先までしか見えないので、早く先に進みたいとという焦りを感じずにはいられない。

この時間帯になると周囲への警戒心が一段と高まり、物音や何かが急に動く気配にも敏感に反応するようになる。ただし交通量は多くはなく、私たちは心地良いリズムに乗って進んだ。私はハイリエの足の動きになるべく合わせようとした。いつものように、ハイリエより私の方が路上で目立つ走り方をしている気がする。自分の足音で彼の足音をかき消さないように、できるだけ軽やかに走ろうと心がけた。約一〇〇メートルごとにトタンの建物がある。木の土台の上に建てられたものもあるが、これらには通りをパトロールしたり、夜にキオスクや市場の屋台を見張ったりする警備員が住んでいる。時折、松明やドゥラと呼ばれる太い木の棒を持った警備員を見かけた。

メゲナグナのラウンドアバウトの下にあるバスターミナルでは、何人かが焚き火を囲んでいたり、毛布にくるまっていたりした。ハイレ・ゲブレセラシェが経営するヒュンダイ車の輸入販売をしているマラソン・モーター社のビルや、ハイレの妻が経営するアレム社のフィットネスセンターの前も通過した。とはいえ道は舗装されておらず、街灯も少ないため、周りの光景よりも足元に注意を向けなければならない。ドライバーが私たちに気づいてくれるか、私たちがうまく注意しなければ、車に轢かれてしまうかもしれない。ロータリー周辺で高層ビルの明かりが点滅しているのを遠くに眺めながら、私がこの国に来て最初に寝泊まりさせてもらっていたブノワの家があるケベナに向かって坂道を下り、アラット・キロまでの長い直線道路を進んでいく。いつもとは様相が大きく異なるランニングではあるものの、しばらくするといつものように周りが見えなくなり、目の前を激しく回転しているハイリエの踵だけに意識が集中していく。メキシコに到着したときにはスタートから一五キロを超えていた。ロータリーに架かる歩道橋を渡るところで、自分の世界に没頭していた私は我に返った。スタジアムに方面に向かい、社会主義時代に建てられた巨大なパレード場、メスケル広場に出た。その名前の由来となった宗教祭や近年の反政府デモで大勢の人が集まる場だ。広場の片側にはスタジアム沿いに長さ数百メートルの石段があり、午前四時の時点ですでに暗い人影がこの石段を走って上り下りしているのが見える。そこから南東に向かい、派手なネオンが紛争時のトレーサーミサイルの映像に似ていることから「チェチェン」と呼ばれている場末の地区に入っていく。ここはアディスアベバの赤線地帯で、この時間帯でも活気は失われていない。そこから北へ向かい、長く緩やかな坂を上っていたとき、約一時間ぶりにハイリエが口を開いた。「ちょっと回り道をしたんだ。この通りの名前を君が気に入るんじゃないかと思ってね」

約三〇キロ走った後、約二キロの長さのケネニサ通りを走ってメグナグナに戻った。ラウンドアバウトを見てほっとした。長い距離を走ってきたので、足がかなり疲れていたからだ。これまでのロングランは、センダファの未舗装路や森の中など、どちらも足に優しい路面を走ってきた。私は、交通手段を持たないランナーが、練習に適した場所を走れるようになるのがどれほど大変なことかを実感した。彼らは資金力のあるクラブに入ろうとして必死に自分のレベルを上げようとしているにもかかわらず、強くなるために不可欠だと言われている環境で練習することができないのだ。コテベまであと少しのところで、ハイリエが「インターバル走を入れよう」と言ってスピードを落とし、私に横に並ぶように指示した。二〇秒ほどジョグした後、彼は手を叩き、おなじみのランニング後のインターバル走を始めた。インターバルをはさんで、少しだけ速く、長く走り、最後は力を抜いて、長時間走の疲れを取り除くことを意識しながら走った。ゆっくりとジョグし、腕を振って体をほぐしたところでランニングを終了した。

このランの最中、二、三人のグループで走るランナーを七、八組ほど見かけた。私は五時に大工の作業場に何人のランナーが来るのかが気になっていたが、ハイリエはそれよりも大工が寝坊するかもしれないことを気にしていた。朝五時前に戻ったコテベでは、すでに一日が始まっていた。道沿いにはミニバスタクシーが何台も連なり、バス停には大勢の労働者が立ち並んでいる。ナイキやアディダスのジャージに身を包んだアスリートたちも、センダファやセベタでのアスファルト練習に向かうバスを待っている。こんな朝早くからすでに練習を終えたことが少しだけ誇らしく、不思議な気分だった。

ハイリエの不安を余所に、大工は作業場を開けて、プロジェクターのスクリーンを用意したり、作業台や木の板を並べ替えて即席の座席を準備したりしていた。すでにランナーが何人か来ていた。ロングランの汗で湿っていた彼らのジャージも乾き始めている。一〇分後には部屋はほぼ満席になり、小さなランプの明かりとプロジェクターの光だけで照らされた、張り詰めた空気の（そして汗くさい）映画館のような雰囲気になっていた。ランナーたちは長いランニングを終えたばかりで体力を消耗しているはずなのに、部屋には緊張感のあるエネルギーが充満している。その場にいる誰もが、練習合宿や森での練習を共にしてきたり、同郷だったりする長年の付き合いのあるランナーたちが、これから始まる二時間のレースで、本人と家族が一生お金に困らないだけの賞金を獲得するかもしれないことをはっきりと意識していた。男女のレースの賞金総額（約八一万六〇〇〇ドル。世界新記録が出た場合はさらにボーナスが加算される）の大部分を、単にエチオピアのランナーというだけではなく、コテベを拠点とするランナーが手にするだろうことも確実視されていた。

ドバイは、優勝候補や記録上の最速ランナー、過去の優勝者だからとって勝てるとは限らないレースだ。この大会で二度の優勝を果たしたのはハイレ・ゲブレセラシェ一人しかいない。二年前には、初めてマラソンに出場した一八歳のツェガエ・メコネンが二時間四分三二秒で優勝している。メコネンのそれまでのハーフマラソンでのベストタイムは一時間二分五三秒だったので、自己ベストを上回るタイムでハーフを二回連続して走った計算になる。前年の大会で優勝したレミ・ベルハヌも、自身にとってエチオピア国外での二回目のレースとなるこの大会で五分以上パーソナルベストを記録している。ドバイマラソンは、勝者が独り勝ちし、一レースごとにそれまでの勢力図ががらりと塗り替えられるというマラソンの世界の特徴を象徴するようなレースだ。高地の農場で育ち、一三歳で学校を辞めたようなランナーが、わずか二時間で想像を絶するほどの富を手にできる。

エチオピアのランナーがドバイマラソンに惹かれるのはそのためだ。ケニアのランナーはドバイマラソンをめったに走らない。他の大きなレースとは違って、出場給が支払われないからだ。ケニアのトップランナーの多くは年に二回しかマラソンに参加しない。だからドバイでの成績が悪くて収入がまったく得られない状況に陥るのはリスクが大きすぎると考えているのだ。しかし、私が出会ったエチオピア人ランナーは、たとえベストタイムがドバイでの優勝に必要なタイムから数分（場合によっては一〇分や一五分）離れていたとしても、ほぼ全員がこのレースに出たがっていた。ドバイでは、びっくりするようなパフォーマンスをする選手が多いという前例もあり、好タイムを出しやすいレースとしても知られていた。

テレビ観戦していたランナーたちは、猛烈なスピードでレースがスタートしても驚かなかった。最初の一時間、大集団は早朝のドバイの広くて平らな高速道路を走った。一時間前に自分たちが練習していたのと同じような、わずかな街灯で照らされた道を選手たちが走るのを、みんな黙って見ている。ドバイマラソンでは曲がり角が四箇所しかない。ランナーたちはそれを良しとしているようだ。「カーブ・ティル・アイデルム（カーブは良くない）」と言うことらしい。一六名からなる先頭集団が一時間一分秒三九秒という驚異的な速さで中間地点を通過し、そのまま三〇キロの世界記録を更新するペースで走り続ける。私とハイリエが英語のテレビ解説をアムハラ語に通訳してレースの状況を伝えていたが、意外にも誰もこのハイペースの展開に驚いていなかった。むしろ、集団から脱落したランナーに対して厳しかった。二時間八分一一秒というそれなりのタイムで完走することになるティラフン・レガッサが集団に数メートルの差をつけられたときも、「なんだ、ティラフンはついていけないじゃないか」という声が上がった。

終盤は駆け引き重視の先頭争いとなり、世界記録が更新されるかどうかよりも、誰が優勝賞金の二〇万ドルを手にするかということに興味の対象が移っていった。レミ・ベルハヌが二位のテスファイ・アベラとの差を広げていく。ハイレ・ゲブレセラシェ以来の連覇を達成するかもしれない。私は出場選手のデータを見て、テスファイの自己記録は出場選手全体の一七番目でしかないと指摘した。「たしかにそうだ」ハイリエが言った。「でも、彼はトップ争いをしている。そうだろ？　それに、テスファイにはフィニッシュがある。彼は元々、四〇〇メートル走の選手だったからな」。〝フィニッシュ〟という英単語は、レースの終盤について語るときによく使われる言葉で、場所を表すこともあれば、ハイリエが用いたようにレースの最後を力強く走り切る能力を表すこともある。テスファイは身長一メートル九三センチとマラソンのエリートランナーとしては極めて長身だ。カメラの遠近感もあって、どれくらいの他のランナーと差があるのかを見極めるのが難しい。

レミの友人たちは、ゴールを目指して必死に走るレミに「ナ！　ナ！」と声援を送っている。ゴールに向かうカメラ付きバイクの目線になって、自分たちがいるところに「来い、来い」と彼を呼び寄せているのだ。ドバイの道路の両側には、エチオピアからの出稼ぎ労働者たちがカラフルな出で立ちで並んでいる。上の段には白いローブと赤、黄、緑のスカーフを身にまとった者たちがいて、その下にはエチオピアのナショナルチームのサッカーシャツを着て大きな旗を振っている者たちがいる。観客から突然の大歓声を聞いたテスファイが、短距離の選手だった時代を思い出したかのように最後の数百メートルでスパートをかけてレミを抜き、フィニッシュラインを越えると歓喜して頭の高さに両手を掲げた。一昨年のレミのように、五分以上も自己ベストを更新したのだ。これからの人生で、もう二度と同じような大幅な自己記録の更新はできないだろう。しかしこのレースでは、自己ベストを更新しながら入賞を逃し、まったく賞金を獲得できなかった選手が三人もいた。それはこのレースの厳しさを物語っていた。後でそのことを話すと、「それがマラソンだ」とハイリエは言った。

人々が一日の仕事に向かう中、私たちは疲れた足取りで元来た坂道を戻っていった。私はエチオピアのランナーたちが、昼は運動、夜は休息といったふうに時間帯を区別していないことにあらためて気づいた。ランニングも睡眠も、昼夜を問わず行えるものだと考えられている。重要なのは時間帯ではなく、行動の質なのだ。ある時間に眠りたくなければ、それでもかまわない。ある夜、私は夜中にハイリエが庭でがさごそと立てている音で目を覚ました。そろそろ起きてランニングウェアに着替える時間なのかと思ったが、時計を見るとまだ午前三時だ。ドアを開けてどうしたのかと尋ねると、「眠れないんだ」と彼は言った。「明日、ツェダが三五キロをどれくらいのタイムで走るだろうと考えながら横になっていたら、庭に水を撒くのを忘れていたのを思い出した。だから今、それをやっている」。私も目が覚めてしまったので、一緒に水やりを手伝ってから部屋に戻り、一時間ほど眠った。

ハイリエはサブエージェントとして、エディンバラにいるマネージャー、マルコムと選手の間を取り持ったり、ランナーが時間通りに空港に到着するように手配したりする仕事もしている。そのため、現地のハベシャ時間と外国のファレンジ時間の間を行き来しなければならない。腕時計はエチオピア式に朝の六時を一日の始まりに設定し（午前七時は午前一時、午前八時は午前二時……）、携帯電話は一般的な時間表示に合わせている。ある夜、ハイリエは一日二回のランニングと、選手のビザ申請のために大使館に行ったことで疲れていたため、いつもよりかなり早く寝た。目が覚めて腕時計を見ると五時半を指している。すぐに練習ウェアに着替えて、坂道に向かった。ハベシャタイムの五時半だと勘違いしていたのだ。実際は、夜の一一時半だった。

大通りに出てみたら、バーは大勢の客で賑わっている。「ファシルに電話して、〝何か祭りでもやってるのか？〟と尋ねたら、〝寝ろよ〟と言われたよ」とハイリエは笑いながら話してくれた。大事な練習セッションやレースの前に寝不足になることへの不安はないようだ。あるかなりハードなロングランの後、ツェダに練習の手応えを尋ねたことがある。「良かったよ。兄がトラックを売るのを一晩中手伝っていた後だったから尚更だね」と彼は答えた。ツェダの兄がなぜ夜中にトラックを売っていたのかは謎だが、聞くのは野暮だと思ったのでそれ以上何も聞かなかった。

　ナイトランニングは、走った場所や環境そのものよりも、走ることへの意義を確認し、冒険心を育むことの大切さを教えてくれるものだった。練習は、単に計画通りにこなせばいいものではない。予定通りの場所やタイミングにこだわらず、時には大胆な発想で行うべきなのだ。夜中の三時に行う坂道のインターバル走には特別な価値がある。私は次のレースでスタートラインに立ったときに、「自分みたいな練習をしてきたランナーは誰もいない」という自信を抱けるだろう。

第一〇章　エネルギーはどこから？——魔術的思考

エチオピアで長く生活するにつれ、この国には私にはよくわからない力が大きな役割を果たしているということをはっきりと感じるようになってきた。たとえば、練習後に立ち話をしているときにコロコンチに風で砂ぼこりが舞うと、ファシルが何度も十字を切った。ハイリエに理由を尋ねると、「悪魔が来たかもしれないと思ってるんだ。一生懸命練習した後だから、エネルギーを奪われたくないのさ」と言った。こうした不思議な力の存在が大きな役割を果たしていることに私が初めて気づいたのは、森の中で道端にちぎった白い紙が重ねられているのを見かけたときのことだった。ランナーたちは十字を切り、この奇妙な小さな紙の塚を避け、呪文のような言葉をつぶやいていた。私もこの紙の山を避けて歩いた。それから数カ月後、この白い紙を道端に置くのを始めたのは、世界各地に支部を持つ競争を目的とせずに楽しむことを主眼にしたランニングクラブ「ハッシュ・ハウス・ハリアーズ」（「飲酒に問題を抱えたランニングクラブ」ではなく、「ランニングに問題を抱えた飲酒クラブ」という面白おかしいキャッチフレーズを掲げていて、メンバーはランニング後にビールを飲むのを楽しみにしている）だと知った。それを教えてくれたのは、若いアスリートを支援し、外国人と一緒に練習する機会を提供するために妻のレキクと一緒に「ラン・アフリカ」を設立した友人のエド・スティーブンスだった。

一般的に、スポーツ科学者や欧米のランナーは人間の運動能力を自己完結的なものだと考えている。つまり、それは本人の身体に限定された問題だと見なされている。しかしエチオピアでは、エネルギーは個人の身体を超えるものだと考えられている。それは人から人へと伝わるものであり、誰かと分かち合うものであり、ときには盗まれることさえもある。そのためランナーの「コンディション」は、仲間との人間関係の中で、食べ物を分け合ったり、同じペースで練習したりすることによってつくられ、保たれると考えられている。エネルギーを高めることは個人のみの問題ではなく他者との関係との問題でもあると考えられているので、ランナーは互いの行動に目を光らせるようになる。また、自分の肉体以外からもエネルギーが得られると信じているからこそ、ありえないような劇的な改善の可能性を信じることもできる。

人類学者のスティーブン・グードマンは、ラテンアメリカの農民の世界観をテーマにした考察の中で、同じようなことを述べている。「力の流れは、大地や風、雨、太陽、そして究極的には神によってもたらされる。人間はこれらの力の源も、力そのものものつくり出してはいない。人間は力をつかまえ、変容させ、つくり変えているだけであり、力の伝達者であって、創造者ではない。その仕事は、〝力が組み合わさる手助けをすること〟だ。すなわち、自分や他人が使えるように、力をまとめることなのである」。同様にエチオピアのランナーも、自分の周りの環境や、生活や練習を共にする仲間から力を得ていることを強く意識している。彼らを形作っているのは、自らの願望や性格、筋肉、細胞内のミトコンドリアだけではない。それはその時々に自分自身に宿っている力や、仲間によってもたらされたエネルギーでもあるのだ。

コーチのメセレットも、練習の最初に、みんなで協力し、責任を分かち合いながら走ることの重要性を繰り返し説いている。今朝もセンダファに到着したバスの車内で、外に出てウォーミングアップを始める前の私たちに向かってこう言った。「エチオピアの選手の多くは、それなりのレベルには達するだろう。だが、トップレベルになれるのはほんのわずかだ。なぜか？　走る能力が足りないのではない。自己管理が足りないからだ」と。この自己管理の欠如とは、個人のことだけを指しているのではない。「私が指示したペースを上回る速さで走る者は、特にレースの準備段階では、自分自身をダメにしているし、他のランナーもダメにしている」。つまりペースを守って走ることは、グループへの貢献と仲間への協力を示しているのだ。

私は同じようなことを、エチオピアやケニアの多くのトップランナーの療法士を務めているオランダ人のイェルソーン・デーンからも聞いた。私はダイヤモンドリーグのレースを観戦するためにアララットホテルで彼の施術を受けることが多いのだが、イェルソーンは毎回約三時間、息もつかせぬほど喋りっぱなしである。ランナーについての四方山話は、彼がｉＰａｄに表示したダイヤモンドリーグのウェブサイトに掲載されているスプリットタイムを読み上げるときに約三〇秒だけ中断される。イェルソーンが施術しているランナーの怪我の大半は、オーバートレーニングによって腰や股関節を痛めたことが原因だそうだ。ある夜、イェルソーンは私と彼のマッサージセラピーの弟子で、ランナーでもあるハジュに向かってこう言った。「私はそれを〝壊れた夢の大通り〟と呼んでいる。街の中心にあるメスケル広場のような大広場に、夢を叶えられなかったランナーが大勢いるのを想像してみてほしい。三年から一〇年も練習に励み、成功を手にできなかった人たちだ。何度かレースに出て、わずかな金を稼ぎ、少しばかりいい思いをしたが、成功したとは言えないランナーもそこにいる」。彼はハジュの腕を掴んだ。「私は、トップアスリートだけを診ようとする多くの理学療法とは違う。なぜなら私は、ハジュのような人たちにアドバイスできる。〝ねえ、君はこれまでどれくらい練習してきた？　怪我をしたとき、その原因が何かを考えてる？　それは、ハードな練習をしすぎたからだよ。自分ができる以上のハードな練習をした。だから体が悲鳴を上げてるんだ。わかる？〟ってね」

「自分ができる以上のハードな練習をする」――これは、私が知るランナーの多くが直面している問題だ。彼らのランニングにかける情熱は並大抵のものではなく、成功することで手にし得る報酬の規模も桁はずれだ。その結果、コーチやサポートスタッフは、選手が頑張り過ぎないように手綱を引く役割をも担わなければならない。イェルソーンはハジュのような理学療法士を何人も育ててきた。皆、ランナーとして伸び悩みながらも、この競技の世界で働き続けたいという願いを持っている若者たちだ。だからこそイェルソーンは、理学療法士の仕事は単なる怪我の治療ではないと言う。

イェルソーンはまた、マラソンのパフォーマンスに興味のある人が自分のところに話を聞きに来ないことに驚きを隠せない。彼（やハジュのような弟子たち）は、過去に三人の世界記録保持者の施術を担当していた。また、成功の大きな要因を一つだけ探そうとする人が多いのに対し、イェルソーンは全体的なアプローチが大切だと言う。「なにより重要なのは、選手が自分の周りに人の輪を作れるように手助けすることだ。選手が真ん中にいて、マネージャーがいて、家族がいて、教会があって、慈善団体がある。そこには、人生のすべてがある。選手が成功するためには、この輪が十分に機能しなければならない」

選手の能力に影響を与えるのは、こうした身近な人間関係だけではない。ペースメーカーとしての責任を果たすことや、一緒に練習する人を選ぶことも極めて重要だ。センダファのバスでは、メセレットが選手たちに指示を出している。テクレマリアムはケガから復帰したばかりで後半ペースが落ちるかもしれないので、最初の五キロはテクレマリアムとファシルが先頭に立つ。次の五キロはアンドゥアレムとティラフンが担う。その後はフーネンナウとアセファ、そして経験豊富なツェダとアタレイがリードする。二五キロ走の最後の五キロは、各人が好きなペースで走れる「フリーラン」だ。メセレットは、ケガから復帰した選手にもペースメーカーとしての〝責任〟を与え、チームにとって重要な意味を持つ〝義務〟を、全員が公平に分配されていると感じられるようにしているのだ。

私たちは朝六時過ぎにバスを降りた。センダファは寒かった。アスファルトの道路沿いに広がるひよこ豆畑に、青みがかった霧が立ち込めている。遠くの丸いトゥクルからは煙が上ぼり、農民たちがいつものように農作業を始めようとしていた。今日は速く走る日なので、ウォーミングアップは長い時間をかけてゆっくりと行う。私たちはバレンシアマラソンで優勝したレウル・ゲブレセラシェが買ったばかりのトヨタ車を品定めしてから、まだほぐれていない足でゆっくりと最初の数キロを走り始めた。折り返し地点までの二〇キロはほとんどが上り坂だ。すでに私は、今日が厳しい一日になるのは間違いないという確信を抱いていた。「アイエル　カバッド　ナ　ザレ（今日は空気が重い）」とツェダが言う。標高二七〇〇メートルの高地を走るのはいつだって楽ではないが、いつにも増してきつく感じられる日もある。今日がまさにそうだった。ジョグを始めたばかりなのに、もう息切れがする。

今日の練習コースであるセンダファのアスファルト道路は、丘陵地帯を進む曲がりくねった道だ。途中で小さな町をいくつか通過する。歩道はなく、いすゞの巨大なトラックが迫力満点で迫ってきたり、ロバの大きな群れを避けて走らなければならないときには、道の端の砂利の上を走る。エチオピアでは、森や山、コロコンチは素晴らしい練習環境だが、アスファルトでの練習は極めて危険だ。この国には、世界中を見渡してもそうは見当たらないと思えるほど危険な道路がある。シートベルトがまともに機能している車はまず見かけないし、そもそもシートベルトを着用することは神への冒涜につながるとすら見なされることもある。つまり、道路上での生死は天に委ねられている。それはトラックやミニバスのドライバーの荒っぽい運転スタイルにもよく現れていて、その大胆な追い越しの仕方には驚かされることが多い。

そのうえ排気ガス規制が緩いため、アスファルトを走るときは薄い空気と一緒にディーゼル車の濃い排気ガスを吸い込まなければならない。私がアスファルトを走るのが好きではないのには、ランナーの実力の違いがはっきりと示されるという理由もある。海抜ゼロメートルの場所を走るより、高地のアスファルトを走るときのほうが、自分がどれだけ遅いかを嫌というほど痛感させられるのだ。今朝のウォームアップはいつものパターンで行う。最初の一〇分はキロ七分程度のペースでゆっくりとジョグ。その後徐々にスピードを上げ、二〇分過ぎまではキロ四分前後のペースで走る。最後の一〇分はキロ三分二〇秒近くまでペースを上げ、例によって私が脱落する寸前に減速してジョグに切り替える。その後すぐに約二〇〇メートルのスプリント走と三〇秒間のジョグを繰り返す「インターバル走」に入る。

その後、約一〇分間、複数人で同じ動作をしながら体をほぐすエクササイズを行う。三、四人の選手が一列に並び、腕を振ったり、地面を同時に踏み鳴らしたりする。目的は、肩や胴体をリラックスさせながら、脚の筋肉を温めることだ。私の場合、瞬発的に体を動かすエクササイズをするとハムストリングスの痛みがひどくなるので注意が必要だ。こうして走り出す前にできるだけリラックスし、お互いの気持ちを合わせておくことで、練習をスムーズに行えるようになる。エクササイズを終えレーシングシューズに履き替えた頃には、ウォームアップ開始から一時間以上が経過している。ようやく私たちは集団での二五キロ走を開始する。ペースの目安は次の通り。最初の五キロを一六分ちょうどで走り、次の五キロは一五分四五秒、さらに次の五キロを一五分三〇秒で走る。一五キロ地点は四七分一五秒で通過。一五キロから二〇キロまではツェダとアタレイがキロ一五分一五秒でリードする。最後の五キロはフリーランで、全員が一気にスピードを上げて走る。この二五キロ走のペースは速すぎて、私はとうていついていけない。メセレットからは、女子グループと男子グループの中間地点で出発して、独りで走ったらどうかと言われた。

しかし、それでは私の目的である人類学者としての調査に支障をきたす。私はできるだけ長く集団と一緒に走り続け、一〇キロ地点でバスに乗り込み、そこからは車内からその後の展開を見守るという作戦を立てた。選手たちがスタート地点に並んだ。道路脇の白い柱は、アディスが二五キロ先にあることを示している。メセレットが全員に向けて言った。「今日は協力して走ってほしい。いいか、レースでは一度は先頭に立たなければ勝者になれない。だが、最初から最後まで先頭に立とうとしても勝つことはできないんだ」。走り始めた私は、〝先頭に立つことと誰かの後ろを走ることのバランスを取ることが成功の鍵である〟というメセレットのアドバイスを頭に刻もうとした。だがすぐに酸素不足に陥り、最初の一キロを過ぎたあたりからは取り残されないようにすること以外は何も考えられなくなっていた。

ペースはそれほど速くは感じなかった。だが走り始めるとすぐに、空気とは違う、抵抗力のある何らかの物質の中を走っているような得体の知れない感覚に襲われた。集団と一緒に五キロまで走ることができれば上出来なくらいだ。私たちはチーム・タイムトライアルを走るサイクリングチームのように縦一列に並んで走った。テクレマリアムとファシルが交互に先頭に立ち、最後尾は私だ。きれいに揃った全員の足並みが、長い列車の下を回転するピストンのように動いている。全員が一本の糸で結ばれているような気がする。ペースを合わせるのに苦労している最後尾の自分が、みんなの足手まといになっているのではないかと不安になる。

私は目の前にいるフーネンナウについていくことに集中しつつ、前方の状況も視野に入れながら走った。左側に大きな馬車が現れたかと思えば、バジャージと呼ばれる三輪タクシーが何台も連なって右側の路肩を下りてくる。見通しの良い道を走るのとは大違いだ。緩い上り坂を進むと、小さな町の道端では、バーやカフェにいる人々が励ましの声をかけてきた。私を見て反射的に、「外国人《ファレンジ》だ！」と叫ぶ者もいる。最初の五キロはなんとか集団についていけた。テクレマリアムとファシルが見事な仕事をして、一六分ジャストで五キロを経過。その後、アンドゥアレムとティラフンが二人を追い越して加速した。私と目の前の選手の差がみるみる開いていく。

とにかく、できる限り離されないことだけを考え、頭を下げて全力で走った。差を開けられてしまうと、メセレットとハイリエが私を拾うために一〇キロ地点でずっとバスを停めて待っていなければならなくなる。この道は、バスに乗って通るときは、長い上りで感じた辛さを短い下りで解消できるような、起伏のある道に感じられる。しかし今日は、上りも下りも同等に辛く感じられた。エディンバラのポートベローの海岸沿いを往復するときによく感じていたことを思い出した。「向かい風は辛いけど、折り返せば追い風になるさ」と考えながらマッセルバーグを走り出す。なのに、折り返してもなぜかまだ風に向かって走っているような気がするのだ。この日のセンダファの坂も、ポートベローの風と同じように思えた。

ようやく一〇キロ地点に辿り着く。チームに迷惑はかけたくないという思いが幸いして、エチオピアに来てからの一〇キロの自己ベストとなる三二分強のタイムで走れた。汗まみれでバスの革張りのシートに倒れ込むと、そのまま数分間動けなかった。頑張ってなんとか起き上がり、バスの中から残りのランを観戦した。それは意外な展開になった。

バスの最前列に行くと、メセレットが片手に過去の練習セッションのスプリットタイムが数え切れないほど殴り書きされたノートを丸めて持ち、もう片方の手で男子用と女子用のストップウォッチを二つ握りしめていた。大きな木製の十字架がフロントガラスの内側で振り子のように揺れ、時折私の頭にコツンと当たった。バスは、一五キロ地点に先回りするためにランナーに追いつこうとしてスピードを上げたが、数キロ走ったところで、運転手のビハヌが道端に女子ランナーのムルがいるのを見つけた。彼女は腕を振って私たちの注意を引いている。ビハヌがスピードを落とすと、ムルは道路脇の草むらにある何かに群がっている数人の野次馬を指差した。

「ミンデン　ナウ（何の騒ぎだ）？」とメセレットがムルに叫んだ。彼女がアムハラ語ではなくアファン・オロモ語で答えたので私にはさっぱりわからなかったが、メセレットはうなずき、グローブボックスにしまってあった聖書とウォーターボトルをつかむとバスから飛び出し、人ごみをかき分けていった。女子ランナーのビルハンが、地面に倒れて悶えている。何かに取り憑かれて、異言を発しているように聞こえる。メセレットは聖書を持って屈み込み、ボトルの水をビルハンの頭に注ぐと、彼女が動き回らないように体を押さえつけた。私は人ごみの外から中の様子をなんとか覗き込んだ。彼女は次第にはっきりとしたアムハラ語で話し始め、「助けて」と叫ぶと、「メブラク、メブラク（稲妻、稲妻、稲妻）！」と繰り返した。

しばらくするとビルハンは黙り込んだ。メセレットはビルハンを乱暴に抱き上げてバスに乗せ、まだ朦朧としている彼女を二つ並びの座席に寝かせると、ビハヌに「行くぞ」と言った。ムルも他の選手に追いつくために再び走り出した。メセレットは気にする様子もなく、自分の定位置であるバスの最前列に戻り、ストップウォッチを握りしめた。「何があったんだ？」と恐る恐る尋ねると、「彼女は誰かに呪われたと思ってるのさ」とメセレットは言った。ハイリエとは以前にこのテーマについて話をしたことはあった。だが、魔術的な現象が選手の身に起こるのをこれほどはっきりと目の当たりにしたのは初めてだった。エチオピアには、〝ランナーはメタットと呼ばれる魔術を用いれば、他のランナーのエネルギーを盗むことができる〟という考えがある。ある選手の汗の染み込んだ靴下などを「デブテラ」と呼ばれる呪術師に持っていくと、デブテラはそこからエネルギーを抜き出して、他の選手に与えることができるのだという。「そうすれば――」ハイリエは言った。「ランナーは六人から八人分のランナーのパワーをもらって、ハイエナのような力で走れるようになるのさ」。もしレースに勝ったら、呪術師に礼として牛か羊を殺して捧げることになっている。

以前メセレットとこの話をしたとき、メタットは選手の心理的な弱さの表れだと言っていた。「ランナーは、常に絶好調を保てるわけじゃない。体調は良いときも悪いときもあるし、コンディションも上がったり下がったりする。だから、コンディションが落ちると、選手は〝これは誰かに呪われたせいだ〟と容易に考えてしまう」。強い不安を覚えたランナーの中には、何百キロも離れた修道院を訪れ、聖水を飲み、司祭の指示に従って食事を制限し（一日にひよこ豆を二つかみ程度しか食べないことが多い）、体力をすり減らした状態で練習に復帰する者もいるという。スポーツ科学の修士号を持つコーチであるメセレットは、メタットを選手の〝教育水準の低さ〟や〝精神的な弱さ〟と結びつけていた。

しかし、ビルハンは明らかに現実味を帯びた何かに苦しめられていた。この類いのものを〝信じる〟か、それともこの競技の世界の競争の激しさや不安から逃れるために選手が単に妄想しているものと考えるかは別として、人が悪魔の存在を信じることが現実世界に何らかの作用をもたらしているのは紛れもない事実である。メセレットがこのときにした対応も、実は神父によって風習化されたものかもしれない。メセレットはバスのグローブボックスに聖水の入ったボトルと聖書を常備しているし、困窮しているランナーに彼らにとってわかりやすい言葉で状況を説明できる。「悪魔はハードワークが嫌いなんだ」とメセレットは言う。だからこそ、ランナーは悪魔に取り憑かれやすい。ビルハンの頭に聖水をかけたのは、聖なる力で悪魔を取り払い、練習を続けられるようにするためだ。実際、彼女は意識を取り戻すと、練習を続けたいからバスから降ろしてほしいと要求した。悪魔は努力を嫌うという考えは、ハードワークに関する道徳的な意味合いを明確に表している。実際、努力せずに何かを達成したように見える人、たとえば突然劇的にパフォーマンスを向上させた人は、悪魔の力を借りたのではないかと怪しまれることが多い。人類学者の研究もこの考えの存在を裏付けている。世界各地の研究から、労せずにいつのまにか富を築いたと見なされる「汗をかかずに稼ぐ」人は、周りの人々から疑わしいと見なされることがわかっている。

ピーター・ゲシエールはその著書『Witchcraft Intimacy and Trust（魔術、親密さ、信頼）』の中で、「現代人も、日常生活の中で緊張した人間関係に悩まされている。相手と近づきすぎると危険な力を与えてしまいかねないという恐れを感じる一方で、周りと協力するためにはある程度の信頼関係を築く必要があるというジレンマに陥っているのだ」と書いている。これはまさにランナーが体験しているものだ。成功するためには仲間のランナーと協力しなければならないが、最終的にはその仲間と熾烈な競争をしなければならなくなる。フランスの思想家ジャン・ジャック・ルソーも、鹿狩りを例にしてこの問題を指摘している。大きな獲物（この例では鹿）を狩るとき、猟師たちは協力しなければならない。全員で狩りをしている最中、一人の猟師の前にウサギが現れたとする。その猟師には二つの選択肢がある。自分の利益のために猟師全体の鹿狩りが成功するチャンスを台無しにしてウサギを追いかけるか、ウサギは無視して他の猟師と協力して鹿狩りを続けるかだ。

チーム内のランナー同士の信頼関係を築くためには、ペースメーカーとしての責任を果たし、食料やホスピタリティなどのリソースを平等に分かち合わなければならない。私が知っているランナーたちも、それは道徳的にとても大切なことなのだと言う。バスに乗った私たちは、一五キロ地点で道端でコンクリートの平板を積み上げた上に座っているフーネンナウとゴジャムを拾った。ゴジャムはバスに乗り込んでシートに腰掛けると、激しく咳き込んだ。「今日、僕は君がリードする番のときに先頭に立った。魂が抜けそうになったよ」とフーネンナウに言い、さらに咳をしてからこうつけ加えた。「リードするのは大変だ。他の人の荷物を抱えて走ってるみたいさ」。だが、チームメイトのために自らを犠牲にするという行為は報われないわけではない。ゴジャムも、他の選手にした良いことは、いつか自分に返ってくると考えている。メセレットも、仲間のために頑張ることには大きな意味があると言う。「道徳的に正しいことをしていれば、仲間との関係に迷いや疑いは生じない。必要があれば率先して自分がリードする。仲間がリードしていれば、積極的にそれを引き継ぐ。代わってくれと頼まれたわけではなくても、先頭に立つ。道徳的に正しいことをすれば、神が報酬を与えてくれると信じているからだ。そのような晴れやかな気持ちでいれば、内輪もめもしないし、些細なことで仲間を責めたりもしない。何が正しくて何が間違っているかを正しく判断できるようになる。このような精神状態を保つことは、とても重要なんだ」

メセレットは、全員で力を合わせることには大きな意味があり、妨げてはならないものだと考えている。だが今日は、それがはっきりとした形で裏切られる出来事が起こった。バスが停車していた一五キロ地点、雑用係のタデッセが道端に散らばったウォーターボトルを急いで回収すると、私たちは次の二〇キロ地点に向かってバスを走らせた。選手の一団を追い抜こうとしたとき、先頭を走っているべきツェダが集団の後方にいて、アタレイだけが単独で先頭を走っているのに気づいた。メセレットが窓から大声でどうしたんだと叫んでも、ツェダは無視して目の前のランナーを見ながら走り続けている。集団はそのまま折り返し地点となる二〇キロ地点に向かっていく。そこから最後の五キロの下り坂は、フリーランでゴールを目指すことになる。折り返し地点に近づくと、ツェダは集団の外側を回って先頭のアタレイに並び、進路を一八〇度変えて折り返すと、思い切り加速した。

集団との差があっという間に広がっていく。この最後五キロの猛然とした走りで、ツェダが何かを訴えようとしているのは明らかだった。「どうやら、ツェダは何かに怒ってるようだな」とハイリエが言った。ツェダはコンパクトでエネルギーを一切無駄にしない効率的なフォームで、頭をまったく上下動させずに足を素早く回転させながら走る（私は腕時計でツェダの足が一分間にどれくらい回転しているのかを計算しようとしたが失敗してしまった）。ここは標高約二八〇〇メートルの高地なのに、二〇キロから二一キロまでの一キロを二分五三秒で走っている。後続との差はツェダが歩を進めるごとに大きくなっていく。さっきまではきれいに整列して走っていた集団も、今や完全にバラバラだ。

私たちはアディスまで一八キロの標識の辺りでツェダの横にバスを寄せ、スピードを落とした。ハイリエが窓の外に向かって「ベルタ（踏ん張れ）！」と叫ぶと、ツェダはこちらを向いて満面の笑みを浮かべ、腕時計を確認して、激しいテンポを保ちながら走り続けた。私たちは後続車の邪魔にならないように加速し、アディスまで四〇キロという道路標識のそばに駐車して選手たちが来るのを待った。ツェダが私たちのところに近づいてきた。後ろのランナーの姿はまだ遠くにしか見えない。ハイリエが首を振り、「彼はたまにこういうことをするんだ」と言った。ツェダは腕時計を止めた。最後の五キロのタイムは一四分二三秒。そのまま、後ろを振り向きもせずにゆっくりとジョグを始めた。この五キロの走りで後続をさらに大きく引き離したことを知っているのだ。

戻って来たアタレイがツェダと激しい口論を始めた。野次馬の農民たちが、今日は物珍しいものが見られるぞと集まってきた。メセレットが割って入り、選手全員に向かって、バスに戻って車内で冷静に話し合おうと言った。いつもは穏やかなランナーの諍いを目にして楽しんでいた農民たちはがっかりした。みんながバスに乗り込むと、窓が蒸気で曇った。メセレットが、フーネンナウに何が起こったのかと尋ねた。

「アタレイのペースが少し速すぎたんだ。だからツェダはペースを上げようとしなかった。するとアタレイが腹を立て、ツェダは集団の後ろに下がった。でも、ツェダにはリードする力は十分にあったはずだ。それは最後の走りを見ればわかるはずだよ……」

「でも、アタレイは上りをキロ二分五八秒で走ってたんだ」ツェダが割り込んだ。「無茶苦茶だよ。後ろを振り返ったら、そのペースについてこられるのはフーネンナウだけだった。だから僕はアタレイにペースを落とすように言ったんだ。でも、彼はそれを拒んだ。だから僕は一人でゴールすることにしたんだ」

「そうだな。後ろで力を溜めて最後にスパートしたんだ。たいしたヒーローだよ」アタレイが皮肉を込めて言った。

「僕は自力でヒーローになったのさ」とツェダが言い返す。「君はコーチに指示されたペースではなく、自分勝手なペースで走ってた」

「でも一位でゴールしたのは君だ。まったくたいしたヒーローだよ」とアタレイは繰り返した。「僕が一位になったのは実力があるからさ。次は僕一人でセッションを通して集団をリードしてやるよ。僕の真の力を思い知ればいい」

一年以上エチオピアに滞在した私が、「ペースを乱した」とか「チームよりも自分の利益を優先させた」といった理由でメンバー同士が激しく口論をしているのを目の当たりにしたのはこの時だけだ。とはいえトップレベルのマラソンの世界の競争の激化によって、選手たちの利己的な行動が助長されてはしまわないかという懸念を感じていたのも事実だった。メセレットもランナーの自分勝手な行動はエチオピアの社会が競争的になるにつれて悪化していると考えていて、バスの中で選手たちにこんな話をした。「今の時代、ランナーはみんな利己的になっている。誰かのために犠牲になりたくない、誰かの犠牲のうえで自分が得をしたいと思ってるんだ」。メセレットは、安定した仕事を見つけるのが難しくなり、大卒者ですら仕事を見つけるのが困難な状況になっているエチオピアでは、国民全体がこうした考えを抱きがちになっているとも言った。

当然ながら、コテベに戻るバスの車内は静まり返っていた。ツェダは前方の席に一人で座っていた。練習の最中に起きたことや、それに対する他の人たちの反応に、いまだに怒りが収まらないようだ。私は隣に座っているハイリエに、最近の選手は利己的になっているというメセレットの考えについてどう思うか尋ねてみた。「メセレットの言うことにはたしかに一理ある」ハイリエは言った。「でも、僕は陸上競技の特性そのものが選手の行動を変えているのだと思う。選手たちは農家の出身で、周りと力を合わせて何かをすることが当たり前の環境で育ってきた。農作業も収穫も、穀物の採集も家の建設も、互いに助け合ってやってきたんだ。でも、陸上競技は競争だ。練習をするのは相手と競争をするためだ。陸上競技に人生を賭けている選手たちにとっては、人生そのものが競争になる。みんななんとしてでもライバルに勝ちたいと思っている」

レースでの多額の賞金が極めて不平等な形で選手に分配されることが、ランニングの世界にはびこる勝者総取りや適者生存といった価値観を助長させているのかもしれない。とはいえ人類学者によるエチオピアのキリスト正教会についての考察を読むと、こうした個人主義の考え方はエチオピアでランニングが普及するよりもずっと前からあったようにも思われる。私がエディンバラで人類学の博士号を取得していた頃、ディエゴ・マララとトム・ボイルストンというこの分野の専門家が二人いた。トムはその著書『The Stranger at the Feast（祝宴の中のよそ者）』でこう述べている。「エチオピアのキリスト正教会は、人間は基本的に個人主義的で、利己的でさえあると見なしている。そして、それは良いことではなく、社会的・道徳的な制約によって抑制されなければならないと考えている」。トムによると、これを実践するための主な方法は、飲食を共にして、「利己的な心の働きを中和させること」だという。

いつものように車内の通路を往復して各選手の様子をうかがっていたメセレットが、私とハイリエの隣に腰を下ろしてニヤリと笑った。選手のエゴをコントロールしてチームへの協力を促すのは、メセレットにとって重要な仕事だ。ランナー一人ひとりの能力を最大限に引き出すためには、競争心をうまく活かさなければならない。「選手がお互いに興味を持っていないと、全体のためにペースメーカーとしての役割をきちんと果たそうとは思わなくなる。だから私はコーチとして、まずチーム内に信頼関係をつくり、その信頼関係に基づいてそれぞれが自信を深めるように促がさなければならないんだ。そして、今日はそれをバナナを通して行う」。私がその意味を尋ねる前に、メセレットはバスの最前列の通路に立ち、選手たちのほうを向いて「ツェダとアタレイは自分たちの過ちを償うために、しばらくしたらバスを降りてみんなのためにバナナを一〇キロ買いに行く」と告げた。人類学者のトムが言うように、一緒に食べることでチーム内に生じた傷は癒されるのだ。ツェダとアタレイは最初は渋っていたが、最後には大量のバナナを運搬するのを手伝うために同行するファシルと一緒にバスを降りた。バナナは全員に平等に行き渡るようにしっかりと数を確認しながら配給された。すぐに車内の雰囲気は良くなった。音楽が再び流れ始め、バナナの皮があちこちに飛び交った。

運転手のビハヌも、車内の気まずい空気を察知して自分なりの解決策を考えていた。コテベに戻る途中、突然、道路脇のバーにバスを停め、全員に酒をおごると言い出したのだ。ハイリエは私のほうを向いて眉をひそめ、肩をすくめた。ビハヌがそんなことを言い出すのは本当に珍しい。私たちが店内の大きなホールに入ると、清掃前の床には落ち葉が散乱し、テーブルの上は前夜に店を片付けた状態のままで椅子が逆さまに積まれていた。ビハヌはなんとか店員に掛け合い、全員分の酒を持ってくるように手配した。まだ朝の九時なのに、ハベシャビールを注文した選手が何人かいた。私もそれに便乗した。みんな、ビハヌがバスを止めた理由を知りたがっているようだった。全員が椅子に腰掛けると、ビハヌが立ち上がってスピーチを始めた。

「少し言わせてほしい。私がみんなをここに誘ったのは、たまにはこんな風に集まるのはいいことだと思ったからだ。私はこれまでにいろんな集まりを経験してきた。みんなと一緒に悲しみを分かち合うのも美しいし、幸せを分かち合うのも美しい。一緒に食べ、飲むのは大切なことだ。みんなの幸せは私の幸せだ。一緒に集まって愛を示そう。結束を強めていこう。乾杯！」ビハヌがアンボのフレーバーウォーターのボトルを掲げると、みんなが拍手をした。続いてハイリエが立ち上がった。「みんなで率直に話し合う機会はなかなかない。せっかくだから、今、このチームが自分にとってどんな意味があるのかや、将来の自分の目標について、それぞれが発言するというのはどうだろうか」。人類学者として、これはまたとないチャンスだ。私はこの幸運を逃すまいと慌ててノートを探した。ハイリエが言った。「まずはテクレマリアム、君からだ。君が禿げたのは、頭に荷物を載せていたからではなく、知識が詰まっているからだもんな」

テクレマリアムはまいったなという面持ちをしながら笑顔で立ち上がった。「ありがとう、ビハヌ。私たちは本当に、あなたを愛し、尊敬している。あなたは自分の仕事に愛情を込めている。あなたはまだ全力疾走して僕たちに水を配れるくらい若々しいと同時に、私たちにとって父親のような存在だ。ハイリエも単なるサブエージェントではなく、私たちにとって兄弟のような存在だ。このグループは、互いに学び合い、分かち合い、助け合い、理解し合う場所でなければならない。毎週、みんなで少しずつお金を積み立てておいて、年に二、三回、全員で修道院や史跡を訪れてもいいかもしれないね。今私が言ったことをみんなが心に留めておけば、きっと神様が私たちを良い方向に導いてくれるはずだ」。テクレマリアムが着席すると、誰かが「ツェダ！」と叫んだ。ツェダは立ち上がったが、すぐにまた座り直し、「僕もテクレマリアムと同じ考えだよ」と、急に照れくさそうな顔をして言った。スピーチは続いた。ランナーたちはグループの重要性や協力し合うことの大切さをそれぞれに口にした。

新人のメカシャが発言を促された。「僕は子供の頃、長い期間を修道院で過ごしました。庭仕事を手伝うという条件で、シスターたちにそこに住まわせてもらったのです。ですから僕にとって、今日のような集まりは教会に行くのに近いことです。実は三年前、プロのクラブに入るために一度アディスで生活していたことがあります。しかし、当時の僕は厳しい練習に耐えられず、結局、地元に引き返しました。そして今、僕は再びすべてを捨ててアディスに来ました。何かを得るためには、何かを失わなければなりません。二つのものを同時に得ることはできないのです。僕は走ることで一つのものを得られると信じています。僕にはお金はありませんが、健康な体はあります。お金がなくても、目標があります。明日、何かを得るという希望があるのです。古くからの言い伝えにあるように、〝妊娠した牛は、もうミルクを欲しがったりしない〟のです。以前、修道院で読んだ本に、〝人間の心は、何であれ植えたものが育つ畑のようなものだ〟と書いてありました。だからこそ僕たちは、この畑に植えるものを、よく選別しなければならないのです」

彼はしばし考え込んで、ピンクのアシックスの古い練習シューズを履いた足を少し動かした。「福音書には、〝食べ物で胃を満たし、言葉で心を満たしなさい〟と書かれています。僕たちも、たまに集まって励まし合い、仲間に温かい言葉をかけることが大切なのではないでしょうか。〝アスリートは足でしか物事を考えない〟と言う人たちがいます。僕たちが足ではなく心で考えていることを世の中の人たちに示してやりましょう。僕たちが肺で呼吸し、心で自分たちを導いているということを」。難しい表現ではあったが、ランナーたちは小さな声で賛同の言葉をつぶやき、うなずいていた。メカシャの言葉はこのスポーツの現実を物語っていた。実力がなければ荷物をまとめて田舎に帰らなければならないかもしれないし、何年も苦労して練習をしても手に入るのは健康だけかもしれない。それでも、チームを支え合い、励まし合う場と見なすことは、決して軽んじるべきではない。

メセレットは、自分の仕事は、ランナーたちが無理をせずに一緒に成長していけるような一体感をチームにつくり出すことだと考えている。集団で走れば、みんなが同じ練習をしていて、自分だけ優位に立とうとしてる者がいないことを実感できる。だからこそ、グループ練習を欠かさないことが重要になる。あるとき、アディスアベバ郊外で起きた抗議デモのために、集団での練習が二回続けて中止になったことがあった。その次の集団練習のとき、ランナーたちは疲労を溜めた状態で戻ってきた。その結果、練習ではいつものように整然とした隊列がつくれず、集団がばらけてしまった。メセレットはその理由を、グループ練習を行わない期間を自分の力を高めるためのチャンスだと考え、無理をして練習強度を上げて自主練習をしていた選手が多かったからだと説明した。こうした事態に陥らないためにも、チームとしての活動にはメンバーの体力や日常生活、夢を守るという目的があるのだ。

しかし、チームワークや協調性を重視する一方で、誰もが遅かれ早かれ個人として競技に参加しなければならないという現実もある。特に若い選手にとっては、海外での初レースは非常に重要だ。海外のレースを走るチャンスを求めているランナーは星の数ほどいる。失敗すれば、それが最後の海外レースになるかもしれない。そうならなかったとしても、再びチャンスを与えられるだけの実力を証明するのに相当の期間が必要になるかもしれない。こうした状況で生まれて初めて飛行機に乗るランナーの気持ちとはどんなものなのだろうか？　あるいは、標高二〇〇〇メートル以下の場所で走ったことがないランナーは、海抜ゼロメートル地点をどんな気分で走るのだろう？　セラミフンが「外国に行くのは初めて」というボガレを連れてイスタンブールのハーフマラソンに参加することになったとき、私も一緒にこのレースに参加することにした。

第一一章　走ることには価値がある——初の海外レースに参加する若手ランナーに同行

メジャーなロードレースの出場を控えたトップアスリートが宿泊するホテルは、まるで過眠症《ナルコレプシー》の人たちが生活する寄宿学校のようだ。一日のスケジュールが細かく定められていて、大会スタッフから何をすべきか、どこにいるべきかをいちいち指示される。食事は共同でとり、ジョギング以外でホテルの外に出ることはほとんどない。何も指示されていなくて、ジョギングもしていないときは、たいてい選手たちは部屋で寝ている。イスタンブールでハーフマラソン大会に出場することになった私は、海外レース出場二回目というウガンダ人の若手ランナー、ベン・ソミクオと同室になった。ホテルに到着して部屋に入ると、室内のライトを全部つけっぱなしにし、携帯電話からナイジェリアのゴスペルを大音量で流したまま、ベンはぐっすりと眠っていた。私がベッドに腰掛けると、彼は目を覚まし、「やあ、こんにちは」と目をこすりながら言い、「七時半まであと何分？」と尋ねてきた。あと三〇分くらいだと答えると、ベンはうなずき、体を反対側に向けてまた眠りに落ちた。たぶん、七時半から夕食なのだろう。

日曜日の朝にレースのスタートを告げる号砲が鳴る前に、もう一つの見えないレースが始まる。誰が一番エネルギーを節約できるか、誰が一番階段を上らずに過ごせるか、誰が一番長い時間眠れるか、誰が一番不安を感じずにすむかという競争だ。ベンなら、このレースに断トツで優勝できるかもしれない。

私はグラスゴーのジョージスクエアにあるミレニアムホテルの会議室で、エチオピアの伝説のランナー、ハイレ・ゲブレセラシェと初めて出会ったときのことを思い出した。この日、ホテルはグレート・スコティッシュ・ランに出場する選手の控え室として使われていて、私は他のスコットランド人ランナーたちと椅子に腰掛けていた。東アフリカのトップアスリートも何人かそこにいて、自分がここにいるのは場違いでないかと落ち着かない気持ちになった。選手たちは情報交換や雑談をしていた。世界中のどんなレースの前でも見られる光景だ。ストレッチをしている選手もいれば、シャツに安全ピンでゼッケンを取り付けるのに苦労している者もいる。スペインのランナーは、長いゴムバンドを使って、まだ目覚めていないハムストリングスをほぐそうとしている。

そのとき、ハイレが満面の笑みを浮かべて室内に入ってきた。胸を張っていたのは王者としての誇りでもあり、単にその肺活量の大きさを物語るものでもあった。室内は静まり返った。皇帝の登場だ。この時のハイレの笑顔と周りの緊張した表情とのコントラストを、私は今でも鮮明に覚えている。ハイレはバッグをそっと壁際に置き、椅子を壁から少し離した場所に移動させた。そしてバッグを枕にして横になり、椅子に足を乗せ、両手の指を胸の上で組むと、まるで朝の庭仕事で少し疲れた男みたいにそのまま二〇分間ほど仮眠をとった。

スタートラインに向かう途中で、ハイレはまず記念写真を求める人たちに応じた。他のランナーの幸運を祈り、父親が構えるiPhoneのカメラに収まるように子供を両手で抱え上げる。政治家みたいにひとときも笑顔を絶やさないが、政治家とは違ってその笑顔は心からのものだった。良い雰囲気が、周りの人たちにもひろがっているように思えた。ハイレの心は今ここにあった。あのときのハイレの心の落ち着きこそが、今イスタンブールでレースを控えている私が必要としているものだった。私は、〈ここに来たのはレースを楽しむためじゃないか〉と自分に言い聞かせた。だが、ランナーなら誰でも知っているように、それは口で言うほど簡単ではない。スタートの時が近づき緊張が高まってくればくるほど、不安で落ち着かない気持ちになってくる。まして、レースの二日前からライバルたちと同じホテルに寝泊まりしているのならなおさらだ。

セラミフンとボガレのホテルの部屋のドアをノックすると、セラミフンがベージュ色のパウダーの入った容器を手にしてドアを開け、「やあ、マイク。ちょうどベソの時間だぞ！」と言った。エチオピアの選手は、レース前には一日三回ベソを飲む。二人ともこの〝エチオピアのパワーバー〟（大麦を焙煎して粉末にし、水に溶いて飲む飲料）を約二キロ分、レーシングシューズと一緒に手荷物に入れて運び込んできていた。眠っていたボガレがベッドから飛び起きて「エジ・ワダ・レイ（手を挙げろ）！」と言った。所属していたエチオピアの国防軍の陸上クラブで体験した軍事訓練で覚えた、彼の今のお気に入りのフレーズだ。しかしこの威勢の良さは、彼がエチオピアでは見せない不安を抱えていることの裏返しだった。イスタンブールでのボガレは物静かで引っ込み思案になり、いつもの陽気な彼ではなくなっている。数分ごとに呪文のように「手を挙げろ！」と繰り返している。「妹から電話があったときも、〝エジ・ワダ・レイ！〟と言ったんだ。すべては順調だ、と彼女を安心させるためにね」と本人は言うが、それはむしろレース前に自分自身を安心させるための言葉のように私には思えた。

二人はこんなふうに元気に振る舞っていたが、話を聞くと、疲れ果てていてもおかしくないスケジュールをこなしていた。この週の初めにトルコ北西部のブルサで行われたレースに出場したのを皮切りに、「ズアー（周回）」を続けてきた。トラックを周回するほうの意味ではなく、ランニング以外の、効果的な休息を妨げる活動という意味での周回だ。前の週にエチオピアから飛行機でイスタンブールに渡り、そこからブルサに移動して一五キロのレースに出場し、どちらも四四分強のタイムで二位と三位でフィニッシュした。レースの大半は、セラミフンが「セラミック」と呼ぶ、脚に負担のかかる堅いタイルの上で行われた。その後、バスで九時間かけてデニズリに移動し、モヨ・スポーツのトルコでのサブエージェントであるハーリド・アッザの家に泊まった。そこからさらにバスで九時間かけてイスタンブールに戻り、昨夜到着したばかりだった。このようなタイトなスケジュールが組まれた背景には、二人はまだ国際的な知名度のない〝フレッシュな〟新人アスリートなので、トルコでは小さなレース（ブルサ）と、メジャーレース（イスタンブール）の二種類のレースを走って経験を積ませるという狙いがあった。

ハーリドは、単なるサブエージェントではなかった。トルコを訪れた選手を温かくもてなすホストであり、頼もしい練習パートナーであり、ランナーを熱い言葉で励ます人物だった。加えて、私の目には疲れ知らずのスタミナの持ち主にも見えた。モロッコ出身でかつては本格的なランナーだったが、現在はトルコに定住し、トルコ語も堪能である。ブルサではセラミフン、ボカレと同じレースに出場し、バスで移動した翌週の月曜日の朝から仕事をした。フルタイムで国際貿易の仕事をしながら、朝と夜に二人と一緒に練習もしている。今夜も仕事を終えてすぐにデニズリからイスタンブールへ向かう便に飛び乗り、空港からレストランに直行してきたのだという。

食事を待つ間、私たちはライバルたちの様子に目を光らせた。ケニアの選手たちは、走っている姿をまったく想像できないほどゆっくりとホテル内を歩いている。レオナルド・パトリック・コーモンも、ホテルのスリッパとバスケットボールのショートパンツを履き、不釣り合いな大きな黒のレザージャケットを着て、一歩一歩、地面が本当に自分の体重を支えられるかどうかを確認するみたいに慎重に歩を進めている。「あの男が見えるか？」ハーリドがセラミフンに尋ねた。「奴はロードで一〇キロを二六分で走る」。それは二〇一〇年のユトレヒトでのことで、コーモンは二六分四四秒という信じがたい世界記録を出している。セラミフンという名前は、アムハラ語で「平和であれ」という意味を表している。その名の通り、普段はとても穏やかな人間であるセラミフンだが、このときは突然、一九歳という年齢よりもさらに幼く、か弱い表情を見せると、「ロードで？」と言った。「そんなの不可能だよ」

〈ハーリドは余計なことを言わなければよかったのに〉と私は思った。アディスアベバでは、コーチのメセレットが、エチオピアのランナーの〝心理的な弱さ〟と、体力だけでなく自信をつけることの難しさについてよく語っていた。アスリートの体力の状態を表すために使われる「コンディション」という英単語は、エチオピアでは単なる体力以上の意味を持っている。レース前に慢心しているアスリートは、「オーバーコンディション」だと言われる。これは、この国では「コンディション」が身体的なものだけではなく心理的な状態も表していることを物語っている。

スポーツ科学の修士号を持つメセレットは、選手たちがエネルギーが木や太陽から得られ、レースの結果は神が決めると信じていることに批判的だ。しかし、こうした信念がランナーの自信につながる場合があることも事実である。その影響力はとても大きい。ランナーたちは、より高い場所を求める。高地に移動して練習を行うことで、つかみどころのないコンディションを得ようとしているのだ。コンディションは心理的にも肉体的にも気まぐれで神秘的な存在であり、前触れもなく行ったり来たりする。だから常に細心の注意を払ってつかまえておく必要がある。逆に、ネガティブな言葉が耳に入ると、簡単に逃げていってしまう。

セラミフンが信じる高地の力には、欠点もある。それは、この魔術的な信念は逆方向にも作用しうるということだ。彼はこの力が一過性のもので、簡単に消え去ってしまうものだと考えている。セラミフンは海抜ゼロメートルの場所に来たのは生まれて二回目だが、私は高地から低地に行くのは、逆の場合と同じくらい適応が大変なのではないかと思う。私自身、高地から低地に降りてきたときに、空気中に普段より酸素があるという感覚や、よく言われるように〝足が勝手にいつもより速く前に進もうとする〟といった感覚が本当にあるのかどうかを確かめるのに時間がかかる。この戸惑いは、生まれてからずっと標高二五〇〇メートル以上の土地で暮らしてきた人間にとってははるかに大きなものに違いない。

私はセラミフンが標高二七〇〇メートルのセンダファで、最初の一〇キロが上り坂になっている一五キロのコースを四四分で走ったのを見たことがある。それだけに、前週のトルコのレースで彼がそれよりも速く走れなかったことにとても驚いた。私は海抜ゼロメートルの場所で一五キロを四六分台で走れる（一〇マイルのベストタイムである四九分三七秒を基準にして計算した場合）が、センダファなら五二分を切ればかなりの上出来だ。それくらい、高地で走るのは難しいことなのである。私はセラミフンに、日曜日のレースでは自分の感覚を信じて走るべきだとアドバイスした。だが、彼は明らかに自信を失っていた。「自分のコンディションがどんどんしぼんでいくのを感じるんだ。エチオピアを離れてから時間が経ちすぎてしまった」とセラミフンは言った。「まだ六日しか経ってないじゃないか。チガー　イェルム（問題ないよ）」と私は励ました。

私は、セラミフンが苦しんでいるのはレースのことを長く考えすぎているからではないかと思った。アメリカの作家ノーマン・メイラーは、一九七四年にザイールのキンシャサで行われたモハメド・アリ対ジョージ・フォアマンのボクシング世界ヘビー級選手権試合をテーマにした『ザ・ファイト』（生島治郎訳、集英社）という簡潔なタイトルの著書の中で、「早い段階から緊張を感じないように努めている男たちに漂う、静かなる退屈さ」について書いている。緊張を先延ばしにする能力は育むのが難しいが、それができなければ肉体的に大きな負担がかかる。私はセラミフンとボガレと一緒に夕食前にベソを飲んだ。「ベソは大丈夫だ。飲めばコンディションが良くなるよ」とセラミフンは言い、最後に二人の部屋を出ようとするときも、私を、こう励ました。「マイク、心配は無用だ。人は病気で死ぬ。だけど不安だからといって死んだりはしない」。私は日曜の朝まで彼がこの意気を保っていて欲しいと思った。

大会主催者は、翌朝の六時半からの練習を計画していた。街の繁華街にあるホテルからシャトルバスが出発し、ジョグに適した場所に選手たちを連れて行くことになっている。だからみんな、夜の九時には就寝していた。ところが私は目が冴えて眠れなかった。部屋の外に出て、誰にも見つからないようにしながらこっそりビールを飲んだ。まるで寄宿学校で隠れて悪さをする学生だ。〝二八歳の男が、金曜の夜にビールを飲むことにこれほどの罪悪感を抱くべきではないはずだ〟――そう自分に言い聞かせながら部屋に戻ったが、ここでは到底眠れないと思った。室内灯はつけっぱなしだし、テレビからはやたらに暴力的な韓国のドラマが流れている。ルームメイトのベンは赤ん坊のように熟睡していて、私が戻ってきた気配にもまったく気づかない様子で穏やかにいびきをかき続けている。これらすべてに腹が立った。不慣れなホテルの殺風景な部屋で、会ったばかりの他人と隣り合わせのベッドでも熟眠できる能力を持っている長距離ランナーはとてつもなく幸運だ。私は午前二時頃にようやく眠りについた。目覚まし時計のアラーム機能はオフにした。この体はジョギングよりも睡眠を必要としている、と思ったからだ。

＊＊＊

ドアのほうから地獄のような音が聞こえてきた。セラミフンが激しくドアを叩きながら、「マイク、練習だぞ！」と叫んでいる。横を見ると、ベンが前の晩と同じ姿勢のまま微動だにせず眠っている。寝ぼけ眼でドアを開けると、セラミフンが目をギラギラさせ、信じられないといった表情で「マイク、ミンデン　ナ？　リベス、リベス！（いったいどうしたんだ？　服、服！）」と言った。張り切ってジョギングに行きたいという気分ではないと伝えたかったのだが、口を開こうする前に、ジャージの上着を勢いよく手に押しつけられた。セラミフンはさらに「練習、練習！」と叫びながらベンの体を激しく揺さぶって叩き起こした。ベンは今朝の練習について何も聞いていなかったようだったが、うなずきながら素直にこの事態を受け入れ、ベッドの脇に腰掛けて伸びをすると、「神様、ありがとう！」と言った。ベンはしょっちゅうこの言葉を口にする。何事にも感謝をする人間なのだ。

気がつくと私たちはエレベーターに押し込まれ、バスに乗せられていた。車内では他の選手たちが辛抱強く私たちを待っていた。私はまたしても悪さをした子供のようなばつの悪い気分を味わった。バスが向かったのは、縦四〇〇メートル、幅五〇メートルほどの広さの雑草の生えた空き地だった。トルコ人の選手が先にバスから降り、しばらくして全員で一緒にゆっくりと走り出した。トルコ人の選手たちは後ろをチラチラと振り返っている。世界最速のランナーたちが、なぜ初めてジョギングをする人みたいなおぼつかない足取りで走っているのかを不思議に思っているようだった。最初の一キロメートルは六分半もかかった。

もちろん当然ながらペースは徐々に上がり、まずはキロ四分、さらにそれよりも速いスピードで集団は走り出した。前夜に四時間しか寝ていない私が朝七時に走りたくなるような速度ではなかった。横を見ると、レオナルド・パトリック・コーモンが口を閉じたまま涼しそうな顔をして颯爽と走っている。私はみんなと同じランニングという名の運動をしていながら、実際には自分だけがまるっきり別種の何かをしているのではないかという気がしてきた。悪いことに、風邪の引き始めの感覚があることにも気づいた。喉に違和感があり、足もだるくて重い。ペースがさらに上がると、ランナーたちは集団から離れてペースを落とし、それぞれがいつもレース前に行っているドリルやストレッチなどに移っていった。私がジョグをしていると、何食わぬ顔で木に寄りかかってストレッチをしていたボガレが、「お腹いっぱいだろう?」とアムハラ語で聞いてきた。「朝食はまだ食べてないよ」と答えると、「そうじゃない。もう十分に走っただろう、という意味さ。明日はレースなんだから」と彼は言った。

昼過ぎにはさらに体調が悪化した。ロビーに行くと、ケニア人選手の一団とハーフマラソンの元世界記録保持者であるエリトリア人のゼルセナイ・タデッセが紅茶を飲んでいた。タデッセの隣に座ると、彼は紅茶に砂糖を入れながら自己紹介をしてくれた。五杯目に砂糖を入れそうになったので、私は今にもあふれそうなカップを指さした。タデッセが私に気をとられて砂糖を入れすぎているのではないかと思ったのだ。だがタデッセはさらに一杯砂糖を加え、ゆっくりかき混ぜた。小さなカップの半分は砂糖だった。レース前の調子を尋ねると、彼は肩をすくめた。予想タイムを尋ねると、恥ずかしそうに笑って、「今の段階ではわからないよ」と答えた。

私はタデッセがハーフマラソンを五八分二三秒で走り世界新記録を更新したときの映像を見たことがあった。レースのほとんどを独走し、信じられないほどのテンポで猛烈に走り続けていた。エネルギーを一切ロスせず、物理学の法則に反するかのようにまったく上下動せずに走っているように見えた。見る者を引き込むような走りだった。「リスボンでのあの日、どんな気持ちで走っていたのですか?」と私は尋ねた。一〇キロを二八分を切るスピードで走り、さらに同じことをもう一度繰り返すときの気持ちを知りたかったのだ。一時間足らずの間に、どうすればあれだけのスピードとエネルギーを走りに注ぎ込めるのか？「あの日は特別に体調が良かったんだ」とタデッセは言った。「限界を感じなかった」。以前に同じような感覚を味わったことがあるかと尋ねると、「一、二度ある」と答えた。

キロ三分以下のペースで一時間走り続けるためには、心身ともにありえないほど良い状態でなければならない。それよりも速く走るためには、さらに稀な状態が必要だ。タデッセのリスボンでのあの日のような神がかった一日は、ランナーの長いキャリアの中でも一度か二度しか訪れない。もちろん、一度も訪れない者だっている。私はハーフマラソンのアメリカ記録保持者であるライアン・ホールと、その年の初めにアディスでこのような瞬間について話したことがある。ライアンは二〇〇七年にヒューストンのレースをぶっちぎりで独走して五九分四三秒というハーフマラソンのアメリカ記録を達成したとき、「何でも可能だ」と思える「キャリアの中で一度しか体験できないような絶好調の日」を過ごした。今振り返ると、その確信を信じてもっとスピードを上げれば良かったと思っているという。

エチオピアで話を聞いたとき、ライアンは自身のキャリアが終わりに近づいているのを受け入れようとしている最中だった。二年ほど前からどうしようもなく体力が落ち、パフォーマンスが低下するようになったのだという。ライアンは、この一〇年間は、もう一度あのような日が来ることを願って自分の体に鞭を打ってきたと話してくれた。あの一時間の超絶的な走りを再現したくて、数え切れないほどの練習時間を積み重ねてきたのだ。「あの六〇分をもう一度体験できるのなら、長年の努力はすべて報われる」と彼は言った。ライアンはそのことに取り憑かれていた。

しかし、その感覚が生じる仕組みは、理論的にはっきりと説明できるものなのだろうか？　もちろん、そんなことはできない。天才的なアスリートのパフォーマンスの分析に長けているあのデビッド・フォスター・ウォレスでさえ、このように表現している。「トップアスリートの天才性を支えている真の秘密は、沈黙そのもののように難解で、明白で、退屈で、深遠なものなのかもしれない」。それは、アスリート自身にとっても謎なのだ。だとすれば、私たち凡人がそれを説明できるわけがない。ライアンにランニングでもっともフラストレーションが溜まることは何かと尋ねると、「うまく走れない理由を一つの要因で説明できないこと」だと答えた。ライアンは絶えず、自分が変えられること、改善できることを考えている。睡眠時間を少しでも増やしたらどうだろうか？　徹底的に考え抜かれた食生活をさらに改善するにはどうすればいいだろう？　緻密に計画された練習スケジュールにさらに手を加えるべきだろうか？　このようにありとあらゆる側面からランニングに取り組んではいるが、調子が良くない理由も、良い理由も、どれか一つの要因には特定できない。だが人がランニングに魅了されるのは、この謎に満ちた性質があるからなのかもしれない。私が知っているエチオピアのランナーたちにとっても、ランニングは正解のある科学というより、経験や直感を通じて答えを模索する職人芸に近いものがある。不思議なくらい調子がいいときもあれば、どうしようもなく調子が悪い日も多い。ランナーには、このような自分でもなぜだかわからない調子の波にうまく対処していくことが求められるのだ。

レース当日の朝、五時二〇分にベンの目覚ましが鳴った。彼は寝返りを打って「うん！　起きるよ」と言った後、再びすぐに眠りについた。六時に私の目覚ましが鳴り、私たちは目覚めた。それぞれのベッドの端に座り、向かい合った。ベンは私を見て「僕たちはこれから…」と言った。私は目をこすりながら、「僕たちはこれから?」と尋ねた。「そう！　僕たちはこれから…出発しなきゃいけない！」とベンは叫んだ。私は本格的な風邪を引いていた。それでも、ベンが私たち二人分の熱意を持っているように見えたのが嬉しかった。朝食後、私たちはバスに乗り込み、スタート地点のある海岸に向かった。前日の夜、ハイリエから激励のメールが届いていた。「風邪を引いていて、かなり体調が悪い」と返信しておいた。スタート地点に向かうバスの中で彼の返事を読んだ。「心配するな、マイク。ガンファン　コンディション　ナウ（風邪はコンディションが良いことの表れだ）」

たしかに、長距離走者として最高のコンディションであることと、病気であることは紙一重である。そのギリギリのラインを超えないようにしながら、できるだけ最高の状態をつくらなければならない。風邪を引くことがコンディションが良いことの兆候だという話は初めて聞いたが、ある意味ではそれは理にかなっていると思えた（私はそう自分を納得させようとしていた）。セラミフンとボガレと一緒にウォーミングアップをしながら、レースが始まりアドレナリンが分泌されればきっと大丈夫だと自分に言い聞かせた。「今日のレースプランは?」とセラミフンに尋ねた。二人の世界記録保持者がいて、六〇分を切るタイムを狙っていることを考えると、トップ集団よりも少し遅いペースでスタートするつもりではないのかと思ったからだ。だが、「どういう意味？　最初からできる限り先頭集団についていくよ」という答えが返ってきた。

このレースでは海岸沿いの長い直線を往復する。私は最初の二マイルは約一〇分で通過したが、気分は最悪だった。先頭集団の後方に、ボガレとセラミフンが必死に食らいついているのが見えた。そのまま頑張れと願いつつ、私は早くもペースを落とし、五キロ地点ではもう今日は自分の走りはできないと諦めた。早くも折り返し地点を過ぎたゼルセナイ・タデッセが、先頭集団を引き連れて猛烈なスピードでこちらに迫ってくる。セラミフンはまだ後ろで必死に耐えていたが、ボガレはすでに一〇〇メートルほど遅れていて、私と同じく今日は自分の日ではないと受け入れているようだった。折り返し地点に差し掛かったとき、ますます気分が悪くなった。女子レース用のレースカーに乗せてもらうのを期待して歩き始めた。だが車が現れなかったので、スタート地点に戻るには走るしかないと判断し、再びジョグを始めた。

まず、女子のトップ集団が軽やかな足取りと浅い呼吸で通り過ぎていった。続いて、トルコの本格的なクラブランナーや、長年このようなレースに出場してきたと思わしきに独特の走り方や呼吸法をするベテランのアスリートが通り過ぎていく。みな、私には目もくれず、ただ前を見て自分のレースに集中していた。ジョグを一〇分、一五分と続けるうちに、私を追い抜くランナーの数はどんどん増えていった。気がついたら、私は色鮮やかなTシャツの群れの中にいた。こんなに大勢の市民ランナーと一緒に走ったのは初めてだった。隣のランナーと話しながら走っている人も多い。私にも大丈夫かと声をかけてくる。みんな、笑顔を浮かべている。自撮り棒を持って走っているランナーもいるし、道端で声援を送る友人たちと記念写真を撮るために立ち止まるランナーもいる。大勢のランナーと一緒に走るのは実に楽しかった。私の気分はすっかり晴れやかになっていた。

セラミフンとボガレには、レース会場では会えなかった。タイムを調べると、セラミフンはラスト八キロで失速し、六四分をわずかにオーバーするタイムでフィニッシュ。ボガレは六六分台に終わっていた。私のハーフマラソンのベストタイムよりも遅い。私は彼らが、ここよりも酸素が三〇パーセントも薄いセンダファの起伏の激しいコースで、今日よりもはるかに速く走るのを何度も見ていた。二人がレースのプレッシャーに耐えられずに日頃のパフォーマンスを発揮できなかったのは明らかだった。当然、落胆しているだろうと思った。だがホテルに戻ってみると、彼らは今回のレースがうまくいかなかったという事実を受け入れ、すでに将来を見据えているようだった。

「今日は調子を出せなかった」とセラミフンは言った。「たぶん、今は僕が力を出すべきときじゃなかったんだ。もし優勝していたら、手にした賞金で買った車で交通事故を起こして死んでいたかもしれない。僕が大金を手にする準備ができたときには、神様がそれを見極めてくれるはずさ」。このような考え方は、この本の前半で説明した「イディル（偶然）」の信念と結びついている。イディルを最大限に生かすには、日々の生活の中で徳を積み、鍛錬に励み、忍耐強く過ごさなければならない。最終的な判断を神に委ねることで、練習を積み、努力をして臨んだレースの結果が悪くても、それはたまたま神が今日の自分を選ばなかっただけだと考えることができる。正しい態度でランニングに取り組み、過度な期待をせずに練習やレースに臨めば、最後には神が良い方向に導いてくれるという考えを持っていると、ランニングでの成功や失敗に心理的にうまく対処できるようになる。

ハーリドもこの日はやや期待外れの走りに終わった。モロッコからトルコに移住して以来、練習に励むモチベーションを高めるのに苦労しているのだという。「トルコの市民権を取得したら、また真剣に練習に励むつもりだよ。そうすれば、代表チームに入れるかもしれないからね」。私はふと、人がランニングを続けられるのは、〝自分はなぜ走るのか〟という物語を心に持っているからではないかと思った。そして重要なのは、その物語が未来に向かっていることである。フランスの社会学者ピエール・ブルデューは、このように人が自分の活動や行動に意味を与えるプロセスのことを「イルーシオ」という言葉で説明している。イルーシオはラテン語で「ゲーム」を意味する「ludus」に由来し、想像上の未来が大きな役割を果たす〝意味をつくりだす遊び〟のような行為を表している。人類学者のロバート・デジャレは、イルーシオとは「将来の試みや決意についての考えと結びついている、本来的に前向きなもの」であると述べているが、これは重要な指摘である。私は陸上競技ほどこのことが当てはまるものはないと思う。

私が知るエチオピアのランナーたちは、アスリートになることを決めたとき、走ることで〝人生を変える〟という道をはっきりと選んでいた。それは、明確な将来の目標を定め、それに向かって努力することで自らの人生を築いていくことにほかならない。ブルデューの言葉を借りれば、「このゲームは、明かりを得るためのロウソクを燃やしながらもプレイするだけの価値はある」と自分を納得させなければならないのだ。エチオピアのランナーが払っている犠牲はとりわけ大きなものかもしれないが、これらはすべてのランナーが多かれ少なかれ行っている選択である。ランナーたちは、走ることには価値があると自分自身を納得させなければならない。常に前向きな気持ちでいるための工夫をしていれば、レースの出来が悪くても早く立ち直れるからだ。私たち四人も、数時間後にはもう次のレースの計画を立てていた。

「走るのを諦める前に、マラソンに挑戦したい」とハーリドは言った。「何て言うんだろう。つまり、壁にぶつかってみたいんだ」。私自身、イスタンブールでのレースの一週間ほど前に、二〇一五年に二時間一九分三九秒で走ったマンチェスターマラソンのコースが、数百メートル短かったことが判明するという出来事があった。それまで私は自分をサブ二・二〇のマラソンランナーだと思っていたのだが、突然、そうではなくなってしまった。しかも、人生で一度しかフルマラソンを走ったことがない私は、〝フルマラソンの完走者〟ですらなくなってしまった。ハーリドと同じく、私も二時間二〇分切りを達成するまでは本格的なランニングをやめられないと思った。セラミフンも、すでに復帰を目論んでいた。「僕は休まない。クラブに戻って、一生懸命練習して、もっと強くなって帰ってくる」。数時間後、レース直後に落ち込んでいた私たちは全員、新しい目標を心に定めていた。ゴールを設定し、将来を見据えることで、みんな、自分自身に魔法をかけているような気分になっていた。

第一二章 高地の空気に当たる――アディスよりさらに標高が高い場所にある地方クラブへ

イスタンブールから帰国して数日後、セラミフンから電話でそのアイデアをもちかけられた。ゴンダール近郊にある古巣のアムハラ州給水施設建設公社陸上競技クラブに戻って練習をしているというセラミフンの声は、六〇〇キロ離れたアディスの複合住宅にいる私の耳には途切れ途切れにしか聞こえない。「高地練習は知ってるよね？」と彼が尋ねた。「もちろん知ってるさ」私は答えた。「僕はそのためにエチオピアに来たんだよ」。セラミフンが首を横に振る音が受話器越しに聞こえてきそうだった。「違う。マイク、そうじゃない。アディスに住んでいるランナーにとっての高地練習のことさ」。セラミフンのいるクラブは標高三一〇〇メートルの高地の僻地にある。そんな場所で練習するのはさぞかし疲れるに違いない。それでも私は、セラミフンがキャリアをスタートさせた場所をこの目で見てみたいと思い、現地を一週間訪れる旅を計画することにした。

出発の時を迎え、私は現地を目指して何本かバスを乗り継いでいった。旅は、最後の行程を残すのみとなった。わかっていたのは、とにかく西へ向かうバスに乗るということだけ。アベレとビハヌも、フルマラソンの疲れを癒すためにこのクラブで軽めの練習をしている。アベレからは、「バスが出発したら電話をかけるから、そしたら運転手に携帯電話を渡すように」と言われていた。あとは、アベレが直接運転手に私をどこで降ろすかを指示してくれるという。とはいえ不安定な通信状況を考えると、これは完璧な作戦とは言えなかった。バスに乗ってから一時間後、アベレから電話があり、運転手と代わってくれと言われた。運転手は、私に向かって心配はいらないよ、と言った。デブレ・タボールという近くの町を出発したバスは、上りの道を走り続けている。気温も明らかに低くなってきた。

バスが森に覆われた山の近くで停車した。運転手が私に向かって「着いたよ」と言った。有刺鉄線で囲まれた切り株畑の中に、兵舎のような建物が並んでいる。他には何もない。乗客は〈この外国人《ファレンジ》の目的地は本当にここだったのか?〉というような好奇心に満ちた目で私を見ている。私も彼らと同じことを考えていた。バスを降りようかどうか迷っていると、一番近くの建物からセラミフンが飛び出してきた。揃いの青いジャージを着た大勢のランナーが、興味津々の様子で後ろについてくる。セラミフンは私をバスから連れ出すと、私のバッグを自分の肩に掛け、さっそくこれからクラブの施設を案内すると言った。

デサレンとゲブレもこの施設ツアーに同行してくれることになった。デサレンはコーチで、髪の生え際が大きく後退しているもののコーチとしては三五歳とまだ若い。青いジャージの上着をズボンの中に入れている。ゲブレはこのキャンプの選手代表で、アムハラ州給水施設建設公社のPR責任者でもあるらしい。「我々の会社は、七四のプロジェクトに関わり、道路の建設や水道の管理も担当している」とゲブレは言い、近くの山の名前から名づけられたという自社製造の「グナ・マウンテンウォーター」のボトルを私に差し出した。彼らはこのクラブを単に「グナ」と呼ぶことが多いが、それはこの山が彼らにとってとても重要であることを物語っている。まず、食堂を見せてもらった。壁に貼られた献立表によれば、朝食は二日連続してパスタが用意されていた。炭水化物と野菜を多く摂ることが推奨されているのがわかる。

このクラブは、エチオピア陸上競技連盟（ＥＡＦ）の支援を受けて設立された数多くのクラブのうちの一つだ。国や水道会社などの企業、さらには当該地域の自治体からの出資も得ている。新設されるクラブの資金力には大きな差があり、慢性的に資金が不足しているクラブも少なくない。いくつもの映画賞を受賞した二〇一二年のドキュメンタリー映画『タウン・オブ・ランナーズ』では、ベコジ出身の二人のランナーが、それぞれの派遣先のクラブでまったく異なる経験をする様子が描かれているが、その背景にはこうしたクラブ間の格差という現実がある。私が訪れたこのクラブは設備が整っており、ランナーには給料と、食堂での一日三度の食事が提供されていた。このようなサポートは、各地域で運営されているクラブに所属する無数のランナーに提供されている。そのため選手層も厚くなり、アディスのトップクラブに移籍できる数少ない枠を巡って、地元クラブでは選手間の競争が熾烈さを増している。

デサレンは、指導する選手たちの成功を強く望んでいるが、すべての選手が陸上競技で成功できるわけではないこともわかっている。そのためランナーの多くは午前中に学校に通い、午後に練習をする（またはその逆）という生活を送っている。競技の道とそれ以外の人生の道の両方の選択肢を残しておくためだ。ただし一日の中で学校に滞在できる時間は限られるため、その分、他の生徒よりも長い期間学生生活を送ることもある。二〇代半ばでまだ学校に通っている選手がいるのもそのためだ。これは、選手がクラブから給料を貰っているからこそ可能になる。セラミフンたちは、私たちがこれから一週間滞在することになる部屋を案内してくれた。部屋の中にはシングルベッドが三台置かれ、壁には肖像画が二つ（一つは聖母マリア、もう一つはエチオピアの元首相故メレス・ゼナウィ）飾られていた。部屋はすべて相部屋だ。デサレンは、選手が孤独に時間を過ごさないようにコーチが気を配るのはとても重要だと考えている。「独りぼっちでいると、考えすぎてしまうからね」

これは、怪我や病気でしばらく走れない選手にとっては特に重要なことだ。デサレンは身体活動とメンタルヘルスの関連性を指摘する。「走っているときはメンタルをいい状態に保ちやすい。将来のことが不安になっても、午後に走れば気持ちが落ちつき、練習を終えるときには幸せな気分になっている」。共感できる意見だった。私自身、ランニングは長年、一日の締めくくりに心を静めるための良い手段だった。デサレンは続けた。「どんなものかわかるだろう？　走ることは一種の中毒みたいなものだ」。続いてジムを案内してもらった。木製のバーの両端にセメントを固定した手づくりのウエイトが置かれていた。セメントを缶に流し込み、木の棒を突っ込んで固めたものだという。「左右のウエイトの重さは完全に同じじゃない。だから一〇回ウエイトを持ち上げたら左右を入れ替えて、筋肉を左右均等に鍛えられるようにしないといけないんだ」とデサレンは言い、実演してみせた。「でもまあ、ウエイトはそれほど重要じゃない。本当に見せたいのは、自然を活かした陸上用のトラックさ」

デサレンは屋外の草地にある幅の狭い丘を上り始めた。途中で一人の農民と一緒になった。彼らは選手たちがウォームダウンのときに行うのと同じ動作で、道の両脇に無造作に種を蒔いている。この標高だとただ歩いているだけでも呼吸が苦しくなり、話をするのが難しかったが、農民にランナーのことをどう思っているのか、畑を走り回られることをどう思うのかと聞いてみた。「彼らが走るのを見るのは好きだよ。できる限り協力したい」と農民は言った。後ろをついてきた選手が笑いながら、「ジャガイモをくれるんだ。それが、彼が僕たちを助けてくれる手段だよ」と言った。デサレンによれば、地元の農家の人たちは最初から協力的だったわけではない。キャンプを始めた当初、農民たちはアベベ・ビキラやハイレ・ゲブレセラシェの活躍を知らなかったそうだ。「農民たちは、〝やめろ、やめろ！〟と叫んでいた。〝馬でもあんな走り方はしない。心臓が破裂するぞ〟とね。私たちは頭がおかしいと思われていたんだ」とデサレンは言った。

ようやく丘の上にたどり着くと、草地に陸上用トラックがあった。激しい呼吸をすれば肺が締めつけられるようなこの高地で、ランナーたちが数え切れないほど地面を踏みしめてきた痕跡がはっきりと地面に残っている。最初は石を置いて目印にしていたそうだが、今では内側のレーンはランナーが刻んだステップによって地面が剥き出しになり、一目でわかるようになっている。「ここからは四方を見渡せる」とデサレンは身振り手振りを交えて言った。トラックは台地のようになっていて、周りの土地はすべて下に向かって傾斜している。「この下には雲が見えるよ」デサレンは斜面の一つを指差し、このトラックは標高三一〇〇メートルに位置しているとつけ加えた。「スポーツ科学者はここの高度は練習をするには高すぎて、推奨できないと言っている」デサレンは何かを考えているような素振りを見せながら言った。「あなたはどう思うんです？」私は思い切って聞いてみた。「推奨できるさ」と彼はわけもなく答えた。「ここで練習すれば、どこでレースをしても簡単に勝てるようになる」

　このトラックがある地域は、「石の山」を意味する「キミール・ディンゲイ」と呼ばれている。

キャンプの施設があることを除けば、まさにこの土地を表すのにぴったりの言葉だ。ここには何もないからこそ、キャンプ地として相応しいと言えた。「ここは未開の地さ」デサレンは言った。「空気が特別なんだ」。ここは、若いランナーに〝変化をもたらす〟ことが可能な場所なのだという。私は、世界的なエチオピア人ランナーを何人も発掘した名コーチ、センタイエウが、次の有望な選手はベコジではなく、この競技に対する先入観が少ない別の高地から生まれてくるだろうと予言していたことを思い出していた。〝興奮〟という意味の名前を持つデサレンは、この標高の高さを強く誇りに思っていて、私の携帯電話の標高アプリで高さを確認してほしいとせがみ、彼が知っている他のキャンプの標高と比較した。それらキャンプもここと同様に謎めいた名称で呼ばれていて、まるで『ロード・オブ・ザ・リング』の世界に迷い込んだような気分になる。「フェラス・ベット（馬たちの場所）は高いと言われているが、キミール・ディンゲイほどじゃない」とデサレンは言った。他の選手が「でも、一番高いのはネファス・マウチャ（風の吹く場所）だそうですよ」と言うと、デサレンは激しく首を横に振って否定した。

　デサレンによれば、この「キミール・ディンゲイ（石の山）」という名前の由来は、一八世紀半ばから一九世紀半ばにかけてエチオピアの各地域が地元の君主や領主によって支配されていた時代に遡るという。この地域では、戦争で何人の兵士が命を失ったかを数えるために、兵士は出征前に石を一つ山に置き、戦場から帰還したときには石を一つ別の山に移すように指示された。地名の「石の山」は、この兵士が置き重ねた石の山を指している。「もし同じことを今ランナーがしたら、成功した人の山と失敗した人の山のどちらが大きくなるだろう?」と尋ねると、「失敗したランナーの石で巨大な山ができるだろうな」とデサレンは言った。私は、アメリカの有名なランニングコーチであるジャック・ダニエルズの、コーチングにおける「壁に投げた卵理論」という冗談めいた理論を思い出した。カゴに入ったたくさんの卵を全部壁に投げれば、一つくらいは割れないものがある——すなわち、選手を大勢集めれば、過酷な練習を課しても何人かは生き残って成功するというものだ。とはいえ実際このキャンプでは、ハードな練習を行うよりも、正しい方法で行い、その効果がゆっくりと現れるのを待つということが主な目的だった。

モヨ・スポーツの選手三人が、このクラブに戻ってきた理由を説明してくれた。「僕たちはバスでここに来て、二週間かけてコンディションをつかまえ、バッグに入れてアディスに持ち帰るのさ!」とセラミフンはニヤリと笑いながら言った。彼がここに来たのは、イスタンブールのレース後に調子が上がらないことに不満を覚えているからだった。ビハヌとアベレにとっても、マラソンレースを走った後にここに来るのは理にかなっている。ゆっくりとしたペースでも十分な有酸素運動効果が得られるので、マラソンで受けた脚のダメージを回復できるからだ。ビハヌが「キミール・ディンゲイでは、キロ六分のペースで走れば状態が良くなる」と言っていたので、私は今週の練習では彼らに遅れずについていけそうな気がしてきた。彼らは「高地の空気に当たりに来た」という表現を使っている。まるで避暑地に来た金持ちみたいな優雅な響きがあるが、実際はそんなわけはないはずだ。

私たちがはるばるグナのキャンプ地に来たのは、エチオピアのランナーが普段からしていることの極端な例だと言えた。つまり、必要な練習をするのに相応しい環境を選ぶということだ。疲労回復や体力の節約が必要なときは、ゆっくりとしか走れないような地形を探してそこで練習をする。世間の人たちは東アフリカのランナーに対して、常に自分を追い込むような速いペースでハードな練習を積み重ねている、というイメージを持っている。たしかに、それは真実の一側面を言い当ててはいる。だがむしろ、彼らが大切にしているのはハードワークよりも賢さである。それは、いつ頑張るか、いつ楽に行くかを適切に判断するということだ。彼らが長けているのは速く走ることだけではなく、遅く走ることでもあるのだ。

＊＊＊

翌朝、私たちは五時五〇分に目覚めた。気温は氷点下をわずかに上回る程度しかない。セラミフンは急いでジャージを二枚重ね着すると、すぐに暖かいベッドに戻って少しでも眠りを貪ろうとしている。廊下のほうから、スタッフが選手たちの部屋のドアをノックする音が聞こえてくる。どうやらここでは、寝坊して練習をずる休みするのは不可能なことらしい。三〇人ほどのランナーが眠たい体を引きずって表に出ると、厚手のジャージに身を包み、いつものようにジャージの上着をズボンに突っ込み、首にストップウォッチの紐をかけたデサレンが待っていた。数百メートル歩いて森の端まで行くと、デサレンが今日は自分が先頭で走ると言った。私はびっくりした。アディスのコーチはまずそんなことをしない。選手たちは二列になってゆっくりとジョギングを始めた。デサレンは若い頃、高地で計測した一〇キロのベストタイムが三〇分〇五秒、五キロが一四分三四秒だったが、自分には才能がないとランナーの道を諦めたそうだ。私は自分の一〇キロのベストタイムは彼よりも二秒遅いと答えた。デサレンはベストタイムを出した場所の高さを聞いてきた。それはイングランドのリーズだった。正確な標高はわからなかったが、たぶん標高五〇メートルくらいではないかと答えた。

「ここは完璧な場所だ」森の中の丘を上りながらデサレンが言った。「空気が澄んでいるし、公害もない」。私は心の中で〈そして、酸素もない〉とつぶやきながら、肺に精一杯空気を吸い込みながら走った。緩やかな坂を、ジグザグを描くように上っていくと、デサレンは優秀なトラック競技の選手をキャンプに留めておくことの難しさを教えてくれた。現在のランナーは、ロードレースで勝てば多額の資金が手に入れる。それに、トラック競技では国際的なレースを走る機会も少ない。だから選手たちはロードレースでのチャンスを求めてアディスに行ってしまうのだという。デサレンによれば、セラミフンは本来、五〇〇〇メートル走に適した選手で、高地でも一四分を切ることができるのだという。デサレンはこのタイムは二、三年後には一三分三〇秒まで縮められると考えている。「つまり、エチオピア以外の国では、一二秒五〇で走れるということになる。でも、今の選手はトラックにはあまり興味を示さない。興味があるのは、レースで賞金を稼いで人生を変えることだ。そしてそのためには、ロードレースを走らなければならない」。この話をするとき、私は一部の悪徳マネージャーのことを思い浮かべてしまう。「こんなに早い段階からマラソンを走ることは、セラミフン本人が望んでいたことなのですか?」と尋ねると、デサレンは「セラミフンの望み?」と答えた。「それはアスファルトさ。本当は、彼はアスファルトよりもトラックに向いている選手だ。でも、トラックではどんなにたくさんレースを走ってもお金にならないからね」

数年前、まだ一七歳だったセラミフンは、アムハラ地域の大会の男子五〇〇〇メートルレースで優勝した。それまでの人生で一度もアスファルトの上を走ったことがなく、一番長く走ったのは森の中での一時間半の〝ジョギング〟だった。そんな彼に、あるマネージャーが「中国のマラソン大会に出場しないか」と声をかけてきた。セラミフンはチャンスに飛びついた。「当時、彼はまだ子供で、体重も四九キロしかなかった」とデサレンは言う。私も以前、セラミフンの初マラソンの話を本人から直接聞いたことがある。慣れない硬い路面の衝撃で、一五キロ地点ですでに足が鉛のように重たくなったが、なんとか二時間一五分のタイムで五位でフィニッシュした。だがその最初のレースで得たはずの賞金を、今日に至るまでまだ手にしていない。レースを終えたセラミフンはこれからもこのマネージャーからチャンスをもらえるはずだという思いでアディスに移り、そこで練習に励むつもりでいた。だがマネージャーはセラミフンの賞金と、一位、二位の選手の賞金を持ち逃げしてどこかに消えてしまった。「私はその男が嫌いだ」とデサレンは言う「大嫌いだ。あの男を憎んでいる」。当然の反応だろう。セラミフンはアディスを去り、地元のクラブに戻らなければならなかった。このクラブをはじめ、私が訪れた他のクラブでも、正式な認可を得ていない悪質なエージェントが地方の選手を甘い言葉で勧誘するという話を何度も聞いたことがある。若く世間知らずの選手は、チャンスと引き換えにこうした詐欺師のようなマネージャーを信用してしまう。こうした背景があるため、エチオピアのランナーは、地方のクラブからアディスのクラブへ移籍し、マネージメントグループに認められ、海外で走る機会を得るというふうに順調に階段を一歩ずつ上っていくキャリアを描く者ばかりとは限らない。浮き沈みや挫折を体験し、時にはアディスを離れて地元のクラブに戻ったりしながら、再びチャンスを狙うという選手も少なくないのである。

当時、セラミフンの五〇〇〇メートル走を指導していたデサレンは、セラミフンが初マラソンで怪我をしなかったことに安堵した。そして、セラミフンがハーフマラソンで六〇分を切れると確信している。「陸上競技はこの国の地形と同じで、アップダウンが多いんだ」とファシルと同じようなことを言う。アベレ、ビハヌ、セラミフンの三人がキャンプに戻ってきたことについて尋ねると、「アディスに行った若者はみんな、ここに戻ってきたがる。ここは物事がシンプルなんだ」と答えた。私たちは数分間、二列になって無言で走り続けた。ようやく霧から抜け出し、木々の幹が細くなってきた。デサレンは小道を離れ、木々の間を縫うように走った。スタート地点から約二〇〇メートルは上っていたので、標高三三〇〇メートルあたりの地点にいるはずだ。私は集団から脱落し、他の選手と会話をすることもできなくなった。

今日のグループは八〇〇メートルから一万メートルまでの距離を専門としている選手が多く、槍投げの選手も一人参加している。そのため、広場に出るとデサレンはペースを速めつつ、緩やかな弧を描くように走って、私を含む遅れた選手たちがグループに戻れるように頻繁に引き返した。デサレンから指示された今日のランニング時間は五〇分間、六〇分間、七〇分間とランナーによって異なっている。そのため少人数のグループが徐々に集団から離れ、一緒にドリルやスプリント走を始めた。グループ練習のメリットを最大限に活かしつつ、種目の違うさまざまな能力を持つランナーたちが個々の力を高められるようにも工夫しているのだ。

私は一時間走ったところで足を止め、その後はデサレンと一緒に一五〇〇メートルのスプリント走を繰り返す他の選手たちの様子を見ていた。デサレンは、ランニングはいつもスピード練習で締めくくると言った。「持久力がどんなに優れている選手でも、レースで最後にものをいうのはスピードだ。他の選手と一緒にスピード練習をすることで、レース中の敵のスパートに対応できるようになる」。ポーランドで開催される世界ジュニア選手権の男子一五〇〇メートル走に出場するアレスという選手が、全力疾走する他の選手から少し後れをとった。デサレンは「アレス、ガバ　テンポ（テンポを合わせろ）！」と叫んだ。ここでは、他のランナーと一緒に力を高めようという意識がとても強い。スピードは、他の選手と競う中で自然と身につくものだと考えられている。フルマラソンを走った影響がまだ残っているアベレが目の前を駆け抜けていくのを見て、デサレンは首を横に振った。「アスファルトの上を走りすぎると、彼の体は硬くなってしまうんだ。体がどんどん縮まっていく。腕にも力が入るようになる。それが走りに影響している」。とはいえ私の知る限り、アベレはいつもこのような走り方をしている。目に見えない体内のエネルギー袋から最後の一滴を絞り出すように、前傾姿勢で走る。「でも、アベレはマラソンを二時間八分で走ったことがあるよ」と私は指摘した。このフォームは彼にとって効果的だと思ったからだ。だがデサレンは、「正直に言えば、彼は二時間六分で走るべきだ」と言った。

デサレンは、選手が若いうちから外国のレースに出ることに否定的であるにもかかわらず、別の選手が走ってくると、「テラハン、どうした？　仲間がトルコまで走りに行ったのに、お前はここで寝ているだけなのか？」と叫んだ。ロードレースの賞金をちらつかせることは、ランナーのやる気を引き出す一番手っ取り早い方法なのだ。練習が終わると、選手たちは集まってミーティングをする。近所の農家の子供たちが、少し離れた場所にある石に腰掛け、私たちの様子を興味津々で見守っている。選手たちは全員で手をつなぎ、一斉に足を踏み鳴らし、クラブを水道会社よりも山と結びつけたいという思いを表すかのように、「我らが隊、グナ！」と唱えた。

＊＊＊

翌朝は、エチオピアで二番目に高いグナ山の森の中を走ることになった。歩いて森の端に辿り着いたときには、全員が激しく震えていた。凍えるような寒さで、おまけに冷たい雨が降っている。デサレンを先頭に、長い一列をつくって走り出した。デサレンは、明日からは〝ヘビー〟なインターバル走を始めるので、今日の目的はできるだけゆっくり走ることだと言った。そんなときはたいてい、選手たちが調子に乗ってスピードを上げたりしないようにするために、まともに走るのが難しいような地形が選ばれるらしい。山を見上げると、今日のコースはまさにその典型ではないかと思えた。

スタートはとてもゆっくりとしたペースだった。デサレンが急斜面沿いの細い泥道を走っていく。私は姿勢を真っ直ぐに保つだけでも精一杯だった。時々、幅二メートル程の完璧なランニングコースのように思える砂利道を走ったが、ほっとしたのもつかの間、また再び森の中へと戻っていく。ほどなくして、高さ一メートル五〇センチほどの石の壁にぶつかった。デサレンが手と膝を使いながら壁を乗り越えると、選手たちは他のランナーの助けも借りながらそれに続いた。軍隊の訓練に参加しているような気分だ。ビハヌが壁をよじ上る私の尻を押し上げながら、「コーチは時々クレイジーなことをするんだ」と囁いた。

その後の二〇分間は、走っているというより歩いていた。木の根を手で掴んで体を引き上げながら斜面を上り、霧が濃くて周囲五〇センチしか見えないような状況の中で声を掛け合ってお互いの位置を確認した。大げさではなく、ここで遭難したら二度と戻ってこられなくなるのではないかと本気で心配した。デサレンは少なくとも、私たちを速く走らせないという目標は確実に達成していた。坂を上りきると、畝だらけの畑を走った。畝間に着地するために極端に歩幅を広げ、走る真似ごとのような走り方をするしかない。筋肉を伸ばしては急に縮めるプライオメトリックのような奇妙な走法を一〇分ほど続けた後、元の場所に戻った。スタートから一時間一〇分ほど経過していた。私の手は泥だらけで、坂を上ったときにできた傷がいくつもあった。ランニングではなく、五時間の登山をしたような気分だ。

キャンプに戻ると、全員がパンツ一枚になって屋外でシャワーを浴び始めた。気温はどう見みても三度以上はない。私はこの自虐的な行為を避けることにした。「ビハヌ、寒くないの？」と尋ねると、彼はバケツに入った水を頭からかぶり、大きく息を吐きながら、「いや、熱いさ！」と英語で叫び返した。「俺はとても危険な男だ！」

午後、アベレが実家に招待してくれた。バジャ（オートリキシャ）でそう遠くないところにある農家だ。テフの畑を横切り、近所の犬をよけながら到着すると、アベレの祖母が巨大な薪の山の上に裸足で座って薪を整理していた。「おばあちゃんは八三歳だけど、元気いっぱいなんだ」とアベレが言った。彼女は薪の山から下りると、すぐにご馳走を用意してくれた。コーヒー、大麦でつくったベソ、地ビール、焼きたてのパンケーキのようなインジェラ、温かいバター、パン、コロ（ヒヨコ豆や大麦、ヒマワリの種などの穀物を焼いたもの）――。地ビールのテラも、グラスの縁ギリギリまで注いでもらった。彼女は私がビールを飲むのをじっと見ていて、一気に飲み干せないとアベレに向かって「この人はどこか悪いのか？」と言った。

アベレはマラソンのトップランナーのような体型をしている。普段の体重は五五キロだが、最悪のコンディションの中を二時間一三分〇八秒で走り、二位になった先日のチューリッヒマラソンを終えた今、いつもより痩せて見える。レース中に雪が降り、アディスに戻るまで体が温まらないと感じるくらい芯まで冷えたそうだ。アベレは三九キロ地点で自分を抜いてそのまま優勝した日本のランナー、川内優輝を称賛していた。「川内はとにかく激しく、自分を追い込みながら走っていた」。アベレは川内がフィニッシュ地点で自分を待っている写真を家族に見せた。川内は花束を手に持ち、〝勇敢な〟レースをしたアベレを称えて出迎えようとしていた。その後の表彰台では、アベレはランニングパンツと借り物のウールのジャンパーという姿で寒さに震えながら立っていた。それから一週間が経った今でも、まだ祖母の家でレースの疲れをゆっくりと癒したいと思っているようだった。

そうこうしているうちに、家族や親戚が大勢やってきて、さらに食事が振る舞われた。アベレはアディスでの食生活について矢継ぎ早に質問された。「食べ物は近くで採れたものなのか？」「新鮮なのか？」。アベレは食料は市場で買っていると答えたが、詳しいことはよくわからないようだった。みんなが首を横に振った。アベレの祖母が、その日の朝に粉にしたばかりのテフを使って新鮮なインジェラをつくってくれた。「これはすぐ外の畑で取れたものだよ」と彼女は言った。畑はここから一〇メートルも離れていない。これほどローカルなものもないだろう。インジェラには、温かいバター（外で飼っている雌牛の乳からつくったもの）と、唐辛子を用いたベルベレというスパイスが添えられている。アベレの叔母が、「パッケージに入った食品には手を出さない方がいいわよ」と言った。いいアドバイスだ。アベレの叔母が、「外国産のバナナもダメよ。化学物質がたっぷり使われてるんだから」。家族はまた、多くのランナーたちと同様、私にベソの重要性を説いた。農民たちはベソとテラという、収穫した穀物からつくった炭水化物入りの液体を飲むだけで、一日中、畑仕事を続けられる。アベレもこの飲み物を英語で「カルチュラル・ジュース」と呼び、絶大な信頼を置いている。

インジェラは直火で温めた巨大な金属製のホットプレートの上で焼かれた。部屋にはすぐに煙が充満した。「彼は大丈夫か？」と祖母がアベレに尋ねた。「彼の国に煙はあるのか？」。私は煙たくて目に涙を溜めながら「あります」と答えたが、祖母は怪訝な顔をし、「きっと現代風の煙なのね」と言った。子供たちが駆け寄ってきてインジェラをひとつかみし、私を指差して笑い、再び野原に向かって飛び出して行った。人類学者のドナルド・レヴィンは、アムハラ地方を対象にした民族誌学の中で、農民たちに人生に望んでいることは何かと尋ねると、「サルト　メブラット（働き、食べること）」という答えが返ってきたと書いている。素朴な望みかもしれない。だがさんざんこの土地を走り回った後の私は、この考えに共感できた。キャンプに戻る道すがら、私たちは満腹でほとんど言葉を発することができなかった。

キャンプに戻ると、コーチのデサレンが、一〇日後に開催されるアムハラ地域の陸上競技選手権に向けてコンディションを整えるために最寄り町のデブレ・タボールに移動して調整をすると発表した。セラミフン、アベレ、ビハヌの三人は出場しないが、彼らのようにアディスのクラブへの移籍を希望している他のランナーたちにとっては自分の実力を証明するチャンスになる。大会は標高の低いバヒダルという町で開催されるため、それに合わせて強度の高い走りができる場所で練習することが狙いだ。実際にはデブレ・タボールはキミール・ディンゲイより標高が数百メートル低いだけで、それでもまだアディスよりは高いのだが、標高二七〇〇メートルは三一〇〇メートルで走るよりもはるかに簡単だ。

＊＊＊

その夜は、騒がしい宿泊施設に泊まった。私は、レースの数日前に選手たちを慣れ親しんだ（かつ静かな）環境から連れ出すことに疑問を感じた。たしかに、標高の低い場所で練習するのは理にかなっている。だがここはキャンプ地から車で一時間しか離れていない。毎日通うこともできるはずだ。もしかしたらデサレンは、大会本番での移動や宿泊に伴うストレスに早い段階から選手を慣れさせようとしているのかもしれない。とはいえ選手たちに聞いてみると、ここに来た最大の理由は「ジュース」なのだという。キャンプ地にジュースはない。だがここでは選手たちは二〇〇ビル（六ポンド）の日当をもらえ、その金でレースに向けた栄養のある食事を堪能できる。日当のほとんどが、「コンディションづくり」には欠かせないとされている肉やアボカドジュースに使われる。

ビハヌ、アベレ、セラミフン、テラハンと私は、「セガ・ベット（ミートハウス）」と呼ばれる業態の肉料理レストランで夕食をとった。店の壁には、ドラゴン退治をする等身大の聖ゲオルギオスのどぎつい絵が描かれたセントジョージビールの黄色と赤のポスターが貼られている。壁に大きな赤い十字架が描かれた隣の肉屋の軒先には、巨大な牛の肉の塊が吊るされている。肉は一キロ単位で注文することになっている。ビハヌは四人分として二キロを注文した。私たちは白いチケットを渡され、座って肉を待った。ビールを飲んでいない客は私たちだけだった。肉が運ばれてきた。一キロは生で、もう一キロはニンニクと唐辛子で調理されている。ちぎったインジェラで肉の塊をすくい上げ、チリパウダーとマスタードを混ぜた赤い香辛料につけて食べると、あまりの辛さで眉間にツーンときた。みんなも辛さを紛らわすために水を飲んでいる。気がついたら、肉はほとんど消えてしまっていた。彼らに追いつくためにスピードアップしなければならないのは、ランニングをしているときだけではないらしい。ビハヌが追加の肉を注文しに行った。他の選手よりも裕福な彼とアベレが支払いをした。生の牛肉は美味しかったが、胃がどう反応するかが少し不安だった。テーブルに戻ってきたビハヌは、アレケと呼ばれる酒が入った小さなグラスを私の前に差し出すと、「生肉に慣れていないのなら、これを飲みながら食べたほうがいい」と言った。度数が七〇パーセントを超えるウォッカのような強烈な酒だ。

おかわりの肉を食べたランナーたちは、ますます活気づいた。アレケを飲んだ私もボルテージが上がった。テラハンが残りの肉を最後のインジェラですくい取り、「ズアー（もう一周）！」と叫んだ。「五五！」。これは週末のレースで最後の一周を走る秒数をイメージしているのだろう。食事とパフォーマンスの関係は、相変わらずとても強い。セラミフンはテラハンの膨らんだ頬をつついてから、彼のみぞおちを指差した。「彼の走りがいいのは、他の人の胃はここで終わっているのに、脚まで続いているからだ」。私はセラミフンに、英語にも同じような表現があることを教えた。いくら食べても太らないことを、「足が空洞になっている《ホロウレッグ》」と言う。テラハンの体重は四八キロしかない。ビハヌはいかにも満腹といった様子で椅子に深く腰掛けている。彼のランニング成功の方程式は簡潔だ。

「ルチャ　セガ　ビル（ランニング、肉、金）」

＊＊＊

私たちはもう一晩、町の宿泊施設に泊まった。宿は、この大会に参加する他のチームの選手でいっぱいだった。建物は建設途中で、完成にはほど遠い状態だった。室内の壁は漆喰が塗られておらず、冷たいコンクリートが剥き出しだ。トイレは三〇人ほどの選手が寝泊まりするフロアに一つしかなく、中庭に張られた物干し用ロープには選手たちがシンクで洗ったウェアがぎっしりとぶら下がっていた。翌朝、私たちは「オールド・エアポート」と呼ばれる草地のトラックに向かった。農地の中を四〇分かけ、番犬をよけながら歩いた。道端の農家の人たちから、食事やテラの熱心な誘いを受けた。食べ物を断るのは、エチオピアの田舎では極めて非礼な行為にあたる。だからかなり気を遣って丁重に断らなければならなかった。乾いた川岸を進むと、やがて高原に出た。滑走路はないが、一九七〇年代半ばから一九八〇年代後半までエチオピアを支配していたデルグ政権がこの場所を空港として使っていた理由が容易に想像できた。そこは、キミール・ディンゲイのキャンプ場のトラックよりも平坦だった。空港の痕跡らしきものは、小屋が一つ残っているだけだ。「昔、ここに空港があったんだ」とアベレが英語で説明してくれた。「でも今はもうない」

私はビハヌと一緒に走った。畑の輪郭をなぞるように走ったり、ビハヌが言うように対角線を使ったりすることで、スピードを出しすぎないように気をつけた。ビハヌは数週間前に走ったローママラソンのダメージがまだ回復していないため、足に負担をかけずに有酸素能力を維持したいと考えている。だからあえて斜面を走り、キロ五分を超えないようにしている。それでも私には速いペースだと感じた。話を続けようとしたが、いつものように酸素不足の脳ではアムハラ語で会話をするのは難しい。

私たちはグループの練習を見るためにトラックに戻った。そこでは、たしかに効果的にスピードが鍛えられそうな練習が行われていた。この日のメニューは、一万メートルをレースペースに近い速度で走る「ラップ練習」だ。コーチのデサレンによれば、ここはキミール・ディンゲイのキャンプ地に比べて低地で酸素が濃いため、一周四〇〇メートルあたり三秒は速く走れるという。テラハン、セラミフン、アベレの三人も、一周をキャンプでの七二秒ではなく、六九秒で走っている。テラハンがリードしていて、他の選手は苦しそうだ。前年のアムハラ選手権の一万メートルでは、セラミフンがテラハンを破って金メダルを獲得した。そのさらに前の年にはアベレが優勝している。テラハンは、アディスのクラブに移籍して海外で活躍するためにも、今回のレースはどうしても勝ちたいと思っている。

彼らはこのペースで一六周を走ることになっている。だがアベレは八周しかもたなかった。チューリッヒマラソンのダメージがまだ足に残っているのだ。「呼吸をするのが――」アベレは人差し指を立てて、リタイヤしたのは当然だと言わんばかりに言い訳をしようとしたが、途中で向きを変えて静かに草地の上に嘔吐した。「ここでは呼吸をするのが本当に苦しい。アディスとは違うよ」。セラミフンも一二周で走るのをやめた。このセッションでは、ペースについていけなくなったらそれ以上走り続けてはいけないことになっている。有名なコーチであるウォルデメスケル・コストレが開発し、ケネニサやハイレが実践したことで有名になった練習方法だ。

「テラハンのコンディションは万全だ」セラミフンが言い、息を呑んだ。「アディスで練習をしている選手は、彼には歯が立たないだろうね」。テラハンは前年からこのキャンプに参加しているので、ここでの練習への適応能力が高いのだという。デブレ・タボールでの〝万全なコンディション〟は、アディスでの〝万全なコンディション〟とは違う。高地でのキャンプでは、低地よりも状態を高めやすいからだ。ちょうど六九秒でデサレンが笛を吹き、同じタイミングで畑に牛を放つ農家のムチの音が響いた。一五周目の時点で、トラックを走っているのはテラハンただ一人。最終ラップとなる一六周目のスタート地点に達したとき、デサレンが叫んだ。「オーケー、テラハン、最後に力を見せてみろ！　怖がらずに走るんだ！」。テラハンはスパートし、最終ラップを五九秒で走った。

＊＊＊

翌日のテラハンはさらに印象的だった。高地に順応しただけでなく、ビハヌ、アベレ、セラミフンの三人より速く走っていた。三人はマラソンに向けた練習をしていたため、スピードが落ちていた。彼らは一キロ走り、三分間休憩するというインターバル走をしていた。毎回、休憩の度にアベレが私たちの近くにやってきたては不満を口にした。「キロ二分四五秒、四六秒は僕にとっては簡単だ。一日中やっていられるよ。でも、三八秒、三九秒のペースはきつい」。彼らはその午前中ずっと、各ラップで一位になった者が〝賞金〟を得るという賭けをして、冗談を交わしながら楽しんでいた。トップでフィニッシュしたランナーの汗ばんだ額に、誰かが一ビルのコインを押しつけるのだ。

またしても、アベレはこのセッションを早々に切り上げた。チューリッヒのレースから二週間しか経っておらず、このスピードでは足が思うように動かないのだ。最後の一キロ走を走る前に、テラハンは二分三五秒を切ると言った。デサレンによれば、この場所ではこれまで誰も達成したことのないタイムだ。「成功したら、賞金はいくらになる?」とテラハンは尋ね、アベレが一〇〇ビル出すと言うと、駆け寄って握手を求めた。冗談と笑いが絶えない中、選手たちはスタートラインに立った。テラハンが十字を切って走り出した。最初の二〇〇メートルを二八秒で走ると、高原に歓声が響いた。テラハンは瞳を輝かせて真っすぐ前を見据えながら走っている。一〇〇ビルは笑い事では済まない額だ。優に一週間分の食費になる。四〇〇メートルに五九秒、八〇〇メートルに二分〇〇秒で到達し、最後のホームストレートでは全力を出し切って二分三四秒でフィニッシュした。アベレは今目にしているものが信じられない、とでも言うように、仰向けに倒れ込んでチームメイトと弱々しくハイタッチをするテラハンを見て、「こいつは走れる」と首を横に振った。

実際には、こんなふうにこのキャンプでランナーたちが金を賭け、それによって誰かの走りが大きく影響されるようなことはめったにない。とはいえ、これは彼らを取り巻く現実を物語っていた。デサレンによれば、トラック競技の選手たちはキャンプに留まるか、都会に出るかという厳しい選択を迫られている。選手がロードレースやマラソンに参加する頻度はますます高くなり、その年齢も若くなっている。お金の誘惑はそれだけ強いのだ。アベレはドバイマラソンで八位に入賞した賞金で、ランナーたちの練習場の一つを見下ろす高台に複数の家を建て、それを貸し出した。それは将来の成功を夢見る選手たちにとって、トラック競技をやめてロードを走れば豊かな生活が待っていることを否が応でも実感させられる、象徴的な建物になった。

起伏のある農地に位置し、近くの畑で栽培された食物と、エチオピア国民の誇りになりたいという願いだけで運営されているような僻地のキャンプを訪れたことで、私はアディスでの生活から離れてリフレッシュできた。陸上競技の歴史の中で、もっとも純粋な時代を旅したような気分だった。セラミフンと一緒に帰り支度をしながら、彼が言っていた〝コンディションを持ち帰る〟という言葉が現実になればいいと思った。エチオピアには長く滞在しているが、ランニングの度に辛い思いをしている。高地でコンディションが上がったのなら、アディスでは初めて楽な気分で走れるかもしれない。

第一三章　「もちろん、選手たちはつぶし合っている」
——変幻自在のスピード練習

この頃になると、一緒に練習しているランナーたちが、できるだけ体力を無駄にしないようにしながら走っているのがよくわかるようになった。過度な練習で燃え尽きてしまうのを避けるには、仲間と一緒にペースを合わせて走るのが最善だと考えられている。たしかに、ときにはこの原則を無視して夜中に二時間半も走ったり、あえてとんでもない練習ルートを選んだりすることもある。だが基本的には、一緒に能力を高めていくこと、グループが一つの完全なユニットとして機能するように走ることに重点が置かれている。メセレットが定めたペースの通りに走ることも、ジグザグに走るランナーの後ろにぴったりとついて走ることも、その表れなのである。

しかしこれまでに見てきたように、このスポーツの根底には、どれだけ一緒に練習をしていても、最終的には一人で競争しなければならないという現実がある。その緊張感が完全になくなることはない。誰もが遅かれ早かれ、レースで勝負を決めるのは純粋なスピードであるという現実を知る。選手たちは、ティルネシュ・ディババやケネニサ・ベケレが大きな大会の最終ラップで驚異的なスパートをかけるのを見て、そのことを十分に理解している。私たちのグループでは、特に水曜日にスピード練習をしている。だが、それ以外の日にもたいていは短時間のスピード練習を行っている。軽めの練習をした日の最後には、段階的にスピードを上げていく流しをする。この練習には、「スピードは出さなければ落ちていく」という考え方を植えつけるという効果もある。

実際、エチオピアとイギリスでの練習の一番の大きな違いはペースや動作の幅の広さである。私はエディンバラでは、いつも家を出てからすぐにキロ四分前後のペースで走り始め、最後に気が向いたら家の外で簡単なストレッチをして練習を終えていた。だがエチオピアでは、まずキロ八分のスローペースでスタートし、最後の一キロはキロ四分を軽く切るスピードで走り、徐々にスピードを上げて最後は全力疾走するビルドアップ走を行い、さらに段階的に強度を高めるプライオメトリック・エクササイズで締めくくるというのが一般的な流れである。

これらを毎日行うことの意味を尋ねると、ランナーたちは困ったような表情をしながらも、それは脚の回転スピードを鍛え、長い距離を走った後でも脚のスナップを利かせられるようにするためのものだと、高速回転する足をイメージさせるように何度も素早く指を鳴らしながら説明してくれた。私たちはスピードを鍛えるために、小さなステップで全力疾走したり、もも上げを高速で繰り返したりするといったドリルを行う。ファシルが大げさなほどの大股で後ろ向きに猛スピードで走り、運悪くその進行方向にいた選手たちが慌ててよけるといった光景が見られることもある。

しかし基本的に、ロングランの後のスピード練習は、脚を伸ばし、フォームを整えるためのものである。これは水曜日の朝のスピード練習を前日に控えた火曜日の夜に必ず行う。ハイリエが言うように、翌日に何をするかを足に知らせておくためである。私に特にハイリエから、ショートステップで足を速く動かすドリルを勧められた。長身の私の、のったりとした走り方は少々問題だと見なされていたからだ。「君の足は宙に浮いているような状態になってる。もっと歩幅を狭くすればスピードが出るはずだ」とハイリエは言った。私たちはスピード練習やドリルを、いつものように互いに動きをシンクロさせながら行う。だが水曜日の朝のスピード練習は、闘争本能を鍛え、各人が自分の限界に挑む場だととらえられている。この練習はたいてい、アディス北部にあるセンダファやスルルタの草地、レゲタフォのダートトラック、アカキのコロコンチなど、表面が柔らかい場所で行われた。トラックがある場所まで走っていくこともあるが、それを除けば、水曜日のセッションは、一分間から六分間のインターバル走を、走る距離を決めずに繰り返すというシンプルな構成になっている。距離を決めないのは、〝選手の心を制約から解き放ち〟、本気で限界に挑めるようにするためだ。

今朝、私たちはアディスの二〇キロほど北にあるスルタの「サテライト」と呼ばれる場所でスピード練習を行う。モー・ファラーがエチオピアに滞在したときに好んだ練習場所として知られ、フィールドの一角に巨大な衛星アンテナが設置されていることからこの名前がついている。私は今日は走らない。ザンジバルで、ランニングではなく人類学の調査のためにフィールドワークをしていたときにウニを踏んで足裏を怪我してしまったのだ。とはいえこれは、ハイリエとメセレットの練習の様子を見る良い機会になった。練習の内容は、二分間の急走と一分間のリカバリーを一四回繰り返し、セッションの中間で五分間の休憩を挟むというシンプルなものだった。

イギリスでこの種の練習をするときにはいつも、周回コースをあらかじめ定められた数だけ走っていた。しかし、ここサテライトでは、雨季に馬車が通った轍があるのを除けば、数キロ四方に広がる何の特徴もない野原を自由に走る。メセレットは、どこを走るか、誰がリードするかなどをグループに指示しない。それらはセッションの過程で自然発生的に決まっていくことが期待されているからだ。彼らは二分間の急走を繰り返すことになっている。しかしここは標高二八〇〇メートルの高地である。ウォームアップを終えたランナーたちが集まった。私はセラミフンに目を留めた。「セラム　ナ（平和はあるか）？」と尋ねると、「この草地に平和はないよ」と彼は少し笑って答えた。

　メセレットがゴーサインを出すと、選手たちは野原の端を回るように出発した。最初はテクレマリアムがリードした。ハイリエ、メセレット、私の三人は、運転手のビハヌと一緒に、漠然と野原の中央に向かってジョグをした。チームバスの運転手に採用されたときにはランニングについて何も知らなかったビハヌだが、今では練習を見るのをすっかり楽しみにしている。特に水曜日がお気に入りだ。ランナーたちは野原の端を同じ方向に走り続けるのではなく、先頭に立った者が進む方向を決める〝フォロー・ザ・リーダー〟という走り方をする。ツェダが斜めに走り出すと、他の選手もスムーズに方向転換してその後ろについていく。「ハハ！」ランナーが前を通り過ぎると、ビハヌが嬉しそうに言った。「今日はみんな闘ってるぞ！」

　三本目の急走あたりから選手間には差が開くようになり、リカバリーの間に差を詰めるのにも時間がかかるようになった。四本目の急走ではツェダが再び先頭に立ち、何度か急な方向転換をしながら野原を縦横に駆け抜けていく。「あの小柄な男を見てみろ。あちこちをジグザグに走っている」ビハヌが頭を横に振りながら言った。

「スピード練習は、あのようにしなければならない」とメセレットがビハヌの言葉に反応した。「順番に全力を出し切らなくてはいけない。数分後にはツェダが消耗し、他のランナーが先頭に立つ。ツェダにとって重要なのは、反応する方法を学ぶことだ」メセレットがそう言うと同時に、ツェダは先頭を他のランナーに譲って後ろに下がった。「ガバ（ペースを保て）！」とメセレットが叫ぶ。そのまま引き離されるのではなく、集団に食らいつけと促しているのだ。

私が、今日の練習は、集団でペースをコントロールし、体力を節約しながら走ることが重視される他の曜日とはまったく違うと言うと、メセレットは笑いながら、必死になって集団の後ろについているツェダを指差した。

「たしかにこの練習は、エネルギーの面ではコストがかかる。だけど、効率的な戦術を学ぶためには欠かせないんだ」とメセレットは言った。このような練習を行うと、力のあるランナーの中には「手を抜いて先頭に立とうとしない奴がいる」と憤慨する者もいる。「ほとんどの時間、先頭集団から完全に離れてしまう者もいる」とメセレットは言い、ファシルが他のランナーから五〇メートルほど離れて走っているのを指差した。「でも、余裕が出てくると突然先頭に立とうとする。そして、それまで先頭を走っていたランナーが追いつけないようなスパートをする。ビハヌやマクアネトは腹を立てる。私に向かって、〝あいつらをなんとかしてほしい！〟と文句を言う。でも私は、〝そんなことはしない。君たちは彼らについていける余力を保てるように、効率的に走らなければならないんだ〟と答える。ケネニサは効率的だ。なぜか？　あらゆる種類のチャレンジに対応できるからだ。残り四〇〇メートルで――」メセレットは両手を大きく広げた。「〝チャオ〟と言って去っていくのさ」

七セットを終えたところで予定通り五分間の休憩が入った。ランナーたちは飲み物を求めてよろめくような足取りで私たちのほうにやってきた。フーネンナウはかなり消耗していて、水を飲み終わると、ハイリエと私のところにやってきて、太い声で「ファレンジ！」と私に挨拶した。顎からは汗と唾液が滴り落ち、額には深い青色で十字架の刺青が刻まれている。長距離ランナーには似つかわしくない強面で、グループの中で唯一、私のことを「外国人」と呼び続けている。私もいつものように「ハベシャ（エチオピア人）！」と答えた。フーネンナウは、「みんなつぶし合いをしている」とぼやいた。「これはスピード練習だ」とハイリエが笑った。「もちろん、お互いをつぶそうとしているのさ」

五分間のリカバリータイムは、フーネンナウが望むよりも早く終わった。ランナーたちは再び走り出し、数百メートルごとに先頭を入れ替えながら野原を走り回った。「マクアネトがまた行くぞ！」とビハヌが嬉しそうに叫んだ。マクアネトが外側から回り込むようにしてスピードを上げていく。私たちは野原の真ん中に立ち、選手たちの争いを見守り、集団から後れた選手たちが再び追いつこうとするのを励ました。メセレットもランナーたちの〝闘い〟を見て楽しんでいるようだった。スピード練習の最後の一本でファシルがスプリンターのような走りで突然先頭に立つと、メセレットは片手に握りしめた丸めたノートでもう一方の手のひらを叩いた。「今日は最高にハッピーだ！　一〇〇パーセント、ハッピーだ！　誰かがスパートして、別の誰かがスパートする。また誰かがスパートして、他の誰かが反応し、さらにまた誰かがスパートする。これでこそスピード練習だ。能力を高めたいなら、限界を超えなきゃいけない」

ランナーたちは歩いてウォーミングダウンをすると、着替えをするためにバスに向かった。メセレットは選手たちがバスに乗り込む前に集まるように指示した。「輪になろう。今日は勇気を持ってスパートをした者がいた。彼らを称えたい。みんなが知っているように、いつもコロコンチではゆったりと、アスファルトでは私が指示するペースに合わせて走る。だがスピード練習では、誰もが自分の能力をできる限り発揮すべきだ。先頭のランナーが入れ替わっても、ついていかなければならない」。メセレットは、経験の浅いファシルとテクレマリアムを呼び寄せ、二人の背中に腕を回してからチームに向かって言った。「他の選手を恐れてはいけない。恐れ合っていたら変化は起こせない。だからもし誰かが限界まで頑張っていたら、そのランナーを褒めてあげよう。今日のファシルはヒーローだ。勇気を出し、みんなを置き去りにして先頭に立った。テクレマリアムもそうだ」

これは今週で一番競争の激しいセッションだった。メセレットの言葉を借りれば、ランナーたちは〝お互いを置き去りにする〟くらいのスパートを試みることを奨励されている。それでもまだメセレットは、競争は協調と深く結びついていて、長い目で見れば、誰かがスパートすることは後続のランナーの成長にもつながると考えている。メセレットは、ゼレケにバスの中から携帯電話を取ってくるように頼んだ。このグループにとって今年最大の成功は、中国の福州マラソンでゼレケが二位に入賞し、一万五〇〇〇ドルを獲得したことだ。ゼレケはこの賞金で、故郷のデブレ・ビルハンに家を建てている。バスから出てきた彼に、メセレットは福州マラソンでの最後の数百メートルの映像を見せてほしいと頼んだ。みんなが、小さな画面の前に集まった。先行するバイクに設置されたカメラで撮影された映像の中で、五人のエチオピア人が誰もいない六車線の高速道路を走っている。左側にいるゼレケがスパートをかけ、カメラのほうに近づいてくる。粒子の粗い携帯電話の画面でも、彼が白目をむきながら、トップでフィニッシュするために死にものぐるいになっているのがわかる。カメラがパンしてフィニッシュラインを映し出した。最後の数メートルではゼレケが力尽き、両腕を大きく回転させながら、もう一人のランナーとほぼ同時に倒れ込むようにしてテープを切った。その直後に、他の三人が続いた。アセファはこの映像を何度も見たことがあるにもかかわらず、「ウーーイーー！」と唸った。ゼレケは首を横に振った「僕たちは全員、一秒以内の差でゴールした。たった一秒にも満たない差で、もらえる賞金が桁違いになるんだ」。だからこそ、彼らは練習でお互いをつぶし合うことを学ぶ必要がある。そうすることで、いざレースになったときに、他の選手にかけられたスパートに〝抵抗〟して持ちこたえ、自分にとって最適なゴールスプリントのタイミングを計れるのである。

メセレットはこの能力を、肉体的な能力というよりも精神的な強さ、つまり速筋繊維というよりも意志力の問題として表現することが多い。つまり、「もっと速く走れる」と決意すれば、それが実現するとでもいうように。彼は、ハイレ・ゲブレセラシェがアトランタオリンピックの一万メートルで優勝した時のエピソードを好んでいる。「アトランタに向けて出発する前、ハイレは〝金メダルを取れなければ婚約者とは結婚しない！〟と公言した。それが彼が自分自身と交わした約束だった。優勝した後、ハイレがシューズを脱ぐと血まみれだった。〝怪我をしていたのか？　痛みは感じなかったのか？　なぜ走り続けられたのか？〟と尋ねられたハイリエは、〝私は勝たなければならなかった〟とだけ答えた。これが約束の力なんだ」。メセレットは、このことをハイリエの婚約者（現在の妻）がどう思っていたかについては触れなかったが、ともかく人生や競技に対する絶対的な〝オールオアナッシング〟の姿勢を賞賛しているのは明らかだった。

スピード練習では、実力がはっきりと現れる。前の選手にできる限り食らいついていかなければならない選手は、速く走ることの凄さを身をもって知っている。だからこそ、スピードを真に体現できるランナーは伝説的な扱いを受けている。その崇拝は宗教的な意味合いすら帯びているのではないかと思う。レース中にスピードと精神力の両方を体現できる存在として誰もが尊敬しているのが、ケネニサ・ベケレだ。エチオピアに来て間もない頃、森を走った帰り道に若いランナーにケネニサのことを尋ねたことがある。「ケネニサは危険だ」と彼は言った。「彼と一緒に走った多くのケニア人は、壊されてしまった。ケニア出身の友人から聞いた話だと、この二〇年、ケネニサに勝負を挑んだランナーは全員、まともに走れなくなっているらしい。ケネニサのスピードに追いつこうとして、ダメージを受けてしまったんだ。彼は…彼は人間じゃないよ」

人間であるかどうかはさておき、私はケネニサに何度も連絡を試み、彼が宿泊している市内のホテルを訪ねた。だが結局、インタビューはできなかった。それでも、彼のコーチであるメルシャに話を聞くことができた。私たちはアラット・キロの騒がしいバーで会った。二人とも「マルタ」という、ビールと同じような製法でつくられたノンアルコールの麦芽飲料を注文した。味は発泡性のホーリックと液体のモルティーザーズの中間といったところだ。ケネニサ本人に話を聞くためにあれこれ手を尽くしてきたと話すと、メルシャは笑った。「もし成功したら、君は新記録を出したことになる。これまでエチオピアで練習に集中しているケネニサへのインタビューに成功した人間は、誰一人としていないんだ」

エチオピアには、適切な練習環境で辛抱強く練習に打ち込めば、誰もがエリートランナーとして成功できるという一般的な考え方がある。だがメルシャはケネニサが特別な存在であることを熱く語った。「彼はものが違う」とメルシャは首を横に振りながら言った。「生まれ持ったものが違うんだ。あるエクササイズの手本を示すと、すぐに完璧にできるようになる。頭脳も明晰だ。メンタリティも頭抜けている。ケネニサは誰のことも怖がらない。どのランナーも、一二歳や一三歳の時になら、〝自分もあんなふうになれる、こんなふうになれる〟と思うことができる。だがケネニサは大人になってもそのメンタリティを持ち続け、その願望をすべて実現してきたんだ」

メルシャは、ケニアのトップランナーの多くを指導しているイタリア人コーチのレナート・カノーバと協力してケネニサの練習プログラムを考案したという。詳細を知りたいと尋ねると、「いや、それはできない」とメルシャは言った。「私はプロだ。ケネニサはこの練習プログラムについて、いつか本を出版したいと思っている。だが彼は、他のランナーがそのままこのプログラムに従うのは危険だとも言っている。なぜなら、ケネニサの身体的な特性は他のランナーとは大きく異なるからだ。おそらくほとんどの人は、ケネニサよりも集中的で、長く、強度の高いワークアウトが必要になるだろう。それを調整するのはコーチの役目だ」。意外だった。私はてっきり、メルシャはケネニサのプログラムは他のランナーにはきつすぎると言うと思っていたからだ。だが彼は、むしろ負荷が足りないだろうと言った。

メルシャは、ケネサをマラソンランナーにするための最大の課題は、ペースを落として走れるようにすることだったと言う。初めてマラソン向けの練習として行ったトラック練習は、四〇〇メートル走を一分間のインターバルを挟みながら二〇回繰り返すというものだった。「目的は、リラックスしたスピードで走れるようになることと、乳酸耐性を高めることだった。でも、ケネニサは一週目を六一秒で戻ってきた。トラックでゆっくり走ることに興味がなかったんだ」。三週目、四週目と繰り返すうちに、メルシャはケネニサを説得して六三秒までペースを落として走らせた。「ところが、三〇秒しか休憩していないのに、スタートラインに立って〝準備はできたよ、コーチ〟と言うんだ。ケネニサの場合、このペースでは体内に乳酸がほとんど生成されない。だから、回復時間を短くするように調整しなければならなかった」。メルシャは、ケネニサは長時間のマラソン向けの練習を退屈だと感じてしまうことがあるので、面白くなるように工夫しているという。たとえば、ロングランの最後に一分間の全力走を入れたりする。ここでも、練習をできるだけ面白く、刺激的なものにすることが何より重要なのだ。

「ケネニサは、単に勝つだけではなく、記録を更新する選手だ。コーチにとって、彼やティルネシュ・ディババのような圧倒的な力を持った選手を勝者にするのは簡単なことだ。だが記録を更新するためには、その先を考えなければならない。国内記録、コース記録、世界記録を出すためには、どうすればいいか。勝つためだけのコーチなら、彼のおじいさんにだってできるさ」。二〇一六年のロンドンマラソンでケネニサが二時間六分三六秒で三位になったときの走りについて尋ねてみた。怪我のためにレース前の六週間しか練習できなかったと記事で読んだことがあったが、メルシャの口から真相を聞いてみたかったのだ。「その通りだ。普通なら、怪我明けの調整には最低でも一三週間は必要になる。もちろん、それは選手の能力やコンディションにもよるが、ケネニサの場合、レースの六週間前はまだリハビリの段階だった。だが時間がなかったので、私たちはリスクをとった。段階的に調整していくのではなく、いきなりマラソンに特化した練習を行うことにしたんだ。レース前に〝調子はどうだ?〟と尋ねると、彼は〝大丈夫さ〟と答えた」

ロンドンでは、異なるペースメーカーが先導する二つの集団が走ることになっている。先頭集団のエリウド・キプチョゲは、前半はとてつもなく速いペースで走るつもりでいた。第二集団は前半は抑えめにして、中間地点までを六三分か六四分で走ることが予定されていた。メルシャはコーチのレナート・カノーバから、今回、ケネニサは準備期間が短かったこともあるので、第二グループで走ったほうがいいと提案された。メルシャはお手上げだ、というポーズをして言った。「私は言った。〝そんな提案ができるわけないだろう?〟。ケネニサはハートが強い選手だ。もちろん、彼はその提案を断った。くだらない提案だった。彼は私のヒーローだった」。レース本番、先頭集団は最初の一マイルを四分三〇秒、中間地点までを一時間一分二四秒で走った。六週間しか練習していなかったケネニサも先頭集団を走り、二時間六分台でフィニッシュした。まさに驚異的な走りだった。

ハイリエは、精神力を発揮できない選手たちに苛立ちを覚えたとき、よくケネニサを例に挙げて叱咤した。あるとき、練習を終えてバスの中に戻った私たちに向かってこう言った。「走ることに全身全霊を捧げていなければ、望む成功は手に入らないぞ。自分は変えられない。ケネニサの決意は強かった。みんなが知っているように、彼の妻は森の中を走っている最中に倒れて心臓発作で亡くなった。まさに悲劇だ。喪に服していたケネニサは、〝もし走ることによって俺の命が奪われるのなら、そうすればいい〟と自分に言い聞かせた。そしてこの年、五〇〇〇メートルと一万メートルで世界記録を更新した。その時の練習の内容は驚くべきものだった。アディスアベバ・スタジアムで、四〇〇メートルトラック一六周を一周六一秒で走った人がいるだろうか？　彼はそれをやってのけた。そして一七周目を六三秒で走るとトラックから離れた。そのときは、ヘンゲロで世界記録を更新できるという確信を抱いていた」

私はこの話を以前にも聞いたことがあった。このときのケネニサと同じ練習を、テラハンやビハヌたちが遠くゴンダールで挑んでいたのも目の当たりにしていた。「トラックを一六周するセッションは、ウォルデメスケル・コストレが編み出したもので、ハイレ・ゲブレセラシェも取り入れていた。他の選手を置き去りにできるくらいのスピードが身につく」。アディスアベバ・スタジアムの標高が二五〇〇メートルであることを考えると、ハイリエが言ったようなトレーニングを行うのは不可能に思える。だが私がエチオピアで出会ったランナーたちはみんなケネニサがそれをやったと信じているし、この国における彼への敬意の絶大さを思うと、私もそれを信じたくなる。ハイリエにとっては、ごくシンプルで、かつ精神力が求められる練習が最高だ。ハイリエは、トラック競技でハイレ・ゲブレセラシェとケネニサを指導して世界記録の達成へと導いたウォルデメスケル・コストレの手法が最善だと考えている。「若いコーチは科学がどうこうと言っているが、それほど成功しているわけではない」

私は初めてケネニサへのインタビューに成功するという新記録はつくれなかった。だが幸運にも、エチオピア滞在の終盤に、二〇一八年にバレンシアで五八分三三秒を出してエチオピアのハーフマラソンの新記録保持者になることになる若きランナーと一緒に時間を過ごす機会に恵まれた。ヨモ・スポーツグループにはとても才能のある選手がいる。たとえばフーネンナウはハーフマラソンで五九分四二秒を記録しているし、マラソンで二時間一〇分を切るサブテンランナーが何人もいる。だがハイリエは、ジェマール・イマーには中距離走やハーフマラソン（当時はジェマールがハーフマラソンデビューをする二年前だった）で、特別な能力を発揮できる選手だと見込んでいた。

彼と初めて会ったのは、メゲナグナのラウンドアバウトの近くにあるカフェだ。ナショナルチームのベストにジャージのトップス、色あせたジーンズという姿のジェマールは、終えたばかりの朝のトラックセッションの疲れがあるのか、ゆっくりと慎重に歩いていた。ハイリエも、ダーバンで開催されたアフリカ選手権の一万メートルで四位に入賞し、海外での初レースを終えてアディスに到着したばかりのジェマールに会い、このレースのことや今後数週間の練習について尋ねたがっていた。私は、四位という結果に本人は満足しているのではないかと思った。だが、ジェマールは明らかに落胆していた。

「すごくいい準備ができていたんだ。イメージしていた通りに、残り五周の時点でスパートをかけようと思っていた。でもサイドラインにいたコーチに〝待て〟と指示を出されて仕掛けられなかった。そうしたら、外側から他の選手に抜かれてしまった。とても悔しかったよ。戦術のせいで負けるのは嫌なんだ」。所属するアムハラ刑務所クラブのキャンプでは、心理面の準備が重視されている。大会に向けて出発する前には、特別なコーヒーセレモニーが行われる。選手たちは種目ごとにグループに分かれ、一人ひとりが起立し、練習の成果やレースへの期待、懸念事項などを話す。「たとえば、ある選手が、ゴール前のスピード不足が気になると話す。そうすると、仲間たちは〝これまでの練習で、スピードを高める練習を十分にやってきたじゃないか〟と励ますんだ。それによって、その選手は不安を減らした状態でレースに臨むことができる」とジャマールは言った。

ダーバンで初の国際レースに出場したことは、一〇年前にジェマールが始めた夢への挑戦の集大成だった。同世代の多くの選手がそうであるように、ジェマールもケネニサに憧れてランニングを始めた。七人兄弟の四番目として生まれ、家業の農場で牛の番を任されていたジェマールは、ある日、仕事をサボってケネニサのレースをテレビ観戦した。戻ってきてみたら、牛たちは隣家の土地に迷い込み、畑の作物を夢中になって食い荒らしていた。「母にはこっぴどく怒られたよ。でも僕は、その日から森で走り始めた」とジェマールは笑いながら振り返る。日常生活の中で体は鍛えられた。幼い頃から、村の小さな市場で卵を何百個も仕入れ、背負った籠に入れて数キロ離れた町まで運び、売って利益を得ていた。儲けたお金でランニング用具や栄養のある食べ物を買った。運ぶ途中で割れた卵を食べたりもした。もし、ジェマールの伝記映画が作られるとしたら、映画『ロッキー』のように生卵を食べて練習をするシーンが描かれるだろう。

ジェマールは、スタート直後から速いペースで走れる能力を養うための練習が好きだという。前述したトラックを一六周するセッションはもちろん、二〇〇〇メートルや三〇〇〇メートルを速いペースで四、五回繰り返すセッションもお気に入りだ。さらに、一万メートルのトラックレースの単調さに〝適応〟するためのものとして、一定のペースでトラックを三〇周走り続けるというタフなセッションもある。ハイリエが、ジェマールはケネニサ・ベケレやハイレ・ゲブレセラシェのような世界記録保持者になる可能性を秘めていると考えているのは、彼にはこのように徹底して客観的で、ごまかしが許されない練習を進んで受け入れる姿勢があるからだ。

彼はこうした真摯な態度で人生すべてに向き合っている。帰り道、ハイリエは歩きながらこう言った。「ジャマールは特別な選手になるだろう。彼が質素な服を着ていたのを見ただろう？　賞金はそっくり銀行口座に預けて、一切手をつけていないそうだ」。ジャマールはこの数年間、アムハラ刑務所クラブから支給される五〇ドルの月給だけで暮らしてきた。朝と夕方に練習をし、食事はクラブの食堂ですませている。初めて手にした六〇〇〇ドルの賞金をすべて銀行口座に預けるのは、かなり自制心がある人間ではないとできないことだ。「ジャマールは、お金はいつでも使える。でも、ランニングは今しかできない、と言っていた」。ハイリエは、トップクラスの選手にとってもレースに向けた準備の妨げになるようなもののことを、英語で「くだらないもの《ホッジポッジ・シング》」と呼んだ。フェイスブックのメッセンジャーも、テレビを見たり、ビリヤードをしたり、カフェで無駄な時間を過ごしたりすることも、すべて〝くだらないもの〟なのだ。

＊＊＊

母国に戻った私は、二〇一九年に一時的にエチオピアを訪れた。ジェマールがどのように「くだらないもの」を避けているのか、ハーフマラソンを五八分三三秒という驚異的なタイムで走れたのは一体なぜなのかを本人と話してみたかった。ハイリエと一緒に、ジェマールのトラック練習を見るためにスタジアムに赴いた。指定された時間は朝七時。私がこの国で練習に励んでいた頃はかなり朝早くから起き出さなければならなかったが、それに比べればずいぶんとまともな時間に感じられた。ジェマールは、三〇〇メートルを高速で走り、一〇〇メートルのジョグを挟むという、シンプルだがとてもハードな練習を行っていた。三〇〇メートルのタイムは約四三秒。このテンポを保つために、三人のランナーが交替でペースメーカーを務めていた。ペースメーカーたちは、自分の番が来るまで赤、緑、黄色に塗られたスタジアムのコンクリートの階段に腰かけ、セントジョージビールの看板広告の下で日差しを避けながら休憩している。ジェマールは、胸を張り、背筋を伸ばして走り続けている。スパイクをほんの一瞬だけトラックに着地させると、すぐに次の一歩を繰り出していく。

ウォームダウンの後、話を聞くために彼の自宅に向かった。ジャマールは最初に会ったときの色あせたジーンズではなく、頭の先からつま先までスポンサーであるナイキのウェアを着て、ベイビーブルーのTシャツの上に黒のベストを羽織っている。購入したばかりだというトヨタのカローラに乗せてもらった。成功したエチオピア人ランナーがよく乗っているセダンだ。シートはまだビニールラップで覆われていて、一九七〇年代風のビーズのシートカバーがかけられている。車に乗り込むと、ジェマールは前日に運転免許の筆記試験に四回目の受験にしてようやく合格したと嬉しそうに話してくれた。私は内心穏やかではなかったが、おめでとうと言った。とはいえ彼の運転は悪くはなかった。アディスでハンドルを握る者に求められる注意深さと自己主張の強さの両方があり、必要なときにはタイミングよく加速できる。

私たちは、ジェマールの家の近所のジュースショップに立ち寄った。ここはコテベの北西に位置するファレンセイ・レガシオーネと呼ばれる街の一角で、近くにはフランス大使館がある。意外にも建物が多いが、ジェマールの家の裏にはひっそりとした森があり、その気になればエントトまで走れる。店内の壁には、果物や高原の風景を描いた色鮮やかなラミネート加工のポスターが貼られている。私はマンゴージュースとパンを注文したが、ジェマールは食べ物は頼まなかった。「ジュースだけでいいんだ。僕はジュースを飲むことにかけては誰にも負けない」。ジェマールは大ジョッキで運ばれてきたマンゴーやアボカド、パイナップル、パパイヤなどのジュースを七杯も飲み干し、これで朝の練習の疲れが癒されたと言った。テーブルを片つけに来たウエイトレスが、「こんなのたいしたことないわよ。一〇杯、一一杯も飲むこともあるんだから」と笑った。なぜ食べないのかと尋ねると、ハードなトラック練習をした後は食欲が湧かないことが多いし、レースを控えているので体重を増やしたくない、四六キロの時に最高のスプリントができるから、と答えた。

ハーフマラソンを五八分で走るのはどんな気分なのだろう？　何かの分野、特にランニングのような客観的な分野で世界屈指の人間に自分を重ね合わせるのは難しいことだ。それでも、私たちはそのことに惹かれてしまう。デイヴィッド・フォスター・ウォレスは、誰が最高の配管工や会計士であるかを定義するのは不可能だが、トップ選手のランキングは「公式な競技記録の問題」として客観的に示されているため、人々の「競争力や確固としたデータに対する強迫観念のような憧れ」に強く訴えかけるポイントになっていると述べている。またウォレスは、トップアスリートのパフォーマンスには人々を魅了する「美しさ」があるとも書いている。「偉大なアスリートの動作には深遠さがある。ワールドクラスの選手が物理法則から逸脱するようなパフォーマンスを見せるとき、そこには人間の中に神を顕現させるような超越的な美しさがある」。はたしてジェマールのような選手は、パフォーマンスの最中に自らこのような深遠さや美しさを体験しているのだろうか？

　バレンシアのレースに向けてどんな練習をしたのかと尋ねると、「不可能な」でも「驚くような」でも「ハードな」でもなく、「適切な」（アムハラ語で「バーデン」）練習をしたという言葉が返ってきた。案内してもらった自宅の庭には屋外ジムがあり、錆びたスクワットラックや各種のウェイト練習器具が置かれていた。私はコテベでは、選手の自宅にこのようなジムがあるのを見たことがなかった。コンクリートの地面には、自分を鼓舞する言葉が重なるようにして描かれている。オリンピックの五輪のロゴの上に、英語とアムハラ語で、「自分を追い込め」、「スポーツが私の情熱」、といったスローガンが見える。一言「訓練」とだけ書かれたものもある。ジェマールが毎朝練習に通うために上る階段の一番上、すなわち家を出る前に最後に目にする場所には、「楽な道などない」と書かれている。この町にある1LDKの質素な家に住むことにしたのは、ジムがあることと、この地域の水がきれいなことで有名だったからだという。私たちは太陽の下で練習ベンチに腰を下ろした。彼は愛情を込めてウェイト器具を叩きながら言った。「スクワットをするためにバーを肩に担ぐ度に、子供の頃、卵が入った籠を背負っていたときのことを思い出すんだ」

　バレンシアのレースの前に行った練習の概要を聞くと、スピードを重視していたこと、実際にレースで走ることになる路面での練習を極力避けていたことに驚かされた。レースまでの数カ月間で、ジェマールがアスファルトの上を走ったのはシェラトン・ホテルの隣にある有名な丘でヒルクライムを行った二回だけ。しかも未舗装路《コロコンチ》までも避けていて、この準備期間でもっとも長時間走ったというセンダファでの二回だけだ。しかもその最長時間のランニングが九〇分以内だったと聞いてさらに驚いた。これは何より、スピードを維持するためだった。もしアスファルトの上を走りすぎていたら、スピードは鈍っていたはずだという。練習はシンプルだが、「適切」だった、とジャマールは言う。つまり、セッションとセッションの間にできるだけ多くの休息をとることを重視した。週に二回のトラックセッションと、ジャン・メダの芝生やエントトの森での軽めのランニングをたくさん繰り返した。

トラックでの練習がない日の朝は、森の中で一時間二〇分ほど走り、夜は四〇分ほど「かなりゆっくり」ジョギングした。週に何キロくらい走っていたのかとを尋ねると、ジャマールはGPSウォッチの履歴データを基準に計算しようとしたが、充電するのをしょっちゅう忘れていたので正確なデータはわからなかった。手計算で見積もるためにメモ用紙を探して屋内に入ると、部屋の隅にナイキの同じキットバッグが六つも積み上げられていた。「とにかくアイテムがたくさん送られてくるんだ。使い切れないくらいさ。ランニングをやめたとき、このアイテムをどうすべきか考えなくちゃいけないね」。私たちは古いゼッケンの裏に数字を書き込んで一週間の走行距離が約一七〇キロだったと試算した。それなりの距離ではあるが、驚くほど多いというわけではない。

いま彼が練習で履いているシューズは、屋外で日干しされていた。隣には、前日の午後にこのシューズを洗うのに使ったプラスチック製のバケツが置いてある。現在の生活は、練習を終えて帰宅すると食事をし、午後はウェイト練習と毎日恒例の四〇分のジョグをする以外はほとんど寝てすごすというものだ。ジェマールの準備にとっては、エネルギーの浪費や気晴らしの要素がまったくないことが重要なのかもしれない。彼が行っている練習は、三〇〇〇メートルの反復練習を除けば、イギリスで本格的に長距離走に取り組んでいるランナーの多くがこなせるものだと思う。「どれだけ練習しても楽にはならない、速くなるだけだ」という言葉がある。これは、ジェマールのように速いランナーにも当てはまるのだろうか。もしそうだとしたら、ハーフマラソンを五八分で走る彼と、それよりも八分遅く走る私は同じ感覚を共有しているのだろうか。そしてそのことは、私には決してわかり得ないことなのだと思う。

第一四章　走ることは生きること《ランニング・イズ・ライフ》——ランナーたちは挑み続ける

エリトリア代表の選手たちは決断するために歩いて山の頂上に上った。自分たちが山に来て自由に話し合いをすることを、コーチ陣が快く思っていないのを知っていた。アーサーシートを吹き抜ける一月の風が、彼らが身に纏う薄手のジャージを吹き抜けていく。これからどうすべきか決めるために全員が輪になった。前日にスコットランドの首都エディンバラで開催された二〇〇八年クロスカントリー世界選手権では、男子チームの選手のほとんどが三〇位以内でゴールしたものの、期待したほどの成績は残せなかった。経由地のエジプトで一週間出発が遅れ、さらにヒースロー空港でも足止めを食らったおかげで、疲れとストレスを抱えたままエディンバラに到着したことが響いた。イギリスチームの全選手を上回る五二位でゴールしたテウォルデ・メンギスタブも、コーチ陣の反応が怖かった。

数年後、私はテウォルデにインタビューした。彼は、「エリトリアに帰ったらどうなるのかとコーチたちに聞いたときに…」思い出しながら答えた。「〝そのうち分かる〟としかコーチたちは言わなかったんだ。」過去に国際大会で成績が悪かった選手は、強制的に軍隊に入れられたこともあったのだという。「いったんエリトリアの軍隊に入ったら、二度と抜け出せない」。他にも、金属製の貯蔵庫に数日間閉じ込められ、日中は赤道直下の容赦ない日差しに、夜は氷点下の寒さに耐えなければならないという罰を受けた者もいるという。「山の上で話し合った結果、夜になったら駅に向かおうと決めた」。所持金が少なかったので、遠くには行けない。駅に着くとすぐに「一番近い大都市はどこか？」と尋ねた。こうして、彼らはグラスゴーにたどり着いた。

ジョン・マッケイは、ホリールード公園で行われたエリトリア代表チームのサイン会の列に並んでいた。今でもグラスゴーの自宅には、そのときもらったサイン入りのレースナンバーが飾られている。一週間後、スコットランド難民評議会から電話があり、ジョンが所属する陸上クラブ、シェットルストン・ハリアーズに新しい選手を受け入れてもらえないかと尋ねられた。二つ返事で承諾したが、火曜日の夜に練習のためにクラウンポイント陸上競技場に到着し、エリトリアのナショナルチームのジャージを着た男女の集団を目にするまで、そのつながりに気づかなかった。「驚くべき偶然の一致だった」とジョンは私に言った。この偶然はスコットランドの陸上競技界を大きく揺るがすことになる。その後、国内タイトルの多くがシェットルストンの選手たちの手に渡った。エリトリア人選手の存在は、スコットランド西部におけるシェットルストンのライバルである陸上クラブ「キルバーチャンＡＡＣ」に所属するカルムとデレクのホーキンス兄弟の台頭をも促した。実際、二〇一六年リオ・オリンピックのイギリスのマラソンチームは、ホーキンス兄弟と、二〇〇八年にスコットランドに残ることを決めたエリトリア人選手の一人であるツェガイ・テウェルデで構成されていた。ジョンは、エリトリア人の登場がスコットランドの長距離離走のレベルを引き上げたと評価している。

私自身、イギリス在住のエリトリア人やエチオピア人、ケニア人のランナーに敗れて二位や三位になったことが数え切れないほどある。たとえば、イギリス北東部（エチオピアのタデレ・ゲレメウには何度も負けたし、ヤレド・ハゴスにも敗れた）、スコットランド（主にエリトリアのテウォルデやウェイナイ・ゲブレセラシエ）、ダブリン（ケニアのフレディ・シトゥック）などで開催されたレースだ。彼らとの勝負では勝てたためしがないが、集団よりも数分早く、タデレやテウォルデと肩を並べながら田舎道を走ったことは、私にとって忘れられない良き思い出となっている。私のハーフマラソンのベストタイムである一時間六分一三秒は、ウィルムズローのハーフマラソンで、エチオピア出身のトーマス・アビュ、ヨルダン出身のモハメド・アビュレゼクとスパートを仕掛け合い、最終的に二人に見事に打ち負かされたときに出したものである。レース後、トーマスは、今日は風が強かった、天気が良ければ君は一時間三分台で走れるだろうと言ってくれた。レース後のこのような会話には、いつもモチベーションを刺激された。もっと練習をしたいと強く思った。実際には走れなかったけれど、もっと速く走れると信じることもできた。

テウォルデやツェガイたちがシェットルストン・ハリアーズにたどり着いたのは偶然だったが、これほどまでに彼らをサポートしてくれるクラブはなかっただろう。このクラブには社会的良心が深く根付いている。それは一九三〇年代に現クラブ会長のエレイン・マッケイの祖父アラン・スカリーがレースの賞金をイーストエンドの炊き出し施設に寄付していたことに遡れる。エリトリア人ランナーたちの新しい家はすぐにクラブのメンバーからの寄付で用意された。だがそこはグラスゴーでも誇り高き労働者階級が住む地域であり、ランナーたちは働くことを求められた。エリトリアのランナーたちは母国とは違い、クラブからランニングをするためのサポートを受けながらも、それと並行して工場や倉庫で働かなければならないことに当初はカルチャーショックを受けたという。月日が流れ、彼らの何人かはクラブの若手にとって重要なメンターになった。テウォルデも、初めての火曜日の夜のセッションに参加してから一〇年以上経った今でも、その役割を果たしている。

エチオピア滞在を終えてスコットランドに戻って間もない頃、私はエチオピア人とエリトリア人のランナーが世界を駆け巡る様子を、シェットルストンが主催した一〇キロのロードレースに出場したときに実感した。エリトリア人のウェイナイ・ゲブレセラシェ（二〇一二年のロンドン・オリンピックの後、テウォルデらと同様の状況でイギリスに残ることを選んだ選手）と最後に会ったのは、アディスアベバのジュースバーだった。その彼がこのレースで、三〇分を切るともらえる三〇〇ポンドのボーナスに挑戦しようとしていたのだ。エリトリアはエチオピアと三〇年に及ぶ独立戦争を戦った。二〇年前には国境紛争が始まり、二〇一八年にようやく両国間の和平が正式に合意された。にもかかわらず両国のランナーは良好な関係にあり、多くのエリトリア人ランナーがエチオピアで練習している。ウェイナイもアディスによく練習合宿に来ていた。コテベのジュースバーでは、エリトリアのコーチが厳しいことを除けば、両国の練習はとてもよく似ていると私に話してくれた。現在彼は、バーミンガムで働きながら家族と時間を過ごす期間と、エチオピアで集中的に練習をする期間を交互に繰り返している。彼にとっては、仕事とランニングを同時に両立させようとするより効果的な方法なのだという。

スコットランドで開催されるこの一〇キロメートルレースの直前、私はウェイナイとテウォルデ、そして二人のエリトリア人アブラハムとアマニエルと一緒にウォーミングアップをした。他の選手たちはすぐに道路や川沿いに向かったが、私たちは草地の上をごくゆっくりとしたペースのジョグでスタートした。ウェイネイは何本かの木の間を縫うように走り、広い草地をジグザグに横切っていく。私たちは一列に並び、ほんの少しずつペースを上げていった。森の中でウェイナイの後ろを走っていると、エチオピアに戻った気分になった。最後はレースペースに近いペースで数分間走り、ウォームアップを終えた。慣れ親しんだ一列の縦隊で草地を横切ってスポーツセンターに戻ると、ライバルたちから好奇の目で眺められた。

スタートの号砲が鳴った。私はウェイナイについていけなかった。彼は三〇分を切るというミッションのために終始独走したが、タイムは三〇分一〇秒で目標にはわずかに届かなかった。私は約二分遅れの二位、三位はアブラハム、五位はテウォルデ、六位はアマニエルだった。私たちは一緒にスポーツセンターまでジョギングで戻ると、紅茶とケーキを前にしばし会話を楽しんだ。イギリスには、エチオピアやエリトリア出身のランナーや元ランナーが大勢住んでいる。テウォルデやウェイナイのように政治的な理由で来た人もいれば、経済的な理由で来た人もいる。最近、マンチェスターで在英のエリトリア人が集まる懇親会があり、六〇人以上が参加したという。ただし今では、走ることよりも働くことのほうに比重を置く者が多くなっている。二〇〇八年にイギリスに残ることを決めたエリトリア代表チームのメンバーのうち二人は現在タクシードライバーをしているし、リオ五輪にイギリス代表として出場したツェガイはケンブリッジで介護の仕事をしている。さまざまな仕事をしてきたテウォルデも現在はその持久力を活かしてフードデリバリーの「デリバルー」で自転車での配達業務をしているが、これはランニングとの両立が難しくなる仕事だ。

ウェイナイが、現在住んでいるバーミンガムを離れてエチオピアで練習に打ち込んでいるときの心境を語った。彼は今でも、十分な練習を積めば二時間一〇分でフルマラソンを走れる能力があると思っている。だがエチオピアでは、感情のジェットコースターに乗っているような体験をする。「調子のいい日は、練習を終えた後も高揚感がある。そうだよね？　でもうまくいかない日は、〝ランニングに人生を賭けているのに、この走りじゃ時間もお金も無駄にしてしまっているだけだ。俺はここで何をやってるんだろう？　イギリスの家族に会いたいよ〟と思ってしまうんだ」。彼と一緒にエリトリアからイギリスにやってきた妻と幼い子供たちは今、バーミンガムに住んでいる。私には、ランニングを生活の糧にしている人の気持ちはわからない。それでも、〝高いレベルの練習に取り組む価値はある〟と自分に言い聞かせながらランニングを続けているウェイナイの葛藤はよくわかる気がした。私がイギリスのレースで出会ったエリトリア人やエチオピア人のほとんども、他のランナーと同じく、仕事や家庭との折り合いをつけながらそれぞれの事情に合わせたレベルでランニングに取り組んでいた。

だが、お金にならないからといってランニングを完全にやめてしまう者はほとんどいない。走ることで自分を保つことができるからだ。エチオピアにいた頃、朝の六時半に、センダファの練習バスの中でハイリエがこんなことを言っていた。そのとき彼は怪我で二週間ほど走れていなかったが、グループの早朝練習を見守ったり、サブエージェントとして選手のビザを申請するための列に並んだりすることで疲れていた。「走らないで疲れるより、走って疲れるほうがいいよ」ハイリエはバスの窓の外に目をやった。丘の頂上に向かってランナーたちが走っている。「走ることは生きることだ《ランニング・イズ・ライフ》」

私はエチオピアで走ることに苦労した。自分よりはるかに優れた選手たちに囲まれていると、走る理由を自分に納得させるために必要な意味づけ、すなわち「イルーシオ」を保つのが難しかった。それに「観察者として参加すること」を重視する人類学者としては、自分よりも能力が高く、高地に順応し、地形にも慣れているランナーに同行して、極端で困難なランニングに挑む必要があった。そうすることで、この本の内容は面白いものになり、スポーツの人類学に新たなアイデアをもたらせることになるかもしれない。だがその結果、私は常にオーバートレーニング気味で、疲れ切っていた。

エチオピアに一年三カ月以上滞在した後、私はエディンバラに戻った。ほどなくして、ロズリンとの間に娘のマデライン（ミドルネームは「ティルネシュ」）が誕生した。同時に私たち二人は、博士論文の執筆にも取り組んでいた。最初の半年は、大学までホリールード公園を走って通学していたが、本格的な練習を再開するためのモチベーションを高めるのは難しかった。とはいえ、まだ公式にマラソンを走ったことがないという事実はずっと心の底にひっかかっていた。マラソンの公式記録を残さずに走ることから離れたくはなかった。ただもしフルマラソンを走るのなら、何かしら目標や意欲を高めるものが必要だった。ハイリエやツェダ、ビハヌなら同じような状況でどうするだろうかと考えてみた。おそらく少々クレイジーなことをするのではないだろうか。たとえば、高地での練習のために何百マイルも移動したり、午前三時に起きて坂道を走ったり。たしかに生後六カ月の赤ん坊を育てていたロズリンと私は午前三時に起きていることは多かったが、もちろんその時間にランニングをする余裕などなかった。高地への移動など論外だ。どうやら私にできるのは、エチオピア式の練習プログラムをつくってもらい、それに沿ってエディンバラの冬を過ごしてみることのようだった。

イギリスにはエチオピアやエリトリアのような高地はない。だがテウォルデは電話で、イギリスの気候（グラスゴーでさえも）はランニングに最適だと言ってくれた。また、ここにはエチオピアで走っていたのと同じような路面もある。私はニューカッスルのタウン・ムーアでテウォルデと練習したときに、そこのコロコンチの路面がセンダファのそれに似ているのを実感した。そのことは、テウォルデやウェイナイらがグラスゴーで行った練習からもわかっていた。キャスキンの丘はエチオピアの森の代わりとして最適だったし、ストラスクライド大学の運動場は長いインターバル・セッション（五周、四周、三周、二周、一周）に使えた。もしクレイジーなセッションが必要なら、オリンピックの予選を兼ねたロンドンマラソンに向けた練習でツェガイが行ったようにトラックでの四〇〇メートル×四〇本なども敢行できる。

エディンバラでは、街の中心部にあるさまざまなゴルフコースで練習に適した地形を探し、海岸沿いにコロコンチのトレイルがあるのを見つけ、写真を送ってハイリエに確認してもらった。ハイリエは長い傾斜のあるダディングストンのゴルフコースは、ゴルファーに迷惑がられないことを前提とするならば、とてもいい場所だと言った。ハイリエは、これ以上ないほどの熱心さで私に練習のスケジュールを送ってくれた。ゲタマサ・モラの協力も得ていた。ゲタマサ・モラは、メセレットがエチオピアのナショナルチームのコーチをするようになってからモヨ・スポーツのコーチを引き継いだ人物で、二時間四分台のマラソンランナーであるレウル・ゲブレセラシェなどが所属するエチオピア最大のスポーツマネジメント会社「グローバル・スポーツ・コミュニケーションズ」のコーチも務めていた。ハイリエは白い紙にボールペンで丁寧に書いた私用の練習スケジュールを写真に撮り、「ワッツアップ」アプリで送ってくれた。

エチオピア人ランナーとしての私に作成された練習スケジュールには、はっきりとした目的や優先度が定められていた。一日のメニューは、いくつかの項目と、その下に記された文章で構成されている。一番目の項目は「練習場所」。軽めの練習の日には、「チャカ（森林）またはゴルフ場」と書かれている。速いペースで走る日は、草地やコロコンチ、ときには道路で行う。二番目の項目はいつも「練習の種類」だった。その日の練習が特に軽めである場合（ハイリエは、アディスで私が軽めの日《イージーデー》に森の中を遅いスピードでジグザグ走りするのに苦労していたことを知っている）、スケジュールには「イージーペース」と書かれ、走る時間が分単位で指定されていた。私はゴルフコースの傾斜を利用してできるだけエチオピアでの森の中のランニングを模倣しようとし、ジグザグに前進や後退をしたり、コースに誰もいない冬の最悪の天候の中を走ったりもした。練習に刺激を入れることを重視するエチオピア式の考えを実践しようと、ヘッドライトをつけて夜中に走り回り、少々クレイジーな気分になったりもした。

　このような軽めの日でもたいてい練習メニューの最後には「(+インターバル走)」と書かれていて、毎日少しずつスピードを鍛えることの重要性を思い出させてくれた。ハードなランニングの日はコロコンチと芝生を走り、たまにロードやトラックでも練習した。練習メニューに具体的なペースが設定されているところに、コントロールと規律を重視するハイリエの考えが表れていた。それにはジャマールが好んだようなトラックでのハードなインターバル走も含まれていたが、私向けに多少は緩められていた。四〇〇〇メートル走×二本は特に厳しく、一本目は一二分三六秒、二本目は一二分二四秒で走らなければならなかった。ロードのセッションは、センダファで行っていたように徐々に加速していくビルドアップ走で、一五分ごとに一キロあたり数秒ずつペースを上げていった。私はマッセルバーグの海岸沿いを往復するコースを走っていたので、帰りはどうしても向かい風の中でスピードを上げなければならなかった。

ハイリエとゲタマサが手間暇をかけてつくってくれた練習メニューを実践することで、私は調子を取り戻し、マラソンレースに本気で挑戦できる状態が整った。私はエジンバラマラソンとフランクフルトマラソンに出場することに決め、エチオピアで学んだことを取り入れながら練習に励んだ。ゴルフコースでのランニングを続け、センダファでしていた長いロードセッションを真似た練習もした。ダラムでの長年の私の陸上コーチであるマックスからもアドバイスを受け、その過程で、一九八〇年代のイギリスのノースイーストのランニング文化と二〇一〇年代のアディスアベバのランニング文化にいくつもの共通点があることにも気づいた。エディンバラのレースではマラソンを完走することを優先して走り、最後の一〇キロは強い風に苦労しながら、二時間二四分四三秒のタイムで三位でフィニッシュした。ようやく初めて公式のマラソン完走タイムを手にしたことを、ロズリンと、まだ歩き始めたばかりの娘のマデラインと一緒に祝った。私は、次のレースであるフランクフルトに照準を合わせた。

＊＊＊

エチオピアを離れてから数カ月で二年が、エジンバラマラソンを走ってから五カ月が経過しようとしていた。私はフランクフルトで、ツェダとその仲間のランナー、ケルキル・ゲザヘグンが宿泊しているホテルの部屋にいた。私がここにいたのは、ツェダに会うためであり、二時間二〇分切りを目指して翌朝にフランクフルトマラソンを走るためでもあった。私がエチオピアを去ってから、ツェダはマラソンのタイムを二時間九分二六秒まで上げていた。私がエディンバラマラソンを走る前の週に開催されたリガ・マラソンでも優勝している。部屋の床には空のボトルやコロ・スナックのプラスチックの袋、エネルギーパウダーの小袋が散乱していた。ツェダとケルキルは、それぞれ八本のボトルにエネルギーパウダーを水で溶いたドリンクをつくっていた。明日の朝、コース上で五キロごとに設置された給水テーブルに置くためのものだ。ツェダは明朝のレースを控えている私に、しきりにもっとコロを食べろ、テーブルの上に積んである水を飲め、と勧めてくる。

ケルキルはベッドに寝そべって羽毛布団をかぶっている。ほとんど体を動かさず、口数も少ないが、レースに向けた自信はあるようだ。今日はできる限り無駄な体力を使わないように過ごすべき日なのだ。私はエディンバラにいるヨモ・スポーツのエージェント、マルコム宛に送られてきた一九キロのナイキのランニングアイテムを、ツェダに渡すためにフランクフルトに運んできた。ツェダは、今年、ナイキとのスポンサー契約の一環としてこのアイテムを二回受け取ることになっている。収縮包装されたウェアを細かくチェックし、一六足のソックスを取り出して床に並べたツェダは、「これはいい。薄くて軽いぞ」と言ってキルケルに見せた。「明日はそれを穿いて走るといいよ」とケルキルが言う。ツェダは慎重にソックスを穿き、レーシングシューズの中で感触を確かめると、満足した様子でソックスをシューズの中に入れ、小さなバッグに収めた。

ツェダはナイキから送られてきたケースの中からつば広の野球帽やベストを取り出して試着し、ウェアをいくつか試着した後、ベッドの上に、イギリスのプレミアリーグの監督が着ているような膝丈のパッド入りのジャケットを丁寧に置き、ランニングシューズを一〇足ほど並べた。「アディスアベバなら高く売れるぞ」とケルキルが言った。ツェダはうなずいたが、私は以前、彼からランニングウェアについての哲学を聞いたことがあった。「僕は他の選手みたいにメーカーから提供されたシューズを売りさばいたりはしない。このシューズは僕の工場なんだ。僕はこの工場で、ドルを生産するのさ」。ツェダはイギリス規格の6サイズのシューズを手にした。彼のレーシングシューズは、世界でもっとも効率的な工場に違いない。

午後三時頃、ツェダはベッドに入って羽毛布団をかぶった。私たちは午前中にツェダがとるべきレース戦略を話し合った。その結果、四人のペースメーカーのうち二人目のペースメーカーについていき、中間地点を一時間三分三〇秒で走るという目標を定めた。ツェダはしきりに「二時間七分台で走りたい。七分台はいいタイムだろう?」と言っていた。本当はツェダは、中間地点を私たちが定めた目標より四五秒速く通過しようとしている先頭集団と一緒に走りたいと思っているようだった。だがマルコムは私に、そうしないように説得してほしいと頼んできた。「これは難しい問題なんだ。ものすごくうまくいけば、ツェダは二時間五分台を出す可能性もある。だがそれを狙うと、途中で失速して二時間一〇分にも届かなかったり、完走できなかったりする可能性のほうがはるかに高くなる」。マルコムは、ナイキとの契約を維持するための安全策を優先させたがっていた。そうすれば、ツェダには少なくともこれから先二年程度はスポンサー収入が保証される。そのためには、最低でも現在のベストタイムと同じ二時間九分台以上のタイムを出して、ナイキや、ツェダを大会に招待する可能性のある他のレース主催者にランナーとしての進歩を示すことが必要になる。「二時間七分なら最高だね」と私が言うと、ツェダは「それは僕の能力の範囲内さ」と答えた。

翌朝スタートラインに立った私は、ハイリエに教わったことを実行した。これまでやってきたコロコンチでのロングランや、ハードなビルドアップ走での激走を思い浮かべたのだ。それは、ハイリエとマックスが私にとって必要だと示してくれた練習だった。一マイルあたりの平均速度を五分二八秒で走った一五マイル走や、レースペース以上で五キロを四本走り、〝リカバリー〟のために一キロを四分で走るセッションも思い出した。二時間半のロングランも十分に走ったと自分に言い聞かせ、「これは自分の能力の範囲内だ」というツェダのシンプルだが心強い言葉も頭に浮かべた。最後に、ツェダの幸運を祈った。

私はこのレースに向けて、ほぼ一人で練習をしてきた。軽めの日は大学までの往復を走り、娘のマデラインがまだ小さい間はランニングに費やす時間を最小限に抑えようとした。そのため、エチオピアで何度も聞かされ、身をもって実感してきた、「集団のほうが一人よりも楽に走れる」という教えを守れなかった。しかしフランクフルトでのレース本番では、女子のトップ選手たちも二時間二〇分切りを目標にしていたため、私は思いがけず彼女たちが形成する集団の中で走ることになった。ペースカーに搭載された大型スクリーンには、直前一キロメートルのスプリットタイムとゴール予想タイムが交互に表示される。ゴール予想タイムは、二時間一九分四〇秒から二時間一九分五〇秒の間でほとんど変わらなかった。ペースカーの後ろにエチオピア人の男子ペースメーカー三人が並んで走り、その後ろには世界トップクラスの女子マラソン選手が約一〇人と、私のように男子のトップ集団から引き離された男子選手が何人かいた。私にとってこのシチュエーションは、まるで自分のために用意された「ブレイキング2」に挑戦しているみたいなものだった。願ってもない展開だ。とはいえレースで一番印象に残っているのは、特に給水所の周辺で、世界トップクラスの女子選手の邪魔になるようなことをしてしまわないかという恐怖心を感じたことだ。ただしエチオピアのメスケレム・アセファやハフタムネッシュ・テスファイ（「お金持ちの人」という意味の名前だ）のような選手たちは肘が鋭く、私が近づきすぎると危ないと知らせてくれたこともあって、私は彼女たちを含む他の女子のトップ選手たちうまく距離をとりながら走れた。

集団の中で走るのは、明らかに大きな違いがあった。その効果は、ナイキやイネオスが二時間切りを目指すプロジェクトでテストしていた空気力学よりも大きなものだと思えた。私は、キプチョゲがイタリアのモンツァで二時間切りに挑戦した直後に言った、「エネルギーを提供してくれたペースメーカーに感謝したい」という言葉を思い出していた。私も同じ気持ちで、フランクフルトでキロ数を刻んでいた。集団のエネルギーは個々のエネルギーを足した以上のものになり、みんなが一丸となって走っていく。とはいえ最終的には全員、二時間二〇分を切るペースは維持できなかった。フランクフルトの最後の数キロは高層ビルが立ち並び、強い風の通り道になっている。いったん集団がバラけてしまうと、風よけをするものが何もなくなってしまう。私は先頭集団のすぐ後ろという特等席で、レースの勝負を分ける決定的な瞬間を目の当たりにできた。コーナーを回ると、メスケレム・アセファが一気にペースを上げた。数百メートル進んだところで、どれだけ後続にダメージを与えたかを確認するために後ろを振り返った。それは突然の、冷静で残忍な加速であり、レースカメラがはっきりと捉えるのは難しい類いのものだった。彼女はわずか一分で勝利を決定づけるリードを得ると、そのまま二時間二〇分三六秒のコースレコードを更新して優勝した。フランクフルトのフィニッシュはとても華やかだ。最後の約一〇〇メートルほどはフェストハレ内の赤いカーペットの上を走る。私は彼女がフィニッシュラインを超えたところでこのカーペットに辿り着いた。カメラのフラッシュが点滅し、紙吹雪が舞い散っている。その光景は、長い距離を走り終えてきたランナーを感無量にさせるものだった。私はその雰囲気に浸りつつ、頭をぼうっとさせながら二時間二〇分五三秒でゴールした。

一息ついて我を取り戻したところで、すぐにツェダを探しに行った。トップランナーたちは、看板広告の後ろに置かれた折りたたみ式のプラスチック製のシートに腰掛け、ホテルへのエスコートや薬物検査を待っていた。ツェダと私は汗だくの体で短く抱き合った。どうだったかと尋ねると、彼は首を横に振りながら、「今日はダメだった。ダメだったよ」と繰り返し、長年怪我に悩まされてきたかかとを指差した。私はトップ選手のエリアに長く留まることはできなかったので、それ以上会話を続けられず、〈ツェダは途中棄権してしまったのだ〉と思いながらその場を離れた。

その後、シャワーを浴び、横になってスマートフォンでレースの結果を調べてみた。ツェダは自己ベストよりわずかに遅い二時間九分三九秒のタイムで、八位でフィニッシュしていた。悪くない結果だ。ホテルに戻ると、ツェダは前日と同じくベッドの中にいた。レース直後に会ったときより少し嬉しそうで、八位は賞金がもらえるかどうかを調べてくれと頼んできた。出場給二〇〇〇ユーロと八位の賞金一五〇〇ユーロで、ツェダは合計三五〇〇ユーロを手にすることになる。ルームメイトのキルケルは優勝して三万七五〇〇ユーロを手にした。おそらくキルケルは、これに加えてナイキから多額のボーナスを受け取るだろう。「彼はどこにいる?」と尋ねると、「知らないよ」とツェダは答えた。「授賞式、薬物検査、インタビュー。優勝したらいろんなことが待ってるのさ」

ツェダと私は、疲れた足を引きずりながらホテルの向かいにあるデパートに行った。ツェダが、持参したリガの優勝賞金の一部を使って買い物をしたいと言ったからだ。携帯電話ショップで品物を物色していると、ボロボロのリーバイスジャケットを着た若いエチオピア人の男が寄ってきて声をかけてきた。彼はアムハラ語、英語、ドイツ語を交えて、ツェダが店員の説明を聞きながら携帯電話を選ぶのを一時間ほど手伝ってくれた。結局、ツェダはサムソンのスマートフォンを買うことに決め、二〇〇ユーロ札二枚で支払った。デパートを出て、痛む足を休めるためにベンチに腰を下ろしていると、数人のエリートランナーも合流してきた。その中には、陸上ドイツ代表チームのジャージを着たエチオピア出身のランナーもいた。三年前にレースに出場するためにドイツに来て、そのままここで選手としてやっていこうと決めたのだという。今ではドイツ代表に選ばれる資格があり、ドイツ語も堪能である。携帯電話のショップで私たちに声をかけてきたエチオピア人の若者も、最初はランナーとしてドイツに来たのだそうだ。だがドイツではこれ以上走るつもりはないと言っていた。「僕はただ働きたいだけなんだ。どんな仕事でもいい。でも、今は職がない」

一緒にホテルに戻りながら、ツェダに次に走る予定のレースを尋ねてみた。まだ決めていないという。「まず、回復のために一カ月は必要だ。その後、コンディションを戻すのに二カ月はかかる」。私たち二人は、それまでの三カ月間、二時間強のハードなレースをこなすのに適した「コンディション」をつくるために、入念な計画を立て、全力を尽くして練習をしてきた。だがこの先の数週間は、その調子の良さを取り戻そうとすることすらできない。ツェダと私にとって、あるいはつかみどころのない「コンディション」を必死に手元に留めようとしながら生きているランナーにとって、再び同じコンディションを手にできるという確証はどこにもない。

ツェダとカフェの席で、この本に登場する人々の近況について確認し合った。アベレは今メルボルンにいる。オーストラリアで陸上クラブを見つけて再びランナーとして活躍するつもりではいるが、いまだに当地でレースを走ったことはない。約一年前から昔の仲間と連絡をとらなくなり、現在は食品加工工場で散発的に働いているという。ビハヌ・アディシーはまだアディスアベバにいて、オランダ人のマネージャーのもとで練習しているが、以前のような調子は取り戻せていない。セラミフンはゴンダールのクラブに戻り、海外でのレース出場の機会を模索している。「彼は今、希望を失っている」とツェダは言う。私がエチオピアにいたときにモヨ・スポーツで親しくしていたランナーのうち、現在もこのクラブに所属しているのはツェダとアセファ、マクアネト、ジェマールだけだ。

話をしている間、私はツイッターのフィードを何度も更新して、アセファが今日出場しているダブリンのレースの結果をチェックしていた。ようやく、アセファが優勝したことを知らせるニュースが飛び込んできた。これまでこのレースで、二位が二度、三位が一度と、優勝を逃し続けていた。アセファはこれで賞金の一万二〇〇〇ユーロを手に入れ、恋人のテジェと結婚して「人生を変える」ことができる。ツェダの気分も一変し、「アセファが一位だ!」と何度も繰り返して、友人の成功を喜んでいた。とはいえ、私がエチオピアにいた当時の仲間とは、もうほとんど連絡を取っていないという。「みんな居場所をあちこちに移してる。じっとしていることに興味がないのさ」

二〇二〇年初頭の時点で、ツェダのマラソンのベストタイムはドバイマラソンで優勝者から二秒遅れの三位で達成した二時間六分一七秒。リガでの優勝に加え、セビリアのマラソンでもタイトルを獲得している。マクアネトは、私に話してくれた忍耐力の大切さを、自身二二回目となるマラソンで示してくれた。セビリアマラソンで二時間四分四六秒のパーソナルベストを叩き出し、ツェダに続いてこのレースを制したのだ。ジェマールはおそらく世界でもっとも安定してハーフマラソンを驚異的なタイムで走り続けているランナーである。この二年間で五九分〇〇秒、五九分一四秒、五八分三三秒、五九分四五秒、五九分九秒、五九分二五秒のタイムを記録し、世界選手権でも四位に入賞している。他にもモヨ・スポーツの選手は幅広い活躍を見せている。カルム・ホーキンスが二つの世界選手権のマラソン競技で卓越した走りを見せ、ケニアのティモシー・シェルイヨットが一五〇〇メートルで世界一になった。ジェマール、ツェダ、マクアネトの三人がワールドクラスの選手になった一方で、他の選手が低迷している理由は気になるところではある。強いて言えば、それは「継続」かもしれない。ジェマールとツェダはキャリアの初期からモヨ・スポーツの一員として活躍してきたし、マクアネトも一時的に離れていたことがあるものの、ずっとこのクラブに所属してきた。とはいえ、このような生存者バイアスの観点から何らかの結論を導こうとするのはこの本の意図するところではない。はっきりしているのは、私が現地で共に時を過ごしたランナーたちのその後の軌跡は、多岐にわたっているということだ。

私は、練習の帰りに運転手のビハヌがバスを止めてバーに寄り、一人ひとりが走ることにかける思いを語ったあの日のことをよく覚えている。そのときランナーたちは、お金ではなく、ランニングに打ち込む日々の価値について語っていた。目指すべき目標を持ち、共に「人生を変える」ことを目指す仲間がいて、健康や活気を第一に考えて生活することに価値があるのだ、と。ランナーたちは「人生を変える」ために毎回のランニングを違ったものにしようとし、冒険を求め、練習場所に特別な意味を与えていた。それは走ることに集中し、日々を刺激的で、楽しいものにするための方法でもあった。

集団のエネルギーが個人のエネルギーの総和よりも大きくなるように、人生をかけて競技に打ち込む夥しい数のランナーがいるからこそ、エチオピアのランニング界は驚異的な力を持つトップ選手を擁することができるのだろう。世界トップレベルのランニングは、計測や規律だけでなく、互いの足を追いかけ、手本を示し、実験しながら学ぶランナーたちの好奇心や冒険心によっても支えられているのだ。

ツェダが二時間六分台でレースを走った翌日、ハイリエがエディンバラにいる私に電話をかけてきた。最近はどれくらい走っているのかと言うので、「少しだよ《ティニッシュ》」と答えると、「二時間二〇分は切れるのか？」と尋ねられた。電話の向こうでハイリエが微笑んでいる様子が目に浮かんだ。私は「もう一回挑戦してみようかな」と言った。

「そう、走ることは生きること《ランニング・イズ・ライフ》、だからね」

謝辞

以下の人々に感謝する。

本書の基礎となった研究は、経済社会研究会議（ＥＳＲＣ）からの奨学金に支えられ、執筆もＥＳＲＣの博士研究員奨学金プログラムの支援を受けた。寛大な支援と、私の仕事に対する信頼の表明に感謝する。出版エージェントのリチャード・パイクはこの本の価値を信じてくれ、ブルームズベリー社のシャーロット・クロフトとゾエ・ブランは原稿をより良いものにするために尽力し、エリザ・サウスウッドとオーウェン・ディレイニーは表紙のイラストと地図でこの本に命を吹き込んでくれた。

エチオピアではブノワ・ゴーディンの一家が私を歓迎し、おそらく彼らが想定したよりも長く居候してしまったにもかかわらず、温かくもてなしてくれた。ブノワとバルコニーで社会科学やランニングについて語り合ったことは良い思い出だ。ミミ・デミシーはアラート・キロのカフェで延々とアムハラ語を教えてくれた。エド・スティーブンスと妻のレキクの素晴らしく思いやりのある友情にも感謝を。

ファシル、ビハヌ、ツェダ、ジャマール、アセファをはじめとするランナー仲間は、一緒に山道を走っただけではなく、ビリヤードをしたり、サッカーの試合をテレビ観戦したりしながら、最高に楽しい時間を一緒に過ごしてくれた。メセレットはコーチングの極意を教えてくれた。とりわけハイリエ・ツェホムにはどれだけ感謝しても感謝しきれない。彼の協力がなければこのプロジェクトは成り立たなかった。ハイリエは私にさまざまな人を紹介し、通訳し、忍耐強く説明し、素晴らしい料理を振る舞い、限りない励ましを与えてくれた。この本が、彼やランナーたちが私に共有してくれたランニングライフに相応しいものになっていることを願っている。モヨ・スポーツのランナーたちと一緒に練習することを勧めてくれたマルコム・アンダーソンは、私にエチオピアのランニングの世界を知るための機会を与えてくれた。

エディンバラの博士課程の指導教官であるニール・シンとジェイミー・クロスは、有益なアドバイスとサポートを与えてくれた。ジェイミーは私よりも先にこのプロジェクトの可能性を信じ、実現のための支援を申請するように勧めてくれた。ジーバン・シャルマ、エリオット・オークリー、トム・ボイストン、ジュリー・ファン、ニック・ロング、アリサ・ゴース、ダン・ギネス、ニコ・ベスニエル、レオ・ホプキンソン、フェリックス・ステイン、デクラン・マレー、トム・カニングハムは原稿を読み、意見を述べてくれた。特にディエゴ・マララはとても丁寧に読んでくれ、大いに助けられた。ディエゴとエチオピアについて話し合った時間は、非常に価値あるものだった。

イギリスでは、マックスとジュリーのコールビー夫妻が、幼い頃から私がより良いランナーになるために数え切れないほどの時間を費やしてくれた。また、私が長期旅行に出かけてせっかく練習で築いた状態の良さを台無しにしがちなのをいつも容認してくれた。二人の励ましがなければ、私は何年も前に競技をやめていただろうし、この本を書くこともなかっただろう。大量の本があふれている家庭で育ててくれ、私の海外での冒険をいつも励ましてくれた両親にも感謝を。

そして何より、一緒に博士号を取得するための冒険に挑んでくれたパートナーのロズリンと、本の執筆途中に誕生し、私の人生にすべてを前向きなものに変えてくれた娘のマディに感謝を。

訳者あとがき

本書は、二〇二〇年一一月にイギリスで刊行された『Out of Thin Air: Running Wisdom and Magic from Above the Clouds in Ethiopia』の全訳である。イギリス人の人類学者で、フルマラソンを二時間二〇分で走る本格的なランナーでもある著者が、世界トップクラスの長距離走者を次々と輩出するランニング王国エチオピアに一年三カ月にわたって滞在し、ランナーたちに密着しながらこの国の知られざるランニング文化に肉薄するという内容だ。

著者のマイケル・クローリーは、エチオピアのランナーたちをただ観察したのではない。人類学で「参与観察」と呼ばれるフィールドワークの手法に則り、観察対象であるエチオピアのエリートランナー集団の日常に入り込み、一人のランナーとして一緒に練習し（時にはレースにも出場し）、生活を共にしながら、世界最強と称されるこの国のランナーたちの強さの秘密に迫っていくのである。

その体験は、まさに驚きの連続であった。著者が行動を共にしたランニングクラブのメンバーたちは、標高三〇〇〇メートルもの高地で練習を厭わず、森の中では木々の間を縫うようにジグザグに走り、「コロコンチ」と呼ばれるでこぼこの未舗装路をひたすら走って足腰を鍛える。

エチオピアやケニアをはじめとする東アフリカのランナーの強さは、「生まれついての才能に恵まれているから」、「子供の頃から山道を走って学校に通っていたから」、「貧しさから抜け出そうとするハングリー精神があるから」、「高地でひたすら猛練習をしているから」といった紋切り型のイメージで解釈されがちだ。しかし著者はこうしたステレオタイプなものの見方が表面的なものにすぎないことを明らかにしていく。実際には、エチオピアのランナーたちは「才能」というものの存在を信じておらず「練習をすれば誰もが神に与えられた能力を発揮できる」と考えているし、走って学校に通っている子供もほとんどいない。家が貧しすぎると用具代や交通費がなくランニングクラブの練習に参加できないという現実があり、ある程度の経済力がなければランニングには打ち込めない（国家が支援するランニングクラブによって生活を保障されたランナーたちは、先進国より恵まれた環境の中で練習に打ち込んでいるとも言える）。また、選手たちはやみくもに猛練習をしているわけでもない。ハードに走ることより「賢く走る」ことが重視され、たとえばアスファルトでの練習は足を消耗させるという理由でめったに行われなかったりもする。

エチオピアでは、星の数ほどのランナーたちが、海外のレースで活躍すれば、〝人生が変わる〟ほどの賞金を手にできるという状況の中で、わずかな可能性を求めて野山やトラックを駆け巡っている。彼らは走ることを社会的な活動だと見なしている。隊列を組み、前のランナーの「足を追いかけ」ながら、一糸乱れぬほどの正確さでフォームをシンクロさせながら走る。先頭を走ることは集団のために自分を犠牲にすることであり、後ろを走ることは先行するランナーからエネルギーをもらうことだと考えられている。また、「誰と走るか」と同じくらい重要なのが「どこを走るか」だ。標高が高く空気が薄い場所になればなるほど自然の力を体に漲らせることができると信じられていたり、森の中の道なき道を縦横無尽に方向やスピードを変えて走ることでランニングが面白く刺激的なものになると考えられていたりする。またランナーたちは、著者の目からは時に魔術的だと思われるような思考を用いて、走ることに自分なりの意味づけをしている。

エチオピアのランナーたちが大切にしているのは、自然との共生であり、仲間との絆であり、自分を信じることであり、夢に向かってチャレンジすることである。本書には、現代のランニング文化が忘れかけている何かを思い出すためのヒントが満ちている。読み進めながら、すぐにも走り出したいという衝動に駆られた人も多いのではないだろうか。

本書を訳し終えた今、個人的に確信していることがある。それは、これからマラソンレースをテレビ観戦するとき、エチオピアのランナーを見る目が大きく変わるに違いないということだ。これまでは無個性に見えていたかもしれないこの国のランナーたちに、本書に登場する個性的なランナーたちの姿を重ね合わせ、きっと心の中で熱いエールを送るようになるだろう。エチオピアという魅力的な国のことも大好きになった（いつもは一人でランニングをしているが、機会があれば前を走るランナーの足の動きに合わせて走ってみたいとも思うようになった）。同じ感想を抱いた読者の方も多いはずだ。

本書が読者の皆様にとって価値ある一冊になることを、心から願っている。

翻訳に際しては、青土社編集部の篠原一平氏、福島舞氏に大変お世話になった。特に、優秀な編集者であるだけではなく、トレイルランナーとしても大活躍されている福島氏には、トップランナーならではの視点で数々の的確なアドバイスを頂いた。本書は、走ることへの並々ならぬ情熱を持つ彼女なくしては誕生しなかった。厚くお礼申し上げる。

児島修

ま行

た行

な行

は行

か行

さ行

索引

【著者】マイケル・クローリー（Michael Crawley）
フルマラソン 2:20:53 のタイムを持つ人類学者、作家。ダラム大学人類学准教授。

【訳者】児島 修（こじま　おさむ）
英日翻訳者。訳書に『走ること、生きること』、『Good to Go』（いずれも青土社）など。

ランニング王国を生きる
文化人類学者がエチオピアで走りながら考えたこと

2021 年 8 月 10 日　第一刷発行
2023 年 2 月 10 日　第三刷発行

著　者　マイケル・クローリー
訳　者　児島 修

発行者　清水一人
発行所　青土社

〒 101-0051　東京都千代田区神田神保町 1-29　市瀬ビル
［電話］03-3291-9831（編集）　03-3294-7829（営業）
［振替］00190-7-192955

印刷・製本　ディグ
装丁　大倉真一郎

ISBN978-4-7917-7397-8　Printed in Japan